DUMONT

Für alle, die Züge lieben

Tom Chesshyre

BUMMELZUG NACH NACH ISTANBUL

Ein Bahnabenteuer auf den Spuren des Orient-Express

Aus dem Englischen von Sabine Thiele

Die englische Ausgabe ist unter dem Titel „Slow Trains to
Istanbul" bei Summersdale Publishers Ltd. erschienen.
Copyright © Tom Chesshyre, 2024
Published by arrangement with Summersdale Publishers Ltd.

Bummelzug nach Istanbul
1. Auflage 2025
ISBN 978-3-616-03387-7
© MAIRDUMONT, Marco-Polo-Str. 1, 73760 Ostfildern
Alle Rechte vorbehalten

Übersetzung: Sabine Thiele
Lektorat: Christin Ullmann
Umschlaggestaltung: Birgit Kohlhaas
Satz: typopoint GbR, Ostfildern
Titelbild: Zugabteil: Igor Bukhlin/Shutterstock;
Landschaft: Neirfy/Shutterstock; Lampe: ifiStudio/Shutterstock
Fotos Umschlag innen: Tom Chesshyre

DUMONT

www.dumontreise.de

Beim Zugfahren sieht man die Natur und Menschen,
Städte und Kirchen und Flüsse – man sieht das Leben.
Agatha Christie

Züge sind toll.
Ein Bahn-Fan im Bernina Express, Schweiz

So wird denn ein Wechsel der Umgebung und die gänzliche
Enthaltung von jeder Gedankenarbeit auch das geistige
Gleichgewicht in uns wieder herstellen.
Jerome K. Jerome, Drei Mann in einem Boot

Inhalt

Vorwort

Alles begann an einem sonnigen Nachmittag im Juli, auf einer Parkbank in der Nähe der Tischtennisplatten auf dem Soho Square in London, acht Monate vor der Abreise.

Mein alter Freund Danny und ich saßen nebeneinander und tranken Red-Stripe-Lagerbier. Bei der zweiten Dose redeten wir über alles Mögliche: das Leben an sich, den Zustand des Planeten. Zu großen Erkenntnissen kamen wir natürlich nicht, aber das war in Ordnung. Es war warm, wir hatten Erfrischungsgetränke und saßen nicht im Büro vor Computern. Keine E-Mails, die eine Reaktion erforderten. Wir waren einfach zwei Männer mittleren Alters, die gemütlich auf einer Parkbank saßen.

Danny wirkte ein wenig abwesend, auch wenn ich mir nicht viel dabei dachte. Nach einer Weile räusperte er sich jedoch und fragte:

„Du weißt, was Interrail ist?"

Natürlich wusste er, dass die Frage überflüssig war. Schließlich schrieb ich Bücher über Bahnreisen.

„Die Pässe kosten gerade nur die Hälfte", fuhr er fort.

Eine einmalige Aktion, zum fünfzigjährigen Jubiläum von Interrail.

„Die Hälfte!", sagte Danny aufgeregt zu mir, als ein Tischtennisball knapp über uns hinweg ins Gebüsch flog. Solche Manöver waren einer der Nachteile unseres Treffpunkts.

Er setzte sich aufrechter hin und sah mich mit leuchtenden Augen an.

Ich sagte, fünfzig Prozent Rabatt seien tatsächlich ein Schnäppchen – da war ich ganz bei ihm –, auch wenn die Pässe sowieso schon sehr günstig waren.

Er zählte weiter auf:

„Das wird unser Leben verändern! Einen ganzen Monat Zugfahren!", sagte er. „Freiheit! Ganz Europa steht uns offen! Und so billig! Ein unschlagbares Angebot! Das müssen wir wahrnehmen! Na los! Unfassbar günstig! Wir werden nicht jünger! Die Kosten sind überschaubar! Wirklich unfassbar günstig! Da bekommt man richtig was für sein Geld!" Wie Ihnen vielleicht aufgefallen ist, hatte Danny etwas übrig für *günstige* Angebote. „Na los, komm schon! Wir werden nicht jünger, im Gegenteil. Wir werden alt! Wir müssen das einfach machen!"

Und so weiter. Ich entschuldige mich für die vielen Ausrufezeichen und Wiederholungen, aber genauso war es. Er ließ nicht locker. Wie ein Prediger im tiefsten amerikanischen Süden, der die Wunder des Herrn verkündete, und mit derselben Inbrunst sprach er von den vielen Zügen, die wir auf unserer Reise durch Europa nehmen würden.

Bei den letzten Worten schwoll seine Stimme immer mehr an, sodass ein Mann, der entspannt an uns vorbeigeschlendert war und trotz der Hitze einen lilafarbenen Samtanzug trug, sich zu uns umdrehte. Den letzten Teil von Dannys Monolog hatte er gehört.

Er musterte uns und sagte mit grabestiefer Stimme: „Yeah, Mann."

Er war wohl einverstanden.

Dann spazierte er davon. Am Soho Square sah man viele solcher farbenfroher Gestalten: ein wunderbarer Ort, an dem man sich ungezwungen aufhalten konnte und an dem alles möglich schien. Der perfekte Ort, um zu träumen und ganz man selbst zu sein – egal ob konventionell oder unkonventionell. Sich treiben zu lassen. Oder an einem sonnigen Tag Pläne zu schmieden … wie zum Beispiel, mit dem Interrail-Pass durch Europa zu fahren. Von Zügen zu träumen.

Der Mann in dem Samtanzug hatte recht. Danny und ich, mit unseren zusammengerechnet hundert Erdenjahren, mussten etwas tun. Wir hatten keine Zeit für *Das machen wir irgendwann mal, bald.* Danny war verheiratet und hatte drei Kinder. Seine Frau Clare, wie ich bei Red Stripe Nummer drei erfuhr, hatte ihm schon grünes Licht gegeben. Ich hatte keine Kinder, und meine langjährige Beziehung war erst kürzlich in die Brüche gegangen – freundschaftlich, aber natürlich war es trotzdem traurig. Außerdem war meine Arbeit flexibel, und ich konnte mir leicht Zeit für die Reise freischaufeln. Vermutlich weiß niemand, wann und wie es genau passiert, aber tatsächlich waren wir auf einmal „Männer in den mittleren Jahren", daran gab es nichts zu rütteln. Es gab kein Zurück. Auf einmal erschien uns die Idee, uns eine Weile auf den Schienen herumzutreiben (vier Wochen sollten reichen, entschieden wir), eine unanfechtbar logische Schlussfolgerung.

Danny machte sich natürlich Sorgen, was seine Teenagerkinder während seiner Abwesenheit alles anstellen könnten und wie Clare mit allem zurechtkommen würde. Doch abgesehen davon sahen wir keine Hindernisse.

Auch wenn uns bewusst war, dass wir keine typischen Interrail-Touristen waren.

Wir würden danach nicht auf die Uni gehen oder hatten sie gerade abgeschlossen und wollten „uns jetzt selbst finden" und die Weichen für unsere Zukunft und unser Schicksal stellen. Das lag alles bereits hinter uns beziehungsweise fand alles schon statt. Vielleicht konnte man sich aber trotzdem noch ein bisschen selbst finden, wenn man junge Gedanken dachte.

An Ort und Stelle, auf der Parkbank am Soho Square, kauften wir zwei Monatspässe für den darauffolgenden April. Dann spazierten wir zu Stanfords, der außerordentlich hilfreichen Reisebuchhandlung in Covent Garden, erwarben zwei Exemplare der *Rail Map Europe*, kehrten zu unserer Bank zurück und planten eine grobe Route.

~

Unser endgültiges Ziel wussten wir allerdings schon: Istanbul.

Die Reise an den Rand von Europa war nostalgisch und geschichtsträchtig.

Die erste Fahrt des Orient-Express am 4. Oktober 1883 nach Konstantinopel, wie Istanbul damals noch hieß, war ein aufsehenerregendes Ereignis. Menschenmengen hatten sich zur Abfahrt um 18.00 Uhr an der Gare de l'Est in Paris versammelt. Der schillernde Belgier Georges Nagelmackers, Sohn eines bekannten Bankiers und der Ingenieur hinter dem Orient-Express, unterhielt sich mit Zylinder tragenden Sponsoren und geleitete wichtige Politiker und Minister zu den glänzenden Waggons. Ein Aufenthalt in Amerika im Jahr 1869 hatte Nagelmackers zu transkontinentalen Zugreisen inspiriert, dabei hatte er auch die neuen Drehgestelle – die sogenannten Bogie-Achsen – bewundert, wie sie Bahn-Mogul George Mortimer Pullman verbaut hatte, die für eine bessere Federung und damit eine angenehmere Fahrt sorgten. Am 10. Mai war Nagelmackers dabei gewesen, als am Promontory Summit in Utah der „golden spike", der goldene letzte Nagel, in die Gleise gehämmert wurde, die ab diesem Zeitpunkt die amerikanische Ost- mit der Westküste verbanden. So infiziert mit dem „Eisenbahnfieber", erkannte er, dass lange Fahrten in luxuriösen Zügen auch in Europa Anklang finden könnten. Vielleicht sogar noch mehr als in den Staaten, wenn er es richtig anstellte. Die Inneneinrichtung der amerikanischen Züge, mit denen er gefahren war, hatte Nagelmackers nicht überzeugt. Seiner Meinung nach konnte hier noch einiges verbessert werden.

Mithilfe seiner Kontakte in die Bank- und Eisenbahnwelt – sein Vater hatte einen Großteil der ersten Bahngesellschaften Europas finanziert – setzte er seinen Plan nach seiner Rückkehr in die Tat um. Über seinen Vater hatte er Verbindungen in die europäische Oberschicht, dieser war zum Beispiel mit König Leopold I., Prinz von Sachsen-Coburg-Saalfeld und Onkel von Königin Viktoria, befreundet. Georges Nagelmackers, Jahrgang 1845, fiel durch seine große Statur und den buschigen Bart in bester viktorianischer Manier auf. Er war kein geldgieriger Gauner mit einem dubiosen Plan für schnellen Reichtum, der seine Unterstützer in den Ruin treiben würde (er selbst musste sich allerdings von Geschäftspartnern trennen, die von seinem Namen und seinem Wohlstand hatten profitieren wollen). Ein Spieler war er allerdings zweifellos – und er wusste, wie man Dinge ins Rollen brachte. Dass er über die finanziellen Möglichkeiten dazu verfügte, war natürlich ebenfalls ein Vorteil.

Nagelmackers hatte auch ein Händchen für PR, war ein gerissener Selbstdarsteller und seiner Zeit in diesem Bereich weit voraus. Die erste Fahrt seiner Compagnie Internationale des Wagons-Lits – der hochtrabende Titel sollte Eindruck bei den leicht zu Beeindruckenden schinden – war gratis für alle Fahrgäste, unter denen sich einige der bekanntesten Journalisten Europas befanden.

Einer davon war Henri Opper de Blowitz, Paris-Korrespondent der *Times*, der den Spitznamen „Prinz der Journalisten" trug und ein Freund der schönen Dinge des Lebens war. Der bärtige, beleibte Charakterkopf war sofort vom Konzept der Luxus-Zugreisen überzeugt: „Die blendend weißen Tischdecken und Servietten, kunstvoll und kokett von den Sommeliers gefaltet, die funkelnden Gläser, der rubinrote und topasweiße Wein, die kristallklaren Wasserkaraffen und die silbernen Verschlüsse der Champagnerflaschen – das alles blendet die Leute sowohl innen als auch außen", schrieb er. „Während der gesamten Fahrt von Paris nach Bukarest wetteifern die Menüs in Sachen Abwechslung und Raffinesse miteinander, obwohl sie in der winzigen Küche am Ende des Speisewagens zubereitet werden."

Und so weiter. Offensichtlich hatte er großen Gefallen an seiner Vergnügungsreise gefunden und lobte insbesondere die Tatsache, dass er „sich bei achtzig Kilometern die Stunde rasieren konnte", weil die Fahrt so angenehm verlaufen war. Ganz im Gegensatz zu den früheren, überaus holprigen Fahrten in Zügen ohne Drehgestell.

Vielleicht sollte ich noch genauer erklären, was ein „Bogie" überhaupt ist. Im *Collins English Dictionary* wird er als „eine Gruppe aus vier oder sechs Rädern, die zu beiden Enden eines Waggons eine drehbare Stütze bilden und damit für Biegsamkeit in den Kurven sorgen" definiert.

Der Korrespondent von *Le Figaro* war ähnlicher Meinung wie Blowitz. Seiner Aussage nach war der burgundische Koch im Speisewagen ein „Genie". Über die Reise selbst schrieb er, speziell über die Rückfahrt: „Wir haben die Strecke von Konstantinopel nach Paris in sechsundsiebzig Stunden statt der üblichen einhundertelf zurückgelegt, in perfektem Komfort und ohne die geringste Ermüdung." Etwas tiefgründig fügte er, vielleicht nach dem Genuss von rubinrotem oder topasfarbenem Wein, hinzu: „Wenn der Fortschritt auf Rädern voranrollt, scheint die Erde zu schrumpfen."

Ein weiterer glücklicher Passagier aus den Reihen der Presse war Edmond About, ein bekannter französischer Journalist und Romanautor, der über die Jungfernfahrt schrieb: „Ich habe noch nie etwas Bemerkenswerteres gesehen als diese Odyssee." Er war des Weiteren beeindruckt, dass „dank der großartigen Kühlung während der gesamten Fahrt die frischeste Butter aus Isigny [ein Ort in der Normandie] zur Verfügung stand, selbst als der Zug durch die ungarische Puszta ratterte, tausend Kilometer von Frankreich entfernt". Frische Butter aus der Normandie scheint der Weg zum Herzen eines französischen Reisejournalisten zu sein oder zumindest dieses Herrn.

Der Orient-Express feierte eine rauschende Premiere, und die schiere Opulenz der Fahrt – zusammen mit den schillernden Passagieren – diente natürlich als Inspiration für viele Filme und Romane, vor allem Agatha Christies *Mord im Orient-Express,* der erstmals 1934 veröffentlicht wurde, als die Eisenbahn ihre Blütezeit in der ersten Hälfte des zwanzigsten Jahrhunderts erlebte.

Die räumliche Enge und die Mischung verschiedener Gesellschaftsschichten (darunter das Zugpersonal sowie die Kindermädchen und andere Bedienstete der Reisenden), Nationalitäten und Persönlichkeiten, so viele „Fremde an einem Ort", erweckten Christies Interesse. Sie schliefen zusammen, aßen zusammen und konnten „einander nicht aus dem Weg gehen". Was sollte da schon schiefgehen?

Tatsächlich ereignete sich der erste bekannte Mord im Orient-Express ein Jahr später im Jahr 1935, als die rumänische Modedesignerin Maria Farcasanu auf dem Weg von Bukarest nach Paris irgendwo mitten in Österreich aus einem Zugfenster in ihren grausamen Tod gestoßen wurde, nachdem man ihr eine wertvolle Silberfuchsstola, eine edelsteinbesetzte Armbanduhr aus Platin und ihr gesamtes Geld (umgerechnet etwa vierhundertfünfzig

Pfund) gestohlen hatte. Ein tragischer Vorfall, der Europa monatelang in Atem hielt und geradewegs Christies Buch zu entstammen schien. Damalige Schlagzeilen lauteten „DER MORD IM ORIENT-EXPRESS" oder „DER SILBERFUCHSMORD". Der Täter Karl Strasser, ein junger Ungar in den Zwanzigern, wurde schließlich gefasst, nachdem ein aufmerksamer Schweizer Polizist in seiner Kirche eine Frau mit der auffälligen Stola bemerkte, die sie von Strasser erworben hatte. Nach seiner Verhaftung und seinem Geständnis wurde der Ungar zu einer lebenslangen Haftstrafe verurteilt.

Doch trotz dieses düsteren Vorfalls wurde der Orient-Express zum Symbol für den Glanz des goldenen Zeitalters der Eisenbahn und zog die entsprechenden Passagiere an: gekrönte Häupter, Aristokraten, millionenschwere Unternehmer (oft mit Mätressen in angrenzenden Abteilen), Staatsminister, Spione, Künstler, Schauspieler und Schriftsteller. Nach dem Zweiten Weltkrieg nahm die Beliebtheit des Zuges dank des Aufkommens von Düsenflugzeugen immer mehr ab. 1977 wurde der Orient-Express, der am Ende Direct-Orient-Express hieß, zwischen Paris und Istanbul endgültig eingestellt. Zu diesem Zeitpunkt war er nur noch eine stark reduzierte Version von Nagelmackers' ursprünglicher Vision, kaum mehr als einfache Liegewagen mit Stockbetten und ohne Speisewagen.

Dennoch war es zum Zeitpunkt unseres Gipfeltreffens auf der Parkbank theoretisch noch möglich, mit einem „Orient-Express" von Paris nach Istanbul zu fahren. Das Ganze hatte nur einen großen Haken.

Eine Fahrt auf einer der alten Routen (im Lauf der Jahre hatte es verschiedene Strecken nach Istanbul gegeben) mit fünf Nächten, davon drei im Zug und zwei in luxuriösen Hotels in Budapest und Bukarest, konnte man immer noch buchen – für den horrenden Preis von 17.500 Pfund pro Person.

Einmal im Jahr wurde die Fahrt als „Venice Simplon-Orient-Express" von einer Firma namens Belmond angeboten, deren reiches Klientel daran auch durchaus Interesse hatte.

„Bitte beachten Sie, dass die Plätze für diese beliebte Verbindung sehr begrenzt sind", hieß es in der Beschreibung. „Wenn Sie die glänzenden Waggons erblicken und sich vom Steward in seiner unverwechselbaren Uniform begrüßen lassen, wissen Sie, dass die unvergesslichste Reise Ihres Lebens begonnen hat ... Essen und trinken Sie in sorgfältig restaurierten Speisewagen aus den 1920er-Jahren, bevor Sie im Barwagen ‚3674' miteinander anstoßen. Zwischen vornehmen Abteilen und greifbarer Geschichte erwartet Sie eine überwältigende Reise."

Wenn man es sich leisten konnte.

Das war nicht billig. Das war kein Schnäppchen. Kein: *Los, wir machen das, wir werden nicht jünger, komm schon, los geht's.* Zumindest nicht für uns.

Danny und ich wollten aber die berühmte Route zurücklegen, langsam und auf eine Art und Weise, die signifikant weniger angeberisch war (und deutlich preiswerter).

Hier kam der Interrail-Pass ins Spiel, der einem erlaubt, einen Monat lang unbegrenzt durch dreiunddreißig europäische Länder zu reisen. Diese Pässe kosteten nur zwei Prozent dessen, was man für den „Venice Simplon-Orient-Express" bezahlte, und wir konnten unsere Reise damit nach Lust und Laune gestalten und immer wieder neu entscheiden, wohin wir fahren wollten. So mussten wir auch nicht jeden Tag neben denselben Leuten im Speisewagen sitzen (in den Zügen, in denen es welche gab) und uns auch keine Gedanken über die entsprechende Garderobe machen. „Im Orient-Express kann man sich nie zu elegant anziehen", lautete schließlich dessen berühmtes Motto.

Unsere Art war viel besser. Und billiger.

∼

Meine übliche Herangehensweise an lange Zugreisen passte auch Danny gut.

Wir würden auf uns zukommen lassen, wohin die Schienen uns auf unserem Weg nach Istanbul führten, und uns nach dem

Zufall und spontanen Launen richten, soweit es uns der Fahrplan erlaubte. Außerdem vereinbarten wir auf unserer Parkbank, unter keinen Umständen das Internet für unsere Planung zu nutzen. Unter gar keinen Umständen. Wir wollten nicht unter dem Druck stehen, alle Sehenswürdigkeiten abzuklappern, die man laut diversen Reiseforen unbedingt gesehen haben musste, wenn man nur vierundzwanzig Stunden an einem bestimmten Ort war. Wir würden uns ansehen, was wir zufällig sahen, uns anhören, was wir zufällig hörten, kennenlernen, wen wir zufällig kennenlernen würden, dorthin gehen, wo es uns gefiel, unabhängig davon, ob es eine offizielle touristische Sehenswürdigkeit war oder nicht. Wir würden die Welt kleiner Geräte mit Displays eine Zeit lang hinter uns lassen.

Ganz ehrlich, das Internet konnte uns mal eine Weile gernhaben. Da uns kein Gesetz (noch nicht) daran hindern konnte, würden wir in Sachen moderner Technik und Internet tun, was wir wollten. Und wir wollten faul sein, wenn das der richtige Ausdruck war. Sehr faul. „Gleichgültig" oder „desinteressiert" oder „offline" traf es vielleicht besser. Wie auch immer, das würden wir jedenfalls sein. Sehr sogar. Wir wollten sehen, hören, riechen, berühren und schmecken, was vor uns war. Unsere Sinne einsetzen, nicht mit gesenktem Kopf auf Geräte eintippen, wie wir es genauso gut auch in unseren heimischen Wohnzimmern machen könnten.

Natürlich war uns klar, dass das World Wide Web trotz dieser hehren Vorsätze verführerisch war (ganz ehrlich, wahrscheinlich würden wir nach spätestens zwei Tagen einknicken). Zumindest am Anfang würden wir uns hoffnungslos altmodisch und unmodern geben, aber ganz ehrlich – wir wussten, dass wir keine (hier beliebige unflätige Adjektive einsetzen) Chance haben würden, der Welt der kleinen Bildschirme vollständig zu entkommen.

Und zumindest mich beschäftigte noch etwas anderes.

Mit jemandem zusammen eine lange Zugreise zu unternehmen, war neu für mich. Bisher war ich nach Möglichkeit immer allein unterwegs gewesen, ganz im Sinne von Paul Theroux, dem inoffiziellen „Paten" moderner Bahnreiseliteratur. In *Der alte Pata-*

gonien-Express, seiner farbenfrohen Schilderung der Reise von Massachusetts durch Südamerika, schrieb Theroux einmal schwärmerisch: „Reisen ist ein Prozess des Verschwindens, ein einsamer Weg auf einer dünnen geographischen Linie, die ins Vergessen führt." Ein Reisebuch sei das genaue Gegenteil, schrieb er, „der einsame Wolf ist plötzlich überlebensgroß wieder da, um die Geschichte seines Experiments mit dem Raum zu erzählen".

Die Betonung von Einsamkeit und Alleinsein hatte schon immer viel Sinn ergeben. Außerdem, welcher Mensch bei klarem Verstand würde ein „Experiment mit dem Raum" ausschlagen, sollte sich die Gelegenheit ergeben?

Mir hatte die Vorstellung immer gefallen. Ich verstand, worauf er hinauswollte: Allein mit dem Zug zu reisen, war wie ein anderes Universum zu betreten, einen anderen *Raum,* der zumindest die verlockende Möglichkeit bot, zu *vergessen:* eine Parallelwelt (entlang parallel verlaufender Gleise) besuchen zu können. Wenn man es zuließ.

Diese Reise würde allerdings kein *Prozess des Verschwindens* sein. Ich würde sie mit einem meiner besten Freunde unternehmen, den ich mit Anfang zwanzig am College kennengelernt und mit dem ich einen Roadtrip durch die USA unternommen hatte.

Oder zumindest würde ich die Reise mit ihm beginnen.

Eine Woche nach unserem Treffen auf dem Soho Square rief Danny mich an.

„Ich glaube, ich kann höchstens zwei Wochen mitkommen", sagte er. „Ernsthaft, höchstens. Es ist Clare gegenüber nicht fair, mit den Kindern ist so viel zu tun."

Er hatte also einen Interrail-Pass zum halben Preis gekauft und wollte ihn auch nur halb nutzen – kein besonderes Schnäppchen (aber besser für Clare).

Bummelzug nach Istanbul würde also aus zwei Hälften bestehen: In der ersten fahren zwei Männer im mittleren Alter mit dem Zug nach Istanbul, in der zweiten kehrt ein Mann *auf einem einsamen Weg auf einer dünnen geographischen Linie* zurück, *die ins Vergessen führt.*

Sosehr ich mich auf die Gesellschaft meines Kumpels auf der Hinfahrt freute, so verlockend war auch die Reise allein ins Unbekannte, was auch immer das heißen mochte. Wir buchten Plätze im Eurostar. Kein besonders langsamer Zug für den Anfang.

Wir buchten ein Hotel im Quartier Latin in Paris, in der Rue du Pot de Fer, der Straße, in der George Orwell Ende der Zwanzigerjahre gewohnt hatte, während er als *plongeur* (Spülhilfe) in einem Restaurant gearbeitet und Recherchen zu seinem Klassiker *Erledigt in Paris und London* durchgeführt hatte. Wir waren beide große Orwell-Fans und wollten uns dem gemeinsamen Interesse genussvoll hingeben. Schließlich war der Genuss Ziel unserer Reise, die Freude an den Zügen und den Orten, an die sie uns bringen würden.

Wir trafen uns noch diverse Male mit unseren Rails Maps von Europa und tranken Bier auf den Parkbänken bei den Tischtennisplatten, wodurch wir vielleicht wie die *Erledigten* aus Orwells Buch wirkten. Besonders konfuse noch dazu, je abgegriffener unsere Karten aussahen und je mehr Städte und Ortschaften hektisch mit einem Stift eingekreist waren.

Dann fanden wir uns Ende März um acht Uhr morgens mit unseren Rucksäcken am Bahnhof St. Pancras ein. Dannys Rucksack war bedeutend kleiner als meiner.

An diesem Minimalismus war der tief verwurzelte Unwillen schuld, mehr als die unausweichliche Gebühr für Handgepäck im Billigflieger zu zahlen. Mit leichtem Gepäck zu reisen hatte sich für ihn bewährt, weshalb er auch bei unserer Bahnreise nichts daran ändern wollte, auch wenn ich ihm vor der Abfahrt erklärt hatte, dass es in Zügen anders wäre.

Er hatte nichts davon hören wollen.

Wir gingen durch die Sicherheitskontrolle in die riesige, belebte Abfahrtshalle des Terminals.

Europa wartete auf uns, eine Rolltreppenfahrt nach oben zum Gleis entfernt.

Am Tag zuvor hatte Paris in Flammen gestanden. Müll hatte sich in den Straßen aufgetürmt, die Müllabfuhr gestreikt. Lokführer streikten immer noch (und machten zum Glück am Tag vor unserer Abfahrt eine Pause). Alle schienen zu streiken. Präsident Emmanuel Macrons Lieblingsrestaurant war mit Brandbomben beworfen worden. Sein Plan, das Rentenalter um zwei Jahre auf vierundsechzig anzuheben – in weiten Teilen Europas ganz normal –, hatte Paris und das restliche Land auf die Barrikaden getrieben. Die Franzosen würden zwei Jahre länger als bisher arbeiten müssen, wie alle anderen auch. Das war nicht akzeptabel und würde nicht kampflos hingenommen werden.

Revolution lag in der Luft.

Immer her damit!

Wir zeigten unsere Reisepässe an der Kontrolle vor und gingen zur „Premier Lounge", wo wir rasch entdeckten, dass unsere „Premier Passes", für die wir zur Feier unserer Reise extra Geld bezahlt hatten, uns keinen Zugang zur „Premier Business Lounge" ermöglichten. Dafür bräuchten wir „Business Premier Passes", sagte die Frau an der Tür.

Wir fluchten ein wenig und tranken bei Pret a Manger einen Kaffee.

Es ging los.

1

Späte Abende, Spaß und Streiks

Von London nach Nürnberg,
über Paris und Straßburg

Während wir unseren Kaffee tranken, schrieb Dannys Frau ihm eine Nachricht. „Sitzt ihr schon beim ersten Drink in der Lounge? Ich würde es jedenfalls so machen." Natürlich waren wir nicht in der Lounge, aber der Gedanke war nett.

Die Nachricht animierte Danny zu einer seiner vollmundigen Versprechungen, die er manchmal sogar auch einhielt. „Ich werde mich auf dieser Reise nicht zurückhalten. Geradezu dekadent werde ich sein", sagte er, als wir mit der Rolltreppe zu Gleis fünf hinauffuhren und in unseren Premier-Wagen stiegen. Der Klang schien ihm zu gefallen, er schwelgte weiter: „Ganz genau, dekadent. *Dekadent.*" Offenbar wollte er unbedingt ein moderner Henri Opper de Blowitz werden, der um 10.26 Uhr in London abfuhr und um 13.50 Uhr in Paris Gare du Nord ankommen würde.

Er sah sich um.

„Schön hier", sagte er. „So lässt es sich aushalten. Lass es uns auskosten. Wo ist der Champagner? Los geht's!"

Erst einmal gab es allerdings keinen Champagner. Wir machten es uns in grauen Sitzen im Wagen zwei bequem, der mit burgunderrotem Teppich ausgelegt war und eine angenehme Ruhe ausstrahlte. Das Personal sprach uns mit „Sir" an.

Am Bahnhof St. Pancras hatte ich mir einen Stapel Zeitungen gekauft, um ein Gefühl für das Weltgeschehen zu bekommen, und vertiefte mich darin, bevor der Platzservice vorbeikam.

Es war eine aufwühlende Lektüre. Die Titelseite der *Daily Mail* hetzte gegen Klimaaktivisten und Staatsanwälte: „WUT AUF WOKE STAATSANWÄLTE, DIE KLIMATERRORISTEN NICHT ANKLAGEN WOLLEN." Die Zeitung *i* berichtete vom Haushalt: „KEINE STEUERERLEICHTERUNGEN IM JAHR 2023, WÄHREND DIE ZINSEN AUF EIN NEUES HOCH ANSTEIGEN." Der *Guardian* titelte: „WELTVERBAND SCHLIESST TRANS-FRAUEN VON INTERNATIONALEN FRAUENWETTKÄMPFEN AUS". *The Daily Telegraph* fürchtete: „LABOUR WILL STEUERRAZZIA BEI ERSPARNISSEN UND INVESTITIONEN". *The Times* wusste zu sagen: „KAFFEETRINKER SIND DEN ANDEREN UM 1000 SCHRITTE

VORAUS." Menschen, die viel Kaffee konsumierten, gingen statistisch gesehen längere Strecken als andere Menschen (vielleicht keine Überraschung bei dem ganzen Koffein). Der *Daily Star* verbreitete hingegen Endzeitstimmung: „HABEN KILLERMASCHINEN DIE WELTHERRSCHAFT ÜBERNOMMEN?", und warnte vor den Gefahren Künstlicher Intelligenz.

Klimaaktivisten, woke Staatsanwälte, steigende Zinsen, Transgender-Kontroversen, Steuerrazzien der Labour Party, die Vorteile von Kaffee, Killermaschinen, die die Menschheit bedrohten ... Es war ganz schön was los.

Ebenso wie an unserem Zielort, auch wenn ich darüber erst etwas in einem kurzen Bericht in der *Metro* las. Am Tag zuvor war es in Paris und dem restlichen Frankreich zu heftigen Unruhen gekommen, in Rennes in der Bretagne hatte man Wasserwerfer gegen die Menschen eingesetzt, die gegen Macrons geplante Erhöhung des Rentenalters protestierten. In Paris hatten Demonstranten Bahnhöfe und den Flughafen Charles de Gaulle blockiert.

Unser Ziel war einer dieser Bahnhöfe, doch niemand in unserem Wagen schien sich deshalb Sorgen zu machen. Wir am allerwenigsten. Wie gesagt, wir waren gespannt auf dieses neue, revolutionäre Frankreich.

Streiks im öffentlichen Dienst wüteten überall auf dem Kontinent, nicht nur in Paris. Auch in Deutschland und Italien brodelte es laut dem *Metro*-Artikel, die anderen Zeitungen behandelten in ihrer Auslandsberichterstattung allerdings eher den Ukraine-Krieg. Schreckliche Nachrichten der Vereinten Nationen von willkürlichen Festnahmen, Folter, Vergewaltigungen und Massenerschießungen von Kriegsgefangenen sowohl durch russische als auch ukrainische Truppen beherrschten die Schlagzeilen.

Auf dieses Europa steuerten wir zu und konnten uns vor der ernüchternden Realität nicht verstecken.

In einer Durchsage wurde verkündet, dass französische Zollbeamte an Bord wären, „falls Sie nach Großbritanniens Ausscheiden aus der EU etwas zu verzollen haben".

Dann kam jemand mit einem Getränkewagen. So war das also in einem Premier-Wagen. Wir wehrten uns nicht dagegen.

„Ah, wunderbar. Kommen wir zur Sache", sagte Danny. Nachdem es keinen Champagner gab, bestellten wir Côtes du Rhône, und kurz darauf rollten wir in den Eurotunnel. Zum Essen servierte man uns kaltes Hähnchen mit Krautsalat sowie Schokoladenkuchen. Wir aßen und tranken dazu unseren Wein. Dann bestellten wir noch mehr Côtes du Rhône, der im Ticketpreis enthalten war.

„Wenn der Service hier echtes Niveau hätte, würde man uns jetzt eine Käseplatte bringen", bemerkte Danny, bereits voll im Blowitz-Modus.

Dann machte er ein Verdauungsschläfchen, während ich den Blick durch den Wagen schweifen ließ.

Eine Frau in der Sitzreihe gegenüber schien Schauspielerin zu sein und für eine Rolle zu lernen. Sie verließ den Wagen für eine Weile, und ich konnte einen Blick auf das Drehbuch und den mit Leuchtstift markierten Text erhaschen: *Weshalb denkst du, dass ich wütend sein könnte? Ich glaube, es wäre nicht leicht für dich, eine romantische junge Frau zu haben,* lautete ihr Text.

In der „Ersten Klasse" im Eurostar traf man irgendwie immer Künstlertypen. Bei meiner letzten Fahrt hatte ich neben einer Band aus Belgien gesessen, die einen Plattenvertrag gefeiert hatte.

Die Schauspielerin kam zurück und sah misstrauisch zu uns hinüber, als verdächtige sie mich, in ihrem Drehbuch gelesen zu haben (was ja auch stimmte). Sie rieb ihre Hände mit nach Lavendel riechendem Desinfektionsmittel ein und sprach weiter lautlos ihren Text.

Wir verließen den Kanaltunnel und passierten sonnengefleckte Felder. Der Himmel war von dunklen Wolken bedeckt, zwischen denen Sonnenstrahlen hervorbrachen, als würde sich im Himmel Ärger zusammenbrauen. Pflugspuren wanden sich in hypnotisierenden Linien im weiten Ackerland. Strommasten hingen wie Büroklammerketten tief am Horizont. Silhouetten von Kirchtürmen glitten vorbei. Französische Kühe futterten französisches Gras und machten sich nicht die Mühe, zum Eurostar aufzublicken, als dieser an ihnen vorbeifuhr. Vielleicht hatten sie sich inzwischen daran gewöhnt (schließlich verkehrte er bereits seit 1994).

Eine Reihe vor uns auf der anderen Gangseite unterhielt sich eine Frau in einem schwarzen Oberteil (Schwarz) mit einer Frau in einem rosafarbenen Oberteil (Rosa).

Schwarz: „Wenn sie es unterstützen wollen, sollten sie es tun. Wir brauchen Feedback."

Rosa: „Meiner Meinung nach brauchen wir Ressourcen."

Schwarz ignorierte den Ressourcenbedarf. „Die Leute haben den Begriff einfach übernommen. *Selbstfeedback.*"

Rosa, unsicher: „Ja. Tatsächlich?"

Schwarz: „Ja, *Selbstfeedback.* Das steht in meinem Bericht."

Rosa, offensichtlich die Untergebene von Schwarz, verstand jetzt, worum es ging. „Ja, Selbstfeedback." Sie verstummte. „Sehr nützlich. Und richtiggehend brillant, da Sie es nicht nur sagen, sondern auch machen."

Ich verstand gar nichts mehr.

Schwarz rief erfreut aus: „Ja! Genau!"

Dann wechselten sie das Thema und sprachen über Fernsehsendungen.

Schwarz: „Ich glaube, ich werde mir nicht das ganze *Bake-Off*-Ding antun."

Rosa: „Hm."

Schwarz: „Ich mag *Bake Off* schon, aber man muss sich völlig darauf einlassen."

Rosa: „Hm, ja, mhm."

Dann widmeten sich die beiden wieder ihren Laptops.

Aus irgendeinem Grund hatte *The Great British Bake Off* das Gespräch gekillt. Entweder liebte man die Sendung wohl, in der Kuchen gebacken wurden, oder man hasste sie.

So viel zum Unterhaltungsprogramm im 10.26-Uhr-Zug nach Paris Gare du Nord.

Unerwartete, aber angenehme Stille senkte sich über den Wagen, nur noch das sanfte Rattern und Pfeifen des Zuges waren zu hören.

Nach einiger Zeit kamen die französischen Zollbeamten zu uns, in ihren marineblauen Uniformen mit klirrenden Handschellen und Pistolenholstern am Gürtel, den kurz geschorenen Haaren und Dienstmarken mit der Aufschrift DOUANE (Zoll). Sie musterten Danny und mich missbilligend. Einerseits schienen wir keine große Bedrohung für die Stabilität des französischen Staates darzustellen. Andererseits waren wir dank unserer Rucksäcke und der leeren Weinflaschen auch nicht gerade die idealen Gäste.

Auf dem Bildschirm über uns leuchtete die Meldung auf, dass die Rekordgeschwindigkeit eines französischen Zuges während einer Dienstfahrt bei 334,7 km/h lag. Bei dem Tempo wären wir in 6,63 Stunden in Istanbul.

Kurz darauf erreichten wir die französische Hauptstadt und stiegen aus.

Vive la révolution!
Paris, Frankreich

Der Eurostar war fünf Minuten zu früh angekommen. Wir überlegten, was wir tun wollten. Nachdem wir uns kurz in der lauten, chaotischen Gare du Nord (den Bahnhof hatte ich noch nie besonders gemocht) umgesehen hatten, beschlossen wir, zu Fuß zur Rue du Pot de Fer zu gehen.

„Ich weiß noch, als ich achtzehn war, hier angekommen bin und uns alle abzocken wollten", bemerkte Danny. Dreiunddreißig Jahre später schien es immer noch kein Ort zu sein, an dem man seinem Gepäck den Rücken zudrehen sollte. Vor dem Gebäude lungerten zwielichtige Gestalten am Taxistand herum und beobachteten die Reisenden (uns), die ins Freie traten. Vielleicht handelte es sich dabei um Taxifahrer, vielleicht auch nicht. Verwahrloste Menschen schlichen verloren herum, manche zitterten und waren sichtlich verängstigt, brauchten vielleicht dringend den nächsten Schuss. Finster dreinblickende Typen mit Kapuzenpullovern und Baseballkappen standen an den Straßenecken, umgeben von hupenden Autos, als wäre es völlig normal, dort zu stehen und seinen Gedanken nachzuhängen. Unser erster Eindruck? Nicht ganz das Bild, das die örtliche Tourismusbehörde in ihren heiteren „Paris: Je t'aime"-Werbekampagnen zeichnete. Eines musste man dem rauen Bahnhof allerdings lassen. Innen herrschte zwar ein einziges Chaos, doch die Fassade der Gare du Nord war ein Schmuckstück mit ihren hohen, geschwungenen Fenstern, den korinthischen Säulen und den makellosen Reihen gekrönter Statuen mit Schilden und Schwertern, die Zielorte aus der Mitte des neunzehnten Jahrhunderts repräsentierten: Warschau, Brüssel, Berlin und Köln, außerdem Amiens, Arras, Lille und Rouen in Frankreich. Griechische Götter mit buschigen Bärten – Herkules, Zeus, Hermes – spähten von runden Plattformen auf uns hinunter, und vor unseren Augen kehrte der Glanz der Anfangszeiten der Eisenbahn zurück (der Bahnhof in seiner jetzigen Gestalt wurde 1866 fertiggestellt, bevor der Orient-Express auch nur ein Funkeln in Nagelmackers' Augen war).

Wir machten uns auf den Weg zur Rue du Pot de Fer.

Dafür folgten wir einer belebten Straße voller Kebapläden, wie Turquoise Istanbul und – Achtung, Wortwitz – Partistanbul, und Plakaten mit Parolen gegen die geplante Rentenreform: „DÉFENDONS NOS RETRAITES!" („Verteidigt unsere Renten!") Noch etwas war nicht zu übersehen: Berge von Müllsäcken auf den Gehwegen, Resultat der streikenden Müllabfuhr. Der Frühling in Paris stank zum Himmel.

Wir kamen auf die Place de la République, wo die Proteste deutliche Spuren hinterlassen hatten. In der Mitte hingen rote Kommunistenfahnen von der Marianne-Statue, dem Symbol der Französischen Republik, die jemand mit dem Anarchiezeichen und Parolen beschmiert hatte: „MORT AU CAPITAL!" und „MORT AU ROI" („Tod dem Kapitalismus!" und „Tod dem König", auch wenn Frankreich gar keinen König mehr hatte).

Plakate mit dem Konterfei von Präsident Macron lagen herum, ein zweites Gesicht lag über seinem, um die Doppelzüngigkeit zu symbolisieren. Dabei stand: „C'EST PAS BIENTOT FINI. CE PROJEEEEEEEEEET!" („Es ist nicht vorbei. Das Projekt!")

Das schien eine ironische Aussage zu sein, die sich auf das *projet* bezog, das Rentenalter anzuheben. Auf dem Monument prangten noch mehr Parolen: „POUR NOS RETRAITES, EN GRÈVE. ET ON RECONDUIT!" („Streik für unsere Renten. Und wir machen weiter!") Demonstranten waren nicht zu sehen. Vielleicht nahmen sie sich den Tag frei und bestreikten den Streik. Das war irgendwie enttäuschend, auch wenn das sehr unangemessen, voyeuristisch und geradezu verabscheuungswürdig klingen mag. Nachdem wir so viel in den Nachrichten gesehen hatten, hatten wir gehofft, ein paar plündernde französische Demonstranten zu sehen. Und wo waren sie jetzt?

Einer oder zwei hätten schon gereicht, fürs „Ambiente". Doch niemand war zu sehen. Wir gingen am Hôtel de Ville vorbei, überquerten die Seine und fanden unser Hotel am Rand der Rue du Pot de Fer, wo wir eine winzige Kammer bezogen, die mehr kostete als zwei Zimmer in unserer nächsten Station Straßburg, auf die wir uns schon auf unserer Parkbank geeinigt hatten. Die Zimmerpreise in Paris waren horrend.

Der Aufzug im Hotel hatte die Größe einer altmodischen Telefonzelle. Das Zimmer war sogar noch kleiner, als es auf der Website ausgesehen hatte. Eine Weile ruhten wir uns auf unseren schmalen Einzelbetten aus und schauten die Nachrichten an, in denen von den Protesten am Tag zuvor berichtet wurde. Irgendwo in der Nähe hatten Demonstranten die Scheiben eines McDonald's eingeworfen; dramatische Videos zeigten Gruppen maskierter Gestalten, die auf die Fenster einschlugen, als hätten sie es auf die Big Macs abgesehen.

„Was hat die Rentenreform mit McDonald's zu tun?", fragte Danny und sah mit verengten Augen zum Fernseher. „Sie sollten das goldene M in Ruhe lassen, da können Familien günstig essen gehen."

Wieder hatte er recht, doch ob er sein Argument gegenüber Knüppel schwingenden französischen Demonstranten, die ihre Wut an prokapitalistischer Egg-McMuffin- und Happy-Meal-Werbung ausließen, wiederholen würde, wagte ich zu bezweifeln.

Außerdem waren die Straßen gerade frei von Demonstranten. Die Fassaden beliebter Fast-Food-Ketten hatten heute Nacht wohl nichts zu befürchten.

~

Wir zogen los, um uns George Orwells früheres Viertel anzusehen. Das gingen wir geschäftsmäßig an – wir hatten für den nächsten Tag Plätze im Zug um 12.52 Uhr nach Straßburg reserviert und daher nicht viel Zeit zum Herumtrödeln. Nach Straßburg hatten wir auch Nürnberg schon vorab gebucht, um in die Gänge zu kommen. Ab Nürnberg war dann alles möglich.

Mit „geschäftsmäßig" meine ich jedoch nur: Wir sind zu ein paar von Orwells Lieblingsplätzen gegangen. Ich hatte zuvor recherchiert, wo er seine Zeit in Paris verbracht hatte (die einzige derartige Vorbereitung auf die Reise). Wir wollten nicht einfach nur ein paar Bars in der französischen Hauptstadt abklappern – obwohl das, um ganz ehrlich zu sein, auch zu unserem Plan gehörte.

Orwell lebte von 1928 bis 1929 in Paris und hatte verschiedene Jobs, vor allem wie schon zuvor erwähnt als *plongeur,* der niedrigsten Position in der Restauranthierarchie, von der aus er beobachten konnte, wie Kellner Wein absaugten und andere Diebstähle begingen, sowie die kleinen Missstände und vielen komplizierten Nuancen französischer Restaurants miterlebte. Damals war diese Gegend des Quartier Latin noch eindeutig Arbeiterklasse gewesen. Das war sie jetzt nicht mehr. Die engen Straßen strotzten nur so vor hübschen Bistros, Cafés, Cocktailbars und teuren Hotels. Elegant gekleidete junge Berufstätige und Studenten bevölkerten die Wege zwischen den Müllsackbergen und sahen so *chic* und pariserisch aus, wie es unter den gegebenen Umständen möglich war.

Und wieder war nirgends ein Demonstrant zu sehen. Ein Sushirestaurant an einer Ecke in der Nähe unseres Hotels verschwand beinahe hinter den Bergen von Müllsäcken und Schachteln, doch es hatte geöffnet, und modisch gekleidete Kunden aßen dort, als gäbe es die Müllberge gar nicht.

Sie sahen nicht aus wie Anarchisten, die unbedingt den französischen Staat zu Fall bringen wollten, sondern wie das, was sie waren: elegante Sushikonsumenten, die rohen Fisch in geselliger japanischer Atmosphäre zu sich nehmen wollten, wenn auch inmitten von Müll. Man musste die Gleichgültigkeit, mit der die Pariser dem Zusammenbruch ihrer Stadt begegneten, bewundern. Auf Bildern vom Tag zuvor hatten wir gesehen, wie Cafébesucher entspannt ihren Kaffee ausgetrunken hatten, während neben ihnen Straßen brannten.

Nachdem wir ja nicht einfach nur in eine Bar gehen wollten, marschierten wir zu Orwells ehemaliger Wohnung in der Rue du Pot de Fer, Hausnummer sechs, aus der dem Schriftsteller als 25-Jährigem kurz vor der Rückkehr nach Großbritannien (wo er eine Weile bei seinen Eltern in Suffolk unter nicht ganz so verelendeten Bedingungen gelebt hatte) sein gesamtes Geld gestohlen worden war. Es hing keine Tafel an der Wand, um darauf hinzuweisen, dass einer der berühmtesten Autoren des zwanzigsten Jahrhunderts während einer der prägendsten Phasen seines Lebens hier gewohnt hatte, es schien, als wollten die Besitzer keine Aufmerksamkeit auf das unauffällige, schmutziggraue Gebäude ziehen.

Im Erdgeschoss war die Hausnummer sechs hingegen nicht so grau und schmutzig, hier war ein Shisha-Café namens Planet-Chicha eingezogen, in dem gerade das Fußballspiel Frankreich gegen die Niederlande übertragen wurde. Möglicherweise war es der verqualmteste Raum in ganz Paris. Wir saßen an einem niedrigen Tisch gegenüber einem Mann mit goldgetönter Sonnenbrille, einer Gucci-Manbag und Nike-Sneakers, und seiner Begleitung, einer stark geschminkten Frau mit beigefarbenem Regenmantel und einer Gucci-Handtasche. Sie schienen keine antikapitalistischen, antirentenreformistischen Anarchisten bei einer Pause zu sein. Aber wer weiß, vielleicht zogen sich antikapitalistische, antirentenreformistische Anarchisten in ihrer „Freizeit" so an.

Das Paar rauchte Wasserpfeife. Alle rauchten Wasserpfeife. Wir bestellten ebenfalls eine, um ein wenig Zeit auf den Spuren

Orwells zu verbringen. Zu seiner Zeit war das hier eine schäbige Bar gewesen, in der Tagelöhner und andere Arbeiter ihre Sorgen in Alkohol ertränkten. Seither hatte sich viel verändert. Der Tabak schmeckte angenehm nach Apfel und Minze, und als der Kellner kam, um sich nach unserer Zufriedenheit zu erkundigen, fragte ich ihn nach George Orwell.

„Den kenne ich nicht", antwortete der Mann. „Über den weiß ich gar nichts." Es wirkte, als würde die Polizei ihn zu einem Verbrechen befragen, mit dem er wirklich nichts zu tun haben wollte.

Unser nächster Orwell-Stopp war eine rot beleuchtete Bar in der Rue Mouffetard, in der Nähe der Rue Lacépède, wo Orwells Tante mit einem Vertreter des weitestgehend vergessenen Esperanto gelebt hatte und wo sich heute ein Carrefour-Supermarkt befand. Dort holten wir uns Wasserflaschen fürs Hotel und waren mit unseren Plastiktüten die einzigen Gäste in dieser coolen Kneipe, in der Indierock lief.

Wir bestellten zwei große Bier und tranken auf Orwell. Danny zitierte ihn dabei sogar: „Auf Orwell! Auf die Freiheit! Falls Freiheit überhaupt etwas bedeutet, dann das Recht darauf, den Leuten zu sagen, was sie nicht hören wollen!"

Er sprach ziemlich laut. Während die Pariser gerade pausierten, starteten wir unsere eigene Revolution. Der Barkeeper, der unsere rebellischen Parolen hörte und offenbar für gut befand, sagte: „Yeah, Mann", wie der Typ im lilafarbenen Samtanzug am Soho Square.

Orwells Geist lebte weiter in der Gegend um die Rue du Pot de Fer.

„Müll, Verfall und sehr elegante Menschen", sagte Danny und meinte damit Paris und das Quartier Latin. „Diese Eleganz ist sehr sexy, wenn man mal darüber nachdenkt. Hier geht gerade alles den Bach runter, doch auf den Straßen sieht man keine Streuner, sondern sehr elegante Leute."

Wir redeten noch eine ganze Weile Unsinn und kehrten nach Mitternacht mit unseren Carrefour-Tüten ins Hotel zurück.

„Schön, nicht wahr, auf die vorüberziehenden Felder zu schauen? So friedlich."

Von Paris nach Straßburg

Klirren, Knirschen, Scheppern und Piepen (von den zurücksetzenden Fahrzeugen) weckten uns am nächsten Morgen. Paris räumte auf. Die Müllabfuhr arbeitete wieder, der Streik war vorbei, die Rue du Pot de Fer und ihre Umgebung wurden fast schon bedauerlicherweise von den letzten Überresten des „Aufstands" gereinigt. Das Sushirestaurant an der Ecke war wieder zu sehen. Es war ein sonniger Morgen im Quartier Latin. Wir machten uns auf den Weg zur Gare de l'Est und kamen schon bald zum Centre Pompidou mit seiner Röhrenarchitektur, vor dem wahrhaftig eine Gruppe Demonstranten auf und ab ging. Allerdings keine antirentenreformistischen Revolutionäre, sondern friedliche Gegner von Lachsfarmen. Echte Pariser, die auf die Straße gingen mit einem wirklichen Anliegen, auch wenn sie von Plündereien weit entfernt waren, denn sie waren höfliche Pariser Demonstranten, richtiggehend sanft und charmant.

„Die Umwelt! Das ist eine Katastrophe für die Fische!", sagte Alina mit schwerem Akzent. „Dahinter stecken die großen multinationalen Konzerne! Noch eine Lobby! Noch eine Lobby! Diese Farmen manipulieren unsere Bedürfnisse und Wünsche ... ein ökologisches Desaster! Schrecklich! Eine Katastrophe für die Fische!"

Wir sprachen noch eine Weile mit Alina, die ursprünglich aus der Ukraine stammte, vor vielen Jahren aber schon nach Frankreich gezogen war. Danach gingen Danny und ich weiter zum Bahnhof, an einem Dutzend Einsatzwagen der Polizei vorbei. Irgendwo in Paris rechnete man heute wohl mit Ärger – den wir nicht miterleben würden. In Sachen Recht und Ordnung auf den Straßen der französischen Hauptstadt hatten wir unseren Aufenthalt perfekt getimt.

Kurz vor der Gare de l'Est sagte Danny, der offenbar noch darüber nachdachte: „Wenn man Lachsfarmen verbietet, wie kann man sich Lachs dann leisten? Wenn man die Farmen abschafft, können nur noch Reiche Lachs essen."

Mit dieser Feststellung betraten wir den Bahnhof.

~

1883, als der Orient-Express mit seinen neuartigen Drehgestellen unter Dampfschwaden nach Istanbul aufbrach, hieß die Gare de l'Est noch Gare de Strasbourg. Der Hauptteil des Bahnhofs konnte sich, von Erweiterungen an den Seitenflügeln abgesehen, seither nicht viel verändert haben. Die kunstvolle Steinfassade mit den auffälligen Türbögen zwischen korinthischen Säulen wirkte wie ein (sehr großes) Sommerhaus auf einem Landsitz. Palmen in großen Töpfen standen aufgereiht auf dem Vorsprung über den Bögen unter dem lang gestreckten, breiten A-förmigen Dach und in deren Mitte eine beeindruckende Skulptur zweier nackter Mädchen über einer Uhr. Nicht so auffallend wie die Gare du Nord, aber trotzdem eine schöne Kulisse für Nagelmackers, Henri Opper de Blowitz und Co. bei der Jungfernfahrt.

Der Bahnhof war viel ruhiger als die Gare du Nord und sehr viel weniger belebt. Hinter den Türen befand sich eine große Halle mit gewölbtem Dach und Geschäften, Rolltreppen führten zum Untergeschoss. Wir holten uns Kaffee bei einem McDonald's, der nicht von antirentenreformistischen Demonstranten angegriffen wurde, und wurden von einem großen, dünnen Amerikaner mit Zottelbart gefragt: „Mann, was für ein Tag ist heute? Freitag? Samstag?"

Wir antworteten, es sei Samstag.

„Oh, okay. Okay, Mann", sagte er, als hätten wir ihn mit der Beantwortung seiner Frage irgendwie unter Druck gesetzt.

Der dünne, zottelige Amerikaner schlurfte davon, immer noch sehr verwirrt. Vielleicht würde er zur Sicherheit noch jemand anderen nach dem Wochentag fragen. Oder er dachte schon wieder an etwas völlig anderes. Er hätte einem leidtun können, er gab keine besonders heroische Figur ab. Doch gleichzeitig hatte man den Eindruck, dass er sich insgeheim prächtig amüsierte.

Wir stiegen in den 12.52-Uhr-TGV nach Straßburg, die erste Station von Nagelmackers' Jungfernfahrt am 4. Oktober 1883.

An jenem ereignisreichen Tag verließ der Zug am Abend den Bahnhof unter lautem Tuten, während sich auf den Bahnsteigen die Zuschauer drängten, und den glücklichen Passagieren wurde schon bald im eleganten Speisewagen mit seinen Gaskronleuchtern und den goldenen Intarsien von Kellnern mit weißen Handschuhen die erste, vom berühmten Burgunder Koch zubereitete Gourmetmahlzeit serviert. Vor lauter kulinarischem Genuss – und auch wegen der edlen Weine, die zwischen Paris und der ostfranzösischen Stadt flossen (und „kein Tropfen wurde verschüttet", schrieb Blowitz anerkennend) – verpassten viele Pressevertreter die elektrische Beleuchtung am Straßburger Bahnhof.

Dies war der erste Bahnhof in Europa gewesen, der stolz eine solche Beleuchtung vorweisen konnte, und das war eine große Sache. Doch die Reporter schliefen in ihren Abteilen (sehr zum Unmut der Stadtvertreter), und Edmond About (der pingelige Butterfreund) konnte in seinem Artikel nur berichten, dass sie „sehr gut aussah", indem er auf die Erzählung eines Mitreisenden, der nicht vorzeitig eingeschlafen war, zurückgriff.

Wie der Eurostar war auch unser Zug um 12.52 Uhr nicht langsam. Schließlich stand TGV für *Train à Grande Vitesse* (Hochgeschwindigkeitszug), doch er war uns als die vernünftigste Option erschienen; es wäre dumm, nur rein aus Prinzip langsamer zu fahren. Wir würden schon noch langsam genug nach Istanbul kommen.

Schnell war der TGV zweifellos, mit einer Höchstgeschwindigkeit von 320 km/h im regulären Einsatz (eine spezielle Lokomotive hatte bei einer Testfahrt im Jahr 2007 eine Geschwindigkeit von etwa 575 km/h erreicht), und sehr schön war er auch. Das Innere wirkte schick und modern, die Sitze ansprechend in lila und orange und mit Beinfreiheit. Die Wände waren in einem dunklen Violett gehalten, die Tische groß. Das war die zweite Klasse, die für uns gut genug war. Die erste Klasse musste der reinste Luxus sein.

Bald rasten wir an den Graffiti und Hochhäusern der *banlieues* (Vorstädte) von Paris vorbei in eine Landschaft voller nebelverhangener Felder mit niedrigem grünem Getreide. Ein milchig-grauer Himmel tauchte alles in milchig-graues Licht. Von den Sitzen in der Nähe hörte man das leise Klappern von Laptop-Tastaturen. Dörfer tauchten auf und verschwanden wieder, kleine Inseln aus cremefarbenem Stein und terrakottafarbenen Dächern inmitten von Grün.

Ich ging ins Bordrestaurant, um uns Kaffee zu holen, wo ein Angestellter mit roter Fliege die Getränke servierte und mir erklärte, die Speisekarte sei von einem französischen Promi-Koch namens Thierry Marx gestaltet worden, der Restaurants „vor allem in Paris und Lyon" betrieb, darunter eines beim Eiffelturm. Er erzählte so begeistert von Thierry Marx, dass ich eine Kreation des Spitzenkochs kaufte: einen Quinoasalat mit Gemüse, Olivenöl und Sesam. Ich ging zu unseren Plätzen zurück, und Danny sagte: „Schön, den vorbeiziehenden Feldern zuzuschauen, nicht wahr? So friedlich."

Die Platzreservierungen hatten zehn Euro gekostet. So war das bei Interrail-Pässen: Auf manchen Strecken waren Reservierungen zu ungefähr diesem Preis obligatorisch, was ärgerlich, aber notwendig war, wenn man sitzen (und keine Strafe zahlen) wollte. Der Zugbegleiter scannte unsere QR-Codes, außerdem ähnliche QR-Codes für unsere Pässe. Dafür musste man den richtigen Zug gebucht und aktiviert haben in der Eurail-App, die unsere Interrail-Pässe verwaltete und unsere nicht mehr jungen Gehirne zunächst auf die Probe gestellt hatte, bis wir sie verstanden hatten. Jedes Mal, wenn ein Zugbegleiter unsere QR-Codes scannte und alles in Ordnung war, durchflutete uns ungläubige Erleichterung und auch etwas peinlicher Stolz, dass wir alles richtig gemacht hatten.

Insgesamt war die App aber ausgesprochen nützlich, und es war ein Segen, dass es die Pässe überhaupt gab. Seit fünfzig glanzvollen Jahren existierte Interrail schon, und in letzter Zeit hatte das Konzept eine gewaltige Entwicklung durchlaufen.

Ins Leben gerufen wurden die Vielfahrtentickets 1972 von der International Union of Railways, die nach dem Ersten Weltkrieg gegründet wurde, um weltweit Eisenbahnnetze zu vereinheitlichen. Ziel der Pässe war es gewesen, junge Menschen unter einundzwanzig, die sich die hohen Ticketpreise sonst nicht leisten konnten, zum Zugfahren durch Europa zu animieren. Damals kosteten Interrail-Pässe 27,50 Pfund, und man konnte mit ihnen einen Monat lang unbegrenzt fahren (was heute etwa 360 Pfund entspricht). Im ersten Jahr wurden fast 90.000 Stück verkauft, und dank des riesigen Erfolges wurden sie beibehalten und großflächiger beworben.

Zum Glück gibt es Interrail immer noch, trotz harter Konkurrenz durch Billigfluglinien und nach der Übernahme durch das niederländische Unternehmen Eurail im Jahr 2001 (daher auch der etwas verwirrende Name der Eurail-App). Noch großartiger war, dass man 1998 die bisher geltenden Altersgrenzen aufhob und Interrail jetzt allen offenstand. Ältere Reisende müssen höhere Preise zahlen, es gibt aber auch Seniorentarife. 1972 nahmen 21 Länder daran teil, heute umfasst das Netz 33 Länder, am billigsten sind die Tickets für Reisende unter 27.

Da haben Sie es. Interrail-Pässe waren schon immer fantastisch. Mit ihrer Hilfe konnten junge Menschen seit vielen Jahren Europa kennenlernen und ihren Horizont erweitern, und seit der Jahrtausendwende stand dies auch älteren Menschen offen.

Wir machten es uns gemütlich, während der Zug immer weiter durch eine flache, nebelverhangene Landschaft fuhr.

Es war wirklich friedlich. Wir bewunderten Flüsse, die sich durch die Landschaft schlängelten, und Birkenwälder, und – ja, wir geben es zu – wir erlaubten es uns, im Andenken an die ersten Passagiere des Orient-Express hin und wieder die Augen zu schließen. Die gleichmäßigen Bewegungen ... die bequemen Sitze ... das Gefühl, ohne festes Ziel und ohne Vorgaben gen Osten zu fahren: Die zweite Zugfahrt unserer Reise fanden wir beide rundum zufriedenstellend.

Der TGV fuhr in die Vororte von Straßburg ein, das im Elsass liegt, direkt an der deutschen Grenze.

Wir sahen Lagerhallen, ein FedEx-Depot, Möbelhäuser, einen Nissan-Händler und viele Schrebergärten, und schließlich erhaschten wir einen verlockenden Blick auf den Turm der berühmten Kathedrale. Wir rollten in den Bahnhof ein, stiegen aus und standen in einer Halle mit hohen Buntglasfenstern und Flachreliefs, die Geschäftsleute des späten neunzehnten Jahrhunderts würdigten. Der Vorplatz des Bahnhofs wurde von einer riesigen, langgezogenen Glaskonstruktion überspannt, die von außen an eine gigantische Nacktschnecke erinnerte. Wir hatten unser zweites Ziel erreicht.

Gotischer Glanz, EU-Vorschriften und eine Partie Darts
Straßburg

Im Gegensatz zu mir war Danny schon mal in Straßburg gewesen. Wir spazierten in die in Sonnenschleier getauchte Altstadt in Richtung Kathedrale und überquerten einen großen Platz, gefolgt von einigen von mittelalterlichen Fachwerkhäusern gesäumten Gassen und einer alten Steinbrücke. Bemerkenswerterweise hat Straßburg den Zweiten Weltkrieg trotz seiner Lage an einem strategischen Punkt zwischen Frankreich und Deutschland unbeschadet überstanden, und man musste die Stadt einfach sofort mögen. Danny war allerdings in nachdenklicher Stimmung.

„Bei meinem letzten Besuch hier", sagte er, „habe ich mit meinem Vater telefoniert. Chelsea hatte gerade ein Spiel eins zu null gewonnen, und darüber sprachen wir." Sie waren beide Chelsea-Fans. „Einen Monat später ist er gestorben." Nach einer Pause fuhr Danny fort: „Wir müssen das Leben genießen und all das hier machen, solange wir es noch können."

Damit meinte er, wie bei unserem Treffen am Soho Square, mit dem Zug durch Europa zu fahren sowie „Reisen" ganz allgemein (wenn auch dieses Mal ohne seine Kampfparolen). Mein Vater lebte noch, litt allerdings an Parkinson, eine schreckliche Krankheit. Sein Zustand, ebenso wie die sich verschlechternde

Gesundheit meiner Mutter, hatten mich vor der Reise sehr beschäftigt.

Etwas ernüchtert gingen wir durch viele schmale Straßen mit Fachwerkhäusern, die sich einander entgegenneigten, als wären sie „in dem Moment erstarrt, als sie im Begriff waren umzustürzen", wie Orwell von der Rue du Pot de Fer gesagt hatte. Ihre Bauweise war eher deutsch und solide und ganz anders als die verschnörkelte Architektur in Paris. Wir überquerten den Gutenbergplatz mit der markanten Statue von Johannes Gutenberg, dem Erfinder des Buchdrucks, der im fünfzehnten Jahrhundert eine Weile in Straßburg gelebt hatte.

Dann erreichten wir das beeindruckende gotische Straßburger Münster, und uns blieb der Mund offen stehen. Auch Danny, obwohl er schon einmal in der Stadt gewesen war.

Ein Jahrtausend (ursprünglich erbaut ab 1015) war der prachtvolle Bau schon alt, der am Ende der Straße in einen Baldachin aus Wolken aufragte. Die rote Sandsteinfassade beherrschte mit ihren Buntglasfenstern, die so zart wie Schmetterlingsflügel aussahen, den Blick. Zinnen und Steinmetzarbeiten konkurrierten mit Säulengruppen, Bögen und Darstellungen von Engeln und Heiligen, Pilgern und Priestern sowie brüllenden Löwen (für ein bisschen mittelalterliches Drama). Gargoyles mit gequälten Gesichtern starrten neben Jüngern mit Gaben in den Händen zu uns herunter, daneben gewöhnliche Menschen mit herrlich realistischen, ergriffenen Gesichtsausdrücken. Manche grinsten, andere schnitten eine Grimasse, wieder andere blickten nachdenklich drein.

Hineinzugehen war eigentlich unnötig, wir taten es dennoch. Noch einmal machte uns die schiere Größe des Gebäudes sprachlos, die extravagante, völlig übertriebene Gotik, die schmalen Lichtstreifen, die durch die Buntglasfenster fielen, die leise flüsternden Stimmen, die von der Deckenwölbung hoch über uns widerhallten.

Das Münster war ein mehr als ausreichender Grund, diesen Zwischenstopp auf der Reise nach Istanbul einzulegen.

Wieder im Freien, fielen uns die ruhigen Straßen auf, die sich trotzdem jung und lebendig anfühlten. Straßburg hatte ungefähr dreihunderttausend Einwohner und eine der besten Universitäten Frankreichs. Von der allgemeinen Unzufriedenheit wegen der Rentenreformen merkte man wenig, nur ein paar Plakate verkündeten „CAPITALISME BROYEUR DE VIES – 2 ANS DE PLUS C'EST NON" (in etwa: „Kapitalismus erdrückt das Leben – Nein zu zwei weiteren Jahren"), und ein paar gelangweilte Polizisten in Bereitschaftsmontur standen bei einer Brücke in der Nähe des Hotel Roses, unserer Unterkunft.

Im Hotel begann Danny ein Gespräch mit dem Manager Kalil. „Wir suchen ein billiges Restaurant." Danny war immer noch im Sparmodus.

Kalil musterte uns. Ein Funkeln in seinen Augen blitzte auf, als ihm klarzuwerden schien, dass wir uns etwas nicht mal ansatzweise „Exklusives" vorstellten.

„Die Restaurants in dieser Gegend sind günstig", antwortete er und deutete auf einen Stadtplan. Er trug ein kariertes Hemd und Jeans und wirkte eher, als würde er zu einem Barbecue gehen und nicht ein Hotel leiten. Er war ein bodenständiger Franzose und kannte seine Gäste. „Gehen Sie nicht in die großen Restaurants", sagte er und deutete wieder auf den Stadtplan. „Auch nicht in die Restaurants beim Münster. Gehen Sie in dieses Viertel." Er zeigte auf einen anderen Punkt auf der Karte.

„Die sind dann also *günstig?*", sagte Danny und betonte das Wort, als wollte er sich versichern, dass man ihn richtig verstanden hatte und er nicht wegen eines sprachlichen Missverständnisses unbeabsichtigt in einem *teuren* Restaurant landen würde.

„Ja, allerdings kommt es darauf an, was Sie darunter verstehen." Kalil sah Danny an und fuhr todernst fort: „Für null Euro bekommt man keine Mahlzeit."

Danny dachte über den Witz nach. Dann lachte er. Die beiden verstanden sich hervorragend.

Kalil wechselte das Thema und sprach über Großbritanniens neuen König Charles, der gerade wegen der Unruhen einen Staatsbesuch in Frankreich abgesagt hatte. Über vierhundertfünfzig Menschen waren in Paris am Tag vor unserer Ankunft verhaftet und vierhundert Polizisten verletzt worden (was unsere Schaulust im Nachhinein noch verwerflicher machte). Die Entscheidung, den Besuch zu verschieben, war am Tag unserer Ankunft getroffen worden. Es wäre Charles' erste Auslandsreise als König gewesen. Präsident Macron hatte es so für besser befunden und die Entscheidung mit „gesundem Menschenverstand" begründet und dass „es nicht vertretbar gewesen wäre, den Besuch trotz der Gefahr von Zwischenfällen stattfinden zu lassen".

Darauf hatte Jean-Luc Mélenchon, Vorsitzender der Linken, gesagt: „Die Wiedervereinigung der Könige in Versailles wurde vom Missfallen des Volkes verhindert. [sic] Die Briten wissen, dass Darmanin schlecht darin ist, für Sicherheit zu sorgen." Gérald Darmanin war Frankreichs Innenminister.

Darauf wiederum hatte Präsident Macron geleugnet, die Kontrolle über Frankreich zu verlieren: „Ich denke wirklich nicht, dass das zutrifft. Die Rentenreformen gehen ihren demokratischen Weg. Das Parlament funktioniert noch. Wir bewegen uns weiter nach vorn, wir können nicht zum Stillstand kommen."

Kalil allerdings war alles andere als traurig über die Absage. Er war kein Fan. „Leider werden wir euren König Charles irgendwann sehen. Hier mochten wir immer Diana." Mit „wir" meinte Kalil die französische Nation. „Denkt Charles, dass er höchstpersönlich etwas Gutes für die englische Nation tun kann: *Wie geht es euch allen?* Das wird uns kein Geld einbringen." Mit „uns" meinte Kalil wieder die französische Nation. Charles und seine Überzeugung, er könne Großbritanniens Wirtschaft helfen, indem er einfach auftauchte und königliche Dinge tat, fand er albern. Kalil winkte auf französische Art, als wolle er König Charles verabschieden.

Wieder wechselte er das Thema und erzählte uns, dass er früher mal in London gearbeitet hat. „In London wollen die Leute *leben*. Richtig *leben!*", sagte er. „Ich mag Bier. In London gehen die Leute in Pubs. In den Pubs in London ist Leben!"

Kalil, ein Mann mit vielen Meinungen, erörterte mit uns außerdem die Chancen von Arsenal, in dieser Saison „das Double zu machen", also sowohl die Premier League als auch den FA Cup zu gewinnen. „Dieses Jahr. Ich glaube, es wird das Double. Ich bin Arsenal." Zu den Aussichten von Chelsea meinte er: „Sie haben jetzt Probleme. Dieser amerikanische Besitzer … Beim Fußball braucht man natürlich Geld, aber ich denke, er sollte zum Baseball zurückgehen." Todd Boehly, der Eigentümer des FC Chelsea, war auch Mitbesitzer der Los Angeles Dodgers.

Darüber diskutierten Danny, Kalil und ich noch eine ganze Weile.

~

Danach trennten Danny und ich uns und vereinbarten, uns später in einem Pub mit Dartscheibe und „gutem Bier" – laut Kalils Aussage – wiederzutreffen.

Ich wollte mir das Europäische Parlament ansehen, Danny hatte darauf keine Lust. Ich spazierte – länger als gedacht – nach Nordosten zum Europäischen Parlament, einem Metall-und-Glasbau, der Politikerinnen und Politiker aus den siebenundzwanzig Mitgliedstaaten der Europäischen Union beherbergte, wie die Landesflaggen unverkennbar zeigten. Das Gebäude wirkte ein wenig wie ein Flughafenparkhaus, mit einem Fußweg und einer Fahrspur in der Mitte. Es war 17.01 Uhr. Ein entschlossener Wachmann am Eingang wies mich ab, da die letzten Besucher um 17.00 Uhr eingelassen wurden, die sich dann bis 18.00 Uhr Zeit lassen konnten. Ich sagte so etwas wie: *Bitte, in zwanzig Minuten bin ich wieder draußen.*

„Nein, das geht nicht", erwiderte der Mann.

„Aber ich bin doch nur sechzig Sekunden zu spät, das geht doch bestimmt noch", sagte ich.

„Nein, das geht nicht", wiederholte der Mann.

„Jetzt kommen Sie schon, wo ist denn das Problem?"

Der Wachmann war von meiner Hartnäckigkeit nicht begeistert. Er schnaufte verärgert und drehte sich weg.

Europäische Vorschriften, zu denen viele Leute viele Ansichten hatten, begannen an dem Ort, an dem sie gemacht wurden. Ich setzte mich einen Moment auf eine Bank in der Nähe.

Neben mir saß ein junger Endzwanziger namens Cleement aus Nanjing in China, der seinen PhD in Bauingenieurwesen an der Straßburger Universität machte. Auch ihn hatte der Wachmann abgewiesen, da er seinen Pass nicht dabeihatte.

Wäre ich nicht mit dem 12.52-Zug nach Straßburg gefahren und dann nicht zum Europäischen Parlament gekommen, hätte ich Cleement aus Nanjing sicher niemals kennengelernt. Er war ein netter Kerl. Da Danny nicht hier war, um zu betonen, man müsse das Leben genießen, bevor man zu alt dafür war – und weil ich mich nach der Hektik, es noch bis 17.00 Uhr zum Einlass zu schaffen, etwas ausruhen musste –, unterhielten wir uns eine Weile.

„Beim letzten Mal haben sie mich ohne Ausweis eingelassen", erzählte er. „Aber in Frankreich kommt es darauf an, an wen man gerät." Damit meinte er, es käme darauf an, wer gerade die Vorschriften umsetzen sollte und wie entspannt die Person damit umging. „Meine Freundin ist gerade drinnen." Er deutete auf das Europäische Parlament. „Das finde ich sehr schade, denn ich bin mit ihr hergekommen, um es ihr zu zeigen."

Cleement, auch ein Zugbegeisterter („TGV, die mag ich, so schnell, so geschmeidig"), war gesprächig. Er sagte, ihm gefiele die „akademische Atmosphäre" in Straßburg, und dass die „Stadt sehr schön ist. Eine fantastische Stadt. Eine sehr internationale Stadt an der Grenze zwischen Frankreich und Deutschland."

Dann redete er über sein Heimatland.

„In letzter Zeit in China … ein bisschen Demokratie", sagte er. „Aber das ist weniger geworden. Ich weiß es gerade nicht genau." Er war wegen seines Studiums bereits über vier Jahre in Europa. „Ich verstehe, dass manche Dinge in der chinesischen Politik nicht richtig sind. So viel kann ich sagen: nicht richtig."

Er wirkte niedergeschlagen.

„Könntest du das auch so sagen, wenn du in China leben würdest?", fragte ich.

„Vielleicht", antwortete er. „Wenn *ich* das sage: nichts. Aber wenn man eine *große Berühmtheit* ist: sehr großes Problem. Wenn man Einfluss auf Social Media hat: sehr großes Problem. Die meisten Menschen sagen nichts. Die Regierung kontrolliert Social Media. Wenn sie etwas sieht, was ihr nicht gefällt, löscht sie es."

Er wirkte noch niedergeschlagener.

„Sind deine Verwandten in China glücklich?"

„In China denken manche vielleicht, sie sind zufrieden. Aber verstehst du, viele Chinesen waren noch nie im Ausland. Sie haben keinen Vergleich. Sie denken, die chinesische Regierung ist die beste", erklärte er.

Es klang, als würde seine Rückkehr nach Abschluss des PhD-Studiums ein ziemlicher Kulturschock werden.

Der Wachmann beobachtete uns die ganze Zeit hinter seinem Zaun. Die spontane Freundschaft zwischen jenen, denen er den Eintritt verwehrt hatte, schien ihm nicht zu gefallen. Nicht, dass es uns etwas ausgemacht hätte. Ich schüttelte Cleement die Hand, wünschte ihm alles Gute, winkte dem „Schlüsselherrn" des Europäischen Parlaments zu (es waren immer noch viele Touristen im Gebäude, weshalb er warten und sie hinauslassen musste) und ging um die Ecke zum Europapalast, der den Europarat beherbergte.

Dieser war nach dem Zweiten Weltkrieg zur Wahrung demokratischer Grundsätze, Menschenrechte und rechtsstaatlicher Grundprinzipien ins Leben gerufen worden und agierte unabhängig von der Europäischen Union. Eine hübsche Skulptur auf dem Rasen mit der Aufschrift „DROITS DE L'HOMME" zeigte Gestalten, die sich solidarisch aneinanderdrängten. Nicht weit dahinter lag ein mit Sternen gepflasterter Weg. Barack Obama zum Beispiel war 2003 in Straßburg gewesen, Ernest Bevin 1949 und Charles de Gaulle 1962. Ein kleines Stück entfernt befand sich das glänzende, UFO-artige Gebäude des Europäischen Gerichtshofs der Menschenrechte (ECHR).

Straßburg hatte nicht nur ein beeindruckendes Münster, sondern war auch das Sinnbild für Europa. Während man durch den nordöstlichen Teil der Stadt mit seiner „Europäischen Verwaltung" spazierte, bekam man ein Gefühl dafür, was es bedeutete, Europäer zu sein. Mit seinem Standort an der französisch-deutschen Grenze war Straßburg wirklich das Herz und die Mitte des Kontinents.

Ich ging zurück und traf mich mit Danny, spielte Darts mit Danny, trank Bier mit Danny und ging mit Danny in eine andere Bar, nur damit uns dort ein panisch dreinblickender Kellner mitteilte: „Wir servieren Essen, aber wir haben gerade keine Teller" (die Küche hatte kein sauberes Geschirr mehr, und eine solche Entschuldigung dafür, keinen Tisch zu bekommen, hörten wir beide zum ersten Mal). Dafür fanden wir um die Ecke Unterschlupf in dem herrlichen kleinen Restaurant Shahi Mahal. Die Chicken Jalfrezi Currys: hervorragend. Der Rotwein: exzellent. Heiteres Straßburg-Geplauder: reichlich.

Angenehm günstig war es auch. Sowohl Henri Opper de Blowitz (der unser inoffizieller Schutzheiliger und „Sparringspartner" wurde, wenn wir überlegten, ob es uns irgendwo gefiel: *Was würde de Blowitz dazu sagen?*) als auch der clevere Kalil vom Hotel Roses hätten es sicher gutgeheißen.

„Die Milch geben Sie hinein!"
Von Straßburg nach Nürnberg

So verging unsere Zeit in Straßburg. Wie Ihnen vielleicht aufgefallen ist, wählten wir unsere Stopps auf dem Weg nach Istanbul eher zufällig aus. Doch das war der Plan gewesen, und wir fühlten uns wohl damit.

Am nächsten Morgen wollten wir früh nach Nürnberg aufbrechen.

Abfahrt war um 8.46 Uhr, um 10.05 Uhr würden wir in Stuttgart sein und dort um 10.37 Uhr weiterfahren. Um 13.20 Uhr wären wir dann in Nürnberg, wenn es keine Verspätungen gab. Der erste Zug war ein ICE der Deutschen Bahn, der zweite eine Regionalbahn der NVBW (Nahverkehrsgesellschaft Baden-Württemberg). Luftlinie lagen die Städte knapp dreihundert Kilometer auseinander.

Da wir über Karlsruhe fuhren, war die Strecke länger, und wir würden sie mit einer Durchschnittsgeschwindigkeit von 66 km/h zurücklegen.

Nürnberg hatten wir ausgewählt, weil wir sehen wollten, wo früher die Nazis aufmarschiert waren, außerdem den Gerichtssaal, in dem die Nürnberger Prozesse stattgefunden hatten. Vor Kurzem hatte ich das hervorragende Buch *Rückkehr nach Lemberg: Über die Ursprünge von Genozid und Verbrechen gegen die Menschlichkeit* von Philippe Sands gelesen, über die Staatsanwälte, die die Begriffe „Völkermord" und „Verbrechen gegen die Menschlichkeit" geprägt hatten, um sicherzugehen, dass die führenden Nazis ihre gerechten Strafen erhielten. Das hatte mein Interesse geweckt.

Wie gesagt, auf einem Interrail-Trip konnte man solche Abstecher genießen (wenn man bei Nürnberg von Genuss sprechen kann).

Vor der Abfahrt in Straßburg waren wir früh am Bahnhof und saßen in dem „Glasschnecken"-Teil auf einer Bank.

„Es ist, als würde man jeden Tag eine neue Seite aufschlagen", sagte Danny über unsere Reise. „Jeder Tag ist wie ein neuer Anfang."

Ganz offensichtlich hatte ihn das Interrail-Reisefieber gepackt (immerhin war das sein erster Interrail-Trip).

Während wir auf die Abfahrt um 8.46 Uhr warteten, lasen wir die Online-Nachrichten der BBC.

Ich gebe es offen zu: Die Finger vom Internet zu lassen, fiel uns bereits jetzt schon zu schwer. Wie vermutet, waren wir ungeachtet unseres Parkbankmanifests schwache Menschen des frühen einundzwanzigsten Jahrhunderts.

Besonders fiel uns die Hauptneuigkeit des Tages ins Auge. Der russische Präsident Wladimir Putin hatte mit der Stationierung taktischer Atomwaffen in Belarus begonnen, eine weitere Eskalation des Krieges gegen die Ukraine. Der ukrainische Präsident Wolodymyr Selenskyj hatte daraufhin ein Notfalltreffen des Sicherheitsrates der Vereinten Nationen einberufen. Die NATO hatte die Verlegung der Atomwaffen als „gefährlich" und „unverantwortlich" verurteilt, berichtete die BBC.

Während wir munter mit Zügen durch die Gegend fuhren, wurden gar nicht mal so weit weg von uns (es waren etwa 960 Kilometer von Nürnberg bis zur Grenze von Belarus) Nuklearraketen verlagert. Wir fanden unsere Plätze in dem schnittigen weiß-roten ICE und rollten aus dem Bahnhof in Richtung Land Nummer drei.

Kurz darauf ging ich ins Bordbistro und führte mit der Angestellten ein verwirrendes Gespräch, das folgendermaßen ablief.

Ich, der einzige Gast im Bordbistro: *„Je voudrais deux Americanos, un avec lait, s'il vous plait."* (Ich hätte gern zwei Americanos, einen mit Milch.)

Die Angestellte (ausdruckslos, auf Englisch): „Sie wollen einen Americano und einen Café au lait?"

Ich (auch auf Englisch): „Zwei Americanos – einen bitte mit Milch."

Die Angestellte (mit noch abweisenderem Blick): „Also zwei Americanos und einen Café au lait."

Ich: „Nein, zwei Americanos, einen davon mit Milch."

Die Angestellte (sehr kühl und knapp): „Die Milch geben *Sie* hinein!"

Sie deutete auf ein paar Milchpackungen auf dem Tresen.

So wurde im Bordbistro eines deutschen ICEs ein Americano mit Milch im Gegensatz zu einem Café au lait serviert.

Ich, jetzt auch etwas unterkühlt: „Super."

Die Angestellte sah mich mürrisch an, und ich vermutete stark, dass ich nicht auf ihrem Weihnachtskartenverteiler landen würde.

Ich sah sie unverwandt an und fragte: „Geht es Ihnen gut?"

Die Angestellte: „Ich habe vielleicht nicht so gut geschlafen."

Sie gab mir zwei Filterkaffees, die garantiert keine Americanos waren, nahm sie zurück, als ich sie darauf hinwies, und bereitete Americanos zu. Für den Fall, dass ich es vergessen haben sollte, betonte sie noch einmal: „Die Milch geben *Sie* hinein."

Ich kehrte zu unseren Plätzen zurück, gab Danny seinen Americano mit Milch, erzählte vom Kaffee-Scharmützel, und er kommentierte trocken: „Erst der Wachmann am Europäischen Parlament, und jetzt das."

Der Zug fuhr bei Karlsruhe an Industriegebieten und beeindruckenden Schrebergartenanlagen vorbei, mit Satellitenschüsseln auf den Dächern und kleinen Terrassen mit Möbeln und Grills. Dann kamen wir an einem IKEA und einer Bosch-Fabrik vorbei und erreichten Stuttgart, einen sehr langweiligen Bahnhof, der, den vielen Gerüsten nach zu urteilen, gerade umfassend umgebaut wurde.

~

Der 10.37-Uhr-Zug nach Nürnberg fuhr ein paar Minuten später ab und rollte langsam unter einem silbergrauen Himmel dahin.

Eine Durchsage informierte uns nicht weniger als fünfmal auf Deutsch und auf Englisch, dass *dieser Zug wegen Bauarbeiten auf der Strecke nicht zwischen Stuttgart und Backnang hält.*

Nach einer Weile ließen wir die Vororte, Gewerbegebiete, die Graffiti und die Umspannwerke hinter uns und fuhren in einen Birkenwald, den wir schon bald wieder verließen. Kurz hielten wir in Backnang, ein bisschen länger in Oppenweiler. Wir fuhren an Stapeln mit Baumstämmen und an verschiedenen Schrottplätzen vorbei. Dann rollte der Zug kurz zwischen kleinen nebelverhangenen Hügeln hindurch, als wären wir mitten im Nirgendwo. Danach sahen wir noch mehr Holz und Schrottplätze sowie eine weitere Bosch-Fabrik.

Uns gegenüber saß ein beleibter Mann mit tätowierter Stirn und einem Tupac-Shakur-T-Shirt mit der Aufschrift „LEGENDS LIVE FOREVER", neben ihm seine Partnerin mit einem Baby. Sie schwiegen, auch wenn der Mann gelegentlich unterdrückt stöhnte, als hätte er Schmerzen. Am liebsten hätte ich die Tattoos auf seiner Stirn zu entziffern versucht, doch mein Bauchgefühl sagte mir, dass zu lange Blicke sicher keine gute Idee waren.

Der Zug fuhr schwankend. Wind- und Solarparks kamen und gingen. Die Gegend war nicht von Industrie geprägt, aber irgendwie schien immer etwas los zu sein, selbst in den Wäldern, in denen wahrscheinlich bald einige Bäume gefällt werden würden. Woher sollte sonst das viele Holz kommen?

Bei der Einfahrt in den Bahnhof Nürnberg standen weiter hinten im Wagen zwei Amerikaner, die wir bisher nicht bemerkt hatten, auf und blieben auf dem Weg zur Tür bei uns stehen. Sie sprachen über einen Sturm, der die USA kurz vor ihrem Abflug nach Deutschland getroffen hatte. „Zehn Zentimeter Niederschlag in einer Stunde. Stürme. Tornados. Das Klima spielt völlig verrückt", sagte der drahtige, ältere Mann.

Danny meinte, wie gut, dass sie weit weg wären, und der Mann erwiderte: „Da haben Sie verdammt recht."

Die Frau neben ihm nickte zustimmend. Das stumpfgraue süddeutsche Wetter war eine Verbesserung zu den Tornados im Mittleren Westen der USA, auch wenn sie in Deutschland mit einem anderen Problem konfrontiert wurden.

„Jetzt haben wir Flugstreiks", sagte sie. „Wir hätten uns mit unseren Freunden in Berlin treffen sollen, doch wegen der Streiks haben wir das nicht geschafft. Verdammte Flugstreiks!"

Davon wussten Danny und ich nichts. Den beiden schien es allerdings nicht viel auszumachen, in Nürnberg gestrandet zu sein.

„Ach, es könnte viel schlimmer sein", meinte der Mann.

Danny und ich unterhielten uns mit ihnen, bis der Zug im Bahnhof hielt. Die beiden waren nett.

„Einer der bizarrsten Orte, an denen ich je war."

Nürnberg

Von unserem modernen Hotel, das zu einer Kette gehörte, in der Nähe des extrem beeindruckenden Hauptbahnhofs (von dem ich später noch erzählen werde), fuhr der Bus Nr. 36 direkt zum ehemaligen Reichsparteitagsgelände der Nazis, um die hohe Stadtmauer aus rotem Backstein herum, die die Altstadt einschloss.

Er hielt in der Nähe eines riesigen, hässlichen, hufeisenförmigen Gebäudes. Wir waren am Rand des Dutzendteichs, neben dem sich das Reichsparteitagsgelände befand, auf dem Adolf Hitler zwischen 1933 und 1938 zu jeweils bis zu 700.000 Anwesenden gesprochen hatte. Hier waren 1935 auch die Nürnberger Rassengesetze verabschiedet worden, die die rechtliche Grundlage für den Holocaust bildeten.

Der Besuch war ein unvergessliches Erlebnis, und eine Zeit lang sprachen Danny und ich nur sehr wenig miteinander, während wir versuchten, diesen Ort irgendwie zu begreifen. Er war zu Recht kein übermäßig beworbenes Touristenziel. Kein Hype. Keine großen Schilder am Eingang. Keine Souvenirläden. Eine kleine Karte zeigte das Wesentliche: die Lage der Kongresshalle (das große hufeisenförmige Gebäude), die „Hauptbereiche des Versammlungsgeländes" und das „Zeppelinfeld/-tribüne", wo Ferdinand Graf von Zeppelin 1909 mit seinem Fluggefährt gelandet war und Hitler oft Reden gehalten hatte. In der Nähe befand sich ein kleines Gebäude, in dem man Eintrittskarten für das Dokumentationszentrum des Reichsparteitagsgeländes kaufen konnte, das sich in einem Flügel der Kongresshalle befand.

Wir besuchten Letztere, die von der Mitte aus wie ein römisches Amphitheater in einem verzerrten Maßstab aussah. Wäre die Anlage jemals fertiggestellt worden, hätte die Halle fünfzigtausend Menschen fassen können, ähnlich viele wie das Kolosseum in Rom, das den Architekten als Inspiration gedient hatte. Es war ein trostloser Ort. Man hatte, wiederum völlig zu Recht, keinerlei Anstrengungen unternommen, das Gelände zu verbessern oder zu restaurieren. Er war einfach *da*: ein riesiger Halbkreis aus klamm aussehenden Mauern, die fast vierzig Meter in die Höhe ragten. Das vorherrschende Gefühl war: *Hilfe, holt uns hier raus.*

Dieses Bauwerk war kein Kolosseum, sondern einfach ein kolossaler Fehlschlag. Deshalb hatte man es als Symbol für den Sieg über den Nationalsozialismus in Deutschland erhalten.

Danny und ich besuchten das Dokumentationszentrum, wo wir erfuhren, dass Hitler in Nürnberg so große Menschenmengen versammeln konnte, weil die Nationalsozialisten vor Ort starke Unterstützung hatten. Antisemitische Gruppierungen waren seit vielen Jahren aktiv gewesen und hatten in den 1920er-Jahren an Bedeutung gewonnen. Unter anderem deshalb hatte Hitler diesen

Ort für die großen Aufmärsche ausgewählt. Vor der ersten Kundgebung im Jahr 1933 war die antisemitische Stimmung bereits so aufgeheizt, dass über die Hälfte der jüdischen Bevölkerung Nürnbergs die Stadt schon verlassen hatte. Einige Jahre später wurden mehr als zweitausend Juden auf dem Platz zusammengetrieben und von dort in Konzentrationslager deportiert. Man geht davon aus, dass nur zweiundfünfzig überlebt haben. Ein wirklich gruseliger Ort.

Nahezu sprachlos vor Grauen gingen Danny und ich weiter zum Zeppelinfeld, einem besonders wichtigen Ort für die Aufmärsche der Nazis, der noch fast so aussah wie damals. Die Aufmarschroute, die Terrassen und die Tribüne, auf der Besucher standen, während Hitler seine berüchtigten Reden hielt, waren unverändert und nach über siebzig Jahren ziemlich verwittert. Hinter der Tribüne hatte sich einst ein riesiges Hakenkreuz aus Marmor befunden, das jedoch am 22. April 1945 von den Alliierten gesprengt worden war (wie in einer alten Wochenschau zu sehen ist, die auf der Website des United States Holocaust Memorial Museum aufgerufen werden kann).

Wir steuerten den See an. Es gab einen einsamen Hot-Dog-Stand in der Nähe eines Stegs, an dem man Tretboote in Form von Flamingos mieten konnte, und Danny sagte: „Das ist einer der bizarrsten Orte, an denen ich je war."

Es war wirklich kaum zu begreifen. Verstörend. Verwirrend. Beängstigend. Und ja: einfach nur bizarr.

Wir fuhren in die Innenstadt zurück und suchten den Gerichtssaal auf, in dem 1945–1946 die Nürnberger Prozesse stattgefunden hatten.

Der holzgetäfelte Gerichtssaal 600 hatte sich kaum verändert seit 1945, als Hermann Göring (Gründer der Gestapo), Joachim von Ribbentrop (Hitlers Außenminister), Hans Frank (Generalgouverneur von Polen und verantwortlich für die Errichtung von vier Vernichtungslagern in seinem Gebiet) und neun weitere führende Nationalsozialisten zum Tod verurteilt wurden. Zehn weitere Angeklagte, darunter Rudolf Heß (zeitweise Hitlers Stellvertreter) und Albert Speer (Architekt des Nürnberger Reichsparteitagsgeländes), erhielten Haftstrafen von zehn Jahren bis lebenslänglich. Speers Strafe betrug zwanzig Jahre. Heß, der zu lebenslänglicher Haft verurteilt wurde, starb 1987 im Alter von 93 Jahren im Gefängnis, als Danny und ich sechzehn Jahre alt waren und uns auf die GCSE-Prüfungen vorbereiteten.

Man konnte den Gerichtssaal besichtigen, den Presseraum besuchen und das angeschlossene Museum erkunden, um alles über die wegweisenden Prozesse zu erfahren. Im Museum könnte man Stunden verbringen, das hing naturgemäß davon ab, wie viel Zeit man hatte. Dort las ich zufällig einen Auszug aus dem Buch des Gefängnispsychologen Gustave Gilbert, der die Gefangenen während des Prozesses in ihren Zellen besucht und mit ihnen gesprochen hatte. Hermann Göring zeigte keinerlei Reue und schimpfte wütend auf diejenigen, die die führenden Nationalsozialisten vor Gericht gebracht und sich Hitler gegenüber illoyal verhalten hatten: „Nicht die Bohne mache ich mir daraus, ob ich hingerichtet werde, ertrinke, in einem Flugzeug abstürze oder mich zu Tode saufe! Aber es gibt noch einen Ehrbegriff in diesem verfluchten Leben! Attentat auf Hitler! Ha! *Gott im Himmel!* Ich hätte in den Boden sinken können! Und denken Sie etwa, ich hätte Himmler an den Feind ausgeliefert, schuldig wie er war? Verdammt noch mal, ich hätte den Dreckskerl selber liquidiert! – Oder wenn es einen Prozeß gegeben hätte, hätte ein deutsches Gericht ihn verurteilen sollen! Kämen die Amerikaner auf die Idee, ihre Verbrecher uns auszuliefern, damit wir sie verurteilen?"

Ein erdrückendes Gefühl des Bösen, zusammen mit einer süßen Versicherung von Gerechtigkeit, lagen in Gerichtssaal 600 in der Luft.

~

Danach war es Zeit für ein Bier.

Das war in Bayern, genauer gesagt in Franken, nicht schwer.

Das Zentrum von Nürnberg innerhalb der alten Stadtmauern war irgendwie seelenlos, mit vielen nach dem Krieg wiederaufgebauten Häusern und fast menschenleeren Straßen. Wo waren denn alle? Wir gingen ins King's-Arms-Pub, um zu sehen, wie ein deutsches King's-Arms-Pub aussieht. England spielte gegen die Ukraine (0:0), und ein Brite saß mit ein paar anderen Gästen an der Bar, lamentierend, wie gern „er sich besaufen würde, aber meine Frau lässt mich nicht saufen." Also alles mehr oder weniger wie zu Hause. Wir blieben nicht, um herauszufinden, wer von den beiden sich durchsetzen würde, der Mann oder seine Frau.

Stattdessen zogen wir eine Straße weiter und spielten Darts in einer altmodischen Bierhalle mit Deckenbalken, massiven Holztischen und einem Schild am Eingang, das eine – wie sagt man das heutzutage am besten? – Frau mit sehr ausladender Oberweite in einem tief ausgeschnittenen Dirndl zeigte. Im Gastraum bedienten solche Frauen allerdings nicht. Immerhin war es nicht so leer wie das Pub, und ein paar Männer spielten Darts an einigen nebeneinander aufgereihten Scheiben (Darts schien in Nürnberg total angesagt zu sein). Es war schön, sich unseren fränkischen „Pfeilkameraden" für eine Weile anzuschließen. Wir waren leicht zufriedenzustellende Interrail-Touristen mittleren Alters.

Dann fanden wir ein Viertel mit Bierhallen, mit ähnlichen Schildern wie an unserem ersten Stopp. Endlich, hier waren all die Menschen! Die Lokale in diesem Viertel waren viel größer, hatten mehr Deckenbalken und mehr massive Holztische und Kellnerinnen, die *tatsächlich* tief ausgeschnittene Dirndl trugen. Süddeutsche Klischees vom Feinsten, dazu wurde sogar Blasmusik gespielt. Es war fröhlich und laut, und eine Weile dachte ich: *Was sind wir doch für unfähige Touristen; wir hätten uns wirklich mehr anstrengen können, einen klischeefreien Abend in Nürnberg zu verbringen, abseits der Touri-Fallen. Wie hatten wir so schnell so tief sinken können?*

Allerdings schien dieses „wahr gewordene Klischee" ein ganz normaler Abend in Nürnberg zu sein, einfach die Realität. Wir aßen unsere Würstchen und tranken unser Bier, das von Dirndl tragenden Kellnerinnen serviert wurde. Das Bier war frisch und schaumig, die Würstchen angenehm saftig und lecker gewürzt.

Wir stießen auf unser Glück an, diesen süddeutschen Klischeetraum zu leben, nur gestört von zwei amerikanischen Geschäftsleuten, die neben uns an einem massiven Holztisch beim Bier lautstark diskutierten: „Ich werde nicht zulassen, dass Marjorie ... kleine Verkäufe aus mir herausquetscht ... Ich erwarte eine Leadership Challenge ... *Wir* sind die wahren Könige ... Wir brauchen eine Abschussliste [von Kollegen, die wir ausschalten müssen] ... Mach dir keine Sorgen wegen ihm, er wird bald in Rente gehen ...“ Und so weiter. Hätten sie nicht irgendwo anders ihre Bürointrige schmieden können? Und das etwas leiser? Obwohl Intrigen in Bierhallen in Süddeutschland ja nichts Neues waren. Alles ein Teil des (offen gesagt äußerst unterhaltsamen) Klischees, könnte man sagen.

Dann kehrten wir ins Hotel Park Inn zurück, wo wir den Aufzug zu unseren Zimmern nahmen, und Danny sagte: „Moment mal, was ist das denn?“

Ein Stück Papier klebte im Aufzug, auf dem stand: „Informationen für unsere Gäste ... Aufgrund eines Generalstreiks werden von 00.01 Uhr bis Mitternacht in ganz Deutschland keine U-Bahnen, Straßenbahnen, Züge und Busse fahren, und einige Flughäfen werden geschlossen sein.“ Es wurde empfohlen, sich mit Taxis fortzubewegen. Abschließend hieß es: „Wenn Sie Fragen haben, steht Ihnen unser Empfangsteam jederzeit gerne zur Verfügung! Wir wünschen Ihnen einen abwechslungsreichen Aufenthalt, Ihre Hotelleitung.“

Schlagartig waren wir wieder nüchtern.

Wir gingen zurück in die Lobby. Am nächsten Morgen wollten wir mit dem Zug nach Passau fahren, das sich zwar noch in Deutschland, aber direkt an der Grenze zu Österreich befand. Von einem *Bahn*streik hatten wir keine Ahnung gehabt. Nur von dem *Flug*streik, von dem uns das nette ältere Ehepaar im Zug erzählt hatte.

Die Frau an der Rezeption sah uns mit freundlichen Augen an, als hielte sie uns für zwei verwirrte englische Verrückte, die die Entwicklungen deutscher Arbeitskämpfe nicht genau genug verfolgt hatten. Was wir ja auch nicht getan hatten. Wir hatten gedacht, das alles in Frankreich hinter uns gelassen zu haben.

„Wussten Sie das nicht? Der Streik wurde vor einer Woche angekündigt", sagte sie.

Diese Ankündigung hatten wir verpasst und unseren Besuch in Deutschland offensichtlich so geplant, dass er mit einem seltenen landesweiten Generalstreik zusammenfiel.

Sie warf uns wieder einen leicht mitleidigen Blick zu: Für sie waren wir nur zwei Touristen mittleren Alters, die sich in der Bierhalle betrunken und keine Ahnung hatten. Für sie waren *wir* das Klischee.

Auch sie empfahl uns, ein Taxi zu nehmen. Als wir ihr daraufhin erklärten, dass eine Langstreckenfahrt mit dem Taxi nicht unserem Verständnis von „günstig" entsprach (worauf wir uns auf unserer Parkbank geeinigt hatten), empfahl sie uns ein Portal namens BlaBlaCar, von dem wir noch nie gehört hatten und das günstige Mitfahrgelegenheiten in privaten Pkw anbot. „Es ist praktisch und normalerweise sicher. Zumindest habe ich noch nie etwas Schlimmes darüber gehört. Man muss sich nur anmelden und suchen." Sie musterte uns, als würde sie unsere Chancen, mit BlaBlaCar zurechtzukommen, als ziemlich gering einschätzen.

Wie durch ein Wunder hatten wir jedoch innerhalb von zehn Minuten für eine geringe Gebühr eine Fahrt in einem 5er-BMW mit „braunen Ledersitzen" gebucht, bei einem Mann namens Roman (Bewertung 4,9 von 5). Auf seinem Profilbild sah er wie ein cooler Typ aus. BlaBlaCar informierte uns, dass wir ihn am nächsten Tag um 13.50 Uhr an einer Shell-Tankstelle am Stadtrand von Nürnberg treffen sollten.

Die Rezeptionistin schien überrascht, ja sogar verblüfft, dass wir dieses Online-Kunststück tatsächlich geschafft hatten. Wir waren es auch.

Ein ungewöhnlicher „Zug"-Tag lag vor uns ... ohne einen einzigen Zug.

2

„Heute arbeiten wir nicht."

Von Nürnberg nach Budapest,
über Passau und Bratislava

Pfiffe und dumpfes Hämmern von Musik drangen aus dem Frauentorgraben, der Straße, die zum Nürnberger Hauptbahnhof führte. Weil ich neugierig war, wie ein deutscher Bahnhof während eines deutschen Bahnstreiks wohl aussähe (vermutlich ziemlich unheimlich), wollte ich Danny aus dem Hotel schleifen, um am Bahnhof zu frühstücken. Er wäre wohl lieber noch liegen geblieben, wollte mich aber dann doch ganz gern bei dieser etwas ungewöhnlichen Geste der Hingabe an die Zugfahrt begleiten. Bevor wir unseren BlaBlaCar-Fahrer treffen sollten, hatten wir noch genügend Zeit. Unser Gepäck würden wir später aus dem Hotel holen.

Als wir jedoch auf die Straße traten, hörten wir eine wahre Kakophonie. Neugierig gingen wir in Richtung des Lärms, ohne viel darüber nachzudenken, vielleicht fand gerade ein Jahrmarkt oder so etwas statt. Am Frauentorgraben wurde uns klar, dass wir uns gleich einer Demonstration von mehreren Tausend wütenden deutschen Bahnmitarbeitern anschließen würden.

Französische Protestierende hatten wir nicht viele gesehen, dafür liefen uns hier gleich Unmengen deutsche über den Weg, die sich lautstark Gehör verschafften.

Unser Timing bei diesem Streik des deutschen Bahnpersonals war perfekt, wenn man das so sagen konnte. Wir trafen genau in dem Moment ein, als der vordere Wagen des Demonstrationszugs vorbeirollte, aus dessen Lautsprechern laute Musik hämmerte. Wir schlossen uns den verärgerten Menschen an, die sich laut dem Bericht des Lokalfernsehens an diesem Morgen im „größten Streik seit Jahrzehnten" befanden.

„Der Westen steckt in der Krise", erklärte Danny neben mir feierlich. „Und das ist ein Teil davon."

Er wirkte nachdenklich, vielleicht weil er statt auszuschlafen jetzt streikende deutsche Bahnmitarbeiter beobachtete.

Er trat beiseite, um ein paar Fotos zu machen, während ich mit den Demonstrierenden weiterging. Sie riefen: „Zusammen geht mehr!" Viele trugen reflektierende Jacken. Bei einigen ragten Bierflaschen aus den Gesäßtaschen. Andere tranken ihr Bier bereits. Polizeiwagen fuhren am Kopf und am Ende der Demonstration. Polizisten standen am Straßenrand und musterten uns verächtlich. Doch alles blieb ruhig. Menschen, die normalerweise mit öffentlichen Verkehrsmitteln zur Arbeit fuhren, gingen lächelnd an uns vorbei. Eine Umfrage hatte ergeben, dass fünfundfünfzig Prozent der Deutschen die Streiks unterstützten, wie es im Fernsehen geheißen hatte.

Ich fragte den Mann neben mir, Markus, was hier gerade passierte.

Er erklärte mir das Offensichtliche: „Heute arbeiten wir nicht."

„Warum streikt ihr?", fragte ich.

„Wegen der Arbeitsbedingungen und der schlechten Bezahlung. Während der Corona-Pandemie haben wir sehr hart gearbeitet, um alles am Laufen zu halten. Wir sind für das Transportwesen auf der Straße, für die Krankenhäuser. Für alle öffentlichen Ämter. Wir sind für alle hier. Für alles, was mit Strom und Energie und Gesundheit und Bildung und Transport und Verkehr zu tun hat", sagte er.

Markus war Anfang dreißig, freundlich und hatte strahlende Augen. „Besonders schwer ist es gerade für diejenigen, die nicht viel verdienen, alles ist teurer geworden", erklärte er weiter.

Was wollte die Gewerkschaft?

„10,5 Prozent", antwortete er.

Das war die offiziell geforderte Lohnerhöhung. Die Inflationsrate lag bei sieben Prozent, was etwas verwirrend war. Die Gewerkschaften wollten mehr als die Inflationsrate, um die geringen Lohnerhöhungen der Vergangenheit gegenüber der Inflation auszugleichen. Das wurde abgelehnt. Daher der Streik.

Beteiligt waren die Eisenbahn- und Verkehrsgewerkschaft und ver.di.

Wenn die Streikenden nicht „Zusammen geht mehr!" riefen, skandierten sie manchmal auch: „Heute ist kein Arbeitstag!" und „Heute ist Streiktag!" Sie spielten unter anderem Lieder von Kraftklub („Schüsse in die Luft"), Öwnboss & Sevek („Move Your Body") und DJ Fluke („Seven Nation Army"), alles rebellische Titel.

Der Demonstrationszug erreichte den großen, streng wirkenden neobarocken Bahnhof.

Als wir diesen umrundeten, um weiter in Richtung Innenstadt zu gehen, wurden ein paar Bahnhofstrinker unruhig. Entspannt hatten sie dort über ihrem Bier über alles Mögliche sinniert, nun, da sie mal den ganzen Bahnhof für sich hatten, und plötzlich tauchten Tausende rufende und pfeifende Demonstranten auf.

Doch nachdem sie die Situation schnell und ein wenig verschlafen beurteilt hatten, feuerten sie die Streikenden mit lauten Rufen an und klopften ihnen zustimmend auf den Rücken. So etwas Erhebendes hatten sie noch nie zuvor an einem frühen Montagmorgen an diesem Bahnhof miterlebt, schienen ihre überraschten Blicke zu sagen. Ein knorriger Mann mit einem feuerroten Gesicht brüllte in den Himmel und hob ekstatisch die Arme.

Mittlerweile herrschte Partystimmung. Die Menge der Protestierenden bestand zu etwa sechzig Prozent aus Männern und zu vierzig Prozent aus Frauen, und trotz des bedrückenden Anlasses feierten alle ausgelassen.

Danny und ich folgten ihnen noch ein bisschen. Es war erhellend, europäische Streikende aus nächster Nähe zu sehen. Sie schienen bereit für einen langen, harten Kampf, hatten aber, vielleicht war es purer Galgenhumor, auch richtig Spaß, zumindest während der Demonstration.

Trotzdem hatten sie ein Problem.

Das Problem bestand darin, dass das öffentliche Ansehen der Bahn in Deutschland extrem schlecht war, und das schon seit einiger Zeit.

Analysten machten die jahrelangen geringen Investitionen in das Unternehmen dafür verantwortlich. Ein schwerfälliges, kompliziertes Schienennetz mit etlichen Knotenpunkten trug ebenfalls zu Problemen und Verspätungen bei, besonders wenn daran Arbeiten durchgeführt werden mussten. Deutschland hatte über dreiunddreißigtausend Kilometer Gleise im Vergleich zu nur gut sechzehntausend im Vereinigten Königreich und knapp dreißigtausend in Frankreich. Laut dem Bundesrechnungshof befand sich die Deutsche Bahn in einer „chronischen Krise". Die Situation war so brisant, dass stark verspätete deutsche Züge, die in die Schweiz fuhren, von den dortigen Bahnbehörden an der Einfahrt in die Großstädte gehindert wurden. Die Lokführer mussten an davor liegenden Bahnhöfen anhalten, wo die Fahrgäste in Ersatzbusse umstiegen. Die verspäteten deutschen Züge sollten nicht die Fahrpläne auf ihren Strecken durcheinanderbringen.

Die Zustände waren so katastrophal, dass über die Deutsche Bahn nur noch Witze gerissen wurden. Zum Beispiel:

Kontrolleur: „Die Fahrkarte für Ihr Kind, bitte."

Frau mit Kleinkind: „Ich habe keine."

Kontrolleur: „Warum nicht?"

Frau mit Kleinkind: „Ich war schwanger, als ich auf diesen Zug gewartet habe."

Sogar Greta Thunberg, die schwedische Umweltaktivistin und eigentlich großer Bahnfan (Zugfahren ist sechsmal umweltfreundlicher als Fliegen), hatte sich dazu geäußert, als sie 2019 auf dem Rückweg von einem Klimaprotest in Italien ein Foto auf ihren Social-Media-Kanälen postete, wie sie in einem Gang auf dem Boden saß. Dazu hatte sie geschrieben: „Reisen in überfüllten Zügen durch Deutschland. Und ich bin endlich auf dem Weg nach Hause!"

Die Deutsche Bahn nahm ihr die Kritik allerdings übel und reagierte: „Noch schöner wäre es gewesen, wenn Sie erzählt hätten, wie freundlich und kompetent sich unser Team um Sie an Ihrem Platz in der ersten Klasse gekümmert hat."

Touché!

Ich hatte die Deutsche Bahn eigentlich immer ziemlich gut gefunden.

Vielleicht hatte ich aber auch einfach nur Glück gehabt.

Jedenfalls schienen die streikenden Eisenbahner in Deutschland ein Imageproblem zu haben.

Danny und ich frühstückten in dem nüchternen, neobarocken, leeren Bahnhof, in dem auf den Abfahrtstafeln nur groß „STREIK" zu lesen war. Dann gingen wir ins Hotel zurück und marschierten im beginnenden Schneefall durch Nürnberg zu der Shell-Tankstelle.

Dort setzten wir uns auf eine Mauer und warteten auf Roman und seinen 5er-BMW.

Danny war nachdenklicher, wenn auch leicht zynischer Stimmung. Über die Streikenden sagte er: „Sie haben mich an Peter Sellers im Film *Junger Mann aus gutem Haus* erinnert, in dem er eine Gewerkschaft mit dem Motto leitet: Mehr Geld, weniger Arbeit! Darum geht es doch bei den meisten Arbeitskämpfen."

Nicht gerade die differenzierteste Interpretation (wenn auch unterhaltsam).

Zu den Auswirkungen des Streiks auf unsere Reise fragte er: „Was wäre denn der Sinn, wenn alles glattginge? Dann kann man auch eine Pauschalreise machen. Keine Panik, wenn mal was nicht klappt. Man muss einfach alles nehmen, wie es kommt."

Er schien sich schnell auf die ungeschminkte Realität einer langen Reise mit verschiedenen Zügen durch Europa eingestellt zu haben, mitsamt der Erkenntnis: Die Züge fahren nicht immer so, wie man es möchte.

Blabla im Auto
Von Nürnberg nach Passau

Auf die Straße auszuweichen war zwar demütigend, aber leider notwendig.

Roman kam in seinem dunkelgrauen 5er-BMW und sah so cool aus wie auf seinem BlaBlaCar-Profilbild: zurückgegelte Haare, lässige, aber teuer wirkende Kleidung und eine sowohl entspannte als auch zielstrebige Ausstrahlung. Er war groß und dünn, Mitte dreißig und arbeitete als „Lead Sales Specialist" für ein britisches Unternehmen für Drucksensoren mit Sitz in Leicester, wie sich nach ein paar Nachfragen herausstellte (ich konnte nicht aus meiner – sehr neugierigen – Journalistenhaut). Er fuhr geschäftlich nach Wien und Graz und würde auf der Strecke eine weitere Mitfahrerin aufsammeln. Solche Dienstreisen unternahm er oft und bot seine Dienste wegen der Gesellschaft bei der Fahrt auf BlaBlaCar an, nicht wegen des Geldes, wie er sagte.

Der BMW erwachte schnurrend zum Leben, und wir verließen Nürnberg in bequemen braunen Ledersitzen.

Roman war sehr aktiv auf BlaBlaCar.

Darüber hatte er sogar seine Frau kennengelernt.

„Ich habe BlaBlaCar schon als Teenager genutzt, als Mitfahrer", erzählte er.

Das französische Unternehmen, von dem wir bisher noch nie gehört hatten, war 2006 gegründet worden und hatte heute mehr als hundert Millionen registrierte Nutzer. Der Firmenname leitete sich von der Neigung der Fahrer ab, sich unterwegs zu unterhalten (oder auch nicht).

„Am Anfang war es nicht so organisiert wie heute. Jetzt ist es weniger chaotisch und viel sicherer. Früher waren schon mal vier Leute auf dem Rücksitz zusammengequetscht, die sich dann auch nicht anschnallen konnten. Oder der Fahrer rauchte während der gesamten Fahrt", erzählte Roman.

Nun konnte man vorab überprüfen, ob die Fahrer Raucher waren, und Sicherheit wurde großgeschrieben.

Romans beste Fahrt mit BlaBlaCar war vor zehn Jahren, als er sich hervorragend mit einer anderen Mitfahrerin verstand, seiner zukünftigen Frau, die zufällig an diesem Abend eine Unterkunft brauchte. Es hatte „funktioniert", sagte Roman, „und wir wurden ein Paar."

Während des Gesprächs fuhren wir auf eine Autobahn ohne Geschwindigkeitsbegrenzung und glitten mit 160 km/h dahin. Zu sehen gab es andere Autos und Gebüsch an der Fahrbahn. Längst nicht so schön wie in einem Zug.

Roman mochte Leicester. „Manchmal bin ich dort, ja", sagte er. „Es gibt viel indisches Essen. Das mag ich. Mir gefällt die Gegend. Normalerweise übernachte ich in einem kleinen Hotel auf dem Land. Und ich mag natürlich die Pubs."

Roman mochte auch Passau, die Stadt an der deutschen Grenze zu Österreich, in der drei Flüsse zusammenfließen: Inn, Ilz und Donau.

„Es ist wirklich schön da", sagte er. „Und recht übersichtlich." Er hielt inne, während er einige Lastwagen überholte. Seine Fahrweise war alles andere als lässig.

Dann fuhr er fort: „Jedes Jahr besteht die Gefahr von Hochwasser, und das kann dann ganz schön problematisch werden."

Passau sei so hochwassergefährdet, dass es in einigen Teilen der Stadt gesetzlich verboten sei, Schlafzimmer im Keller zu haben, sagte er.

Roman erzählte uns auch von einem Problem, das manchmal auftrat, wenn Einwanderer, die nach Nordeuropa wollten, BlaBla-Car nutzten. Die Fahrer bevorzugten eine Vorauszahlung per Kredit- oder Debitkarte, die Einwanderer jedoch oft nicht hatten, nur Bargeld. Das bedeutete, die Fahrer akzeptierten Mitfahrer, die vielleicht nicht bezahlen konnten oder gar nicht erst auftauchten. Roman hingegen wurde von dem Iraner, den er erst kürzlich mitgenommen hatte, durchaus bezahlt und fuhr ihn einige Hundert Kilometer nach Nürnberg.

„Der Iraner hat mich gefragt: Gibt es in Deutschland wirklich kein Tempolimit? Ja, habe ich gesagt, ich fahre 160 km/h, das ist Standard. Das hat ihn sehr verwundert." Roman dachte kurz über das fehlende Tempolimit nach. „Es ist nicht rational zu begründen, aber die Deutschen lieben einfach ihre Autobahnen, diese verrückte Seite des Lebens. Alle paar Jahre versuchen Politiker, eine Geschwindigkeitsbegrenzung durchzusetzen, aber das Thema ist zu emotional für die Deutschen."

Auf halber Strecke hielten wir in Regensburg, wo wir die andere Mitfahrerin abholten, eine chinesische Studentin in den Zwanzigern, in einem pinkfarbenen Outfit und mit ebensolchen langen Fingernägeln. Sie hatte ihren Freund besucht, der in Regensburg in der IT-Branche arbeitete.

„Ihr müsst unbedingt in den Ratskeller gehen!", sagte sie nachdrücklich, als sie von unserem Reiseziel erfuhr, und wiederholte es zur Sicherheit noch einmal: „Ratskeller!"

Wir versicherten, dass wir auf jeden Fall in den Ratskeller gehen würden.

Sie wirkte sehr zufrieden.

Sie stammte aus Guangzhou in China, in der Nähe von Hongkong, und studierte an der Universität Passau. Weil sie so schnell redete, verstanden wir nie richtig, was sie eigentlich studierte, was ihr Freund machte oder auch nur ihren Namen.

Sie erzählte von einem jungen Popsänger aus Hongkong namens Jackson Wang, der kürzlich in London auf der Bühne das chinesische Regime verteidigt hatte. Dafür war er von vielen kritisiert worden, und weil er nicht auf das Schicksal der unterdrückten Uiguren in der Provinz Xinjiang im Nordwesten von China hingewiesen hatte.

„Vor einem Monat sagte Jackson Wang, dass es in China in Ordnung sei, ein gutes Land", erzählte sie aufgebracht. „Und ja, es ist okay in China, es ist ein gutes Land! Aber die Medien haben Jackson Wang angegriffen." Das Wort „Medien" spuckte sie geradezu aus. „Die Medien sagen viele schreckliche Dinge über China, vor allem die BBC. Das ist falsch! Die BBC hat unrecht!"

Darauf schwieg sie eine Weile. Danny und ich sahen uns an, mit diesem Ausbruch hatten wir nicht gerechnet.

Dann sagte sie über Peking: „Es hat wieder angefangen."

Was denn, fragte Danny.

„Der Smog! Er ist zurück! Es ist schrecklich! Es gibt keine Bäume, und der Sand und der Rauch wehen einfach durch nach Peking."

Sie drehte sich um und sah uns vom Beifahrersitz aus grimmig an, als wäre der Smog irgendwie unsere oder auch die Schuld der BBC. Dann machte sie eine lässige Geste mit ihren pinken Fingernägeln, als wolle sie über den Smog in Peking sagen: *Na ja, so ist das Leben.*

Rasant fuhren wir in Passau ein, wo wir vor dem zuglosen Bahnhof ausstiegen, uns verabschiedeten und bei Roman bedankten, der uns cool, lässig und zielstrebig ansah, bevor er wieder in seinen BMW stieg und davonbrauste.

Wir hatten erfolgreich einen deutschen Bahnstreik gemeistert und sogar daran teilgenommen.

Nicht schlecht für einen Tag Interrail.

Drei Flüsse, Hitlers Beinahetod und ein Karaokeabend
Passau

In der Touristeninformation am Bahnhof fragten wir die Angestellte, was es in der kleinen Grenzstadt zu sehen gäbe. Ihre Antwort war überraschend eindeutig: „Die größte Kirchenorgel der Welt. Sie ist wirklich außergewöhnlich."

Sie befand sich im Dom St. Stephan.

„Es gibt auch eine Markierung am Fluss, die den höchsten jemals gemessenen Pegelstand bei Hochwasser anzeigt", sagte die Frau, womit sie wohl meinte, dass wir uns diese Markierung ansehen sollten. „Wir haben immer Hochwasser, und auch das ist außergewöhnlich."

Die Erklärung für das häufig vorkommende Hochwasser schob sie gleich noch hinterher: „Wir haben hier drei Flüsse." Dann fügte sie fast beiläufig hinzu: „Und eine Burg." Sie überlegte wieder. „Aber eine Burg hat jeder. Außergewöhnlich ist die nicht."

Eine ehrliche Mitarbeiterin der Touristeninformation, die das Wort „außergewöhnlich" liebte. Sie erzählte uns außerdem, dass Passau eine römische Stadt gewesen sei und „hier Kelten gelebt haben". Und: „Wir haben Weißwurst und Leberkäse."

Wir fragten, woraus Leberkäse bestand.

„Aus allem, was man von einem Tier nicht verwenden kann. Er ist außergewöhnlich." Vermutlich meinte sie damit alles, was nach der Schlachtung nicht verkauft werden konnte.

„Aber ich bin Veganerin, für mich ist das nichts", fügte sie hinzu.

Mit diesen Informationen brachen wir zu Fuß in die Passauer Altstadt auf. Wir gingen eine schmale Kopfsteinpflastergasse einen Hügel hinauf zu einer großen rosafarbenen Kirche, kamen an einem teuer aussehenden Hutladen vorbei, einem Waffen- und Messergeschäft sowie den barocken Kuppeltürmen von St. Stephan. Unsere Unterkunft, das 24/7 Apartment Passau, lag genau gegenüber und war wieder einmal sehr günstig (zwei Zimmer zum halben Preis von dem, was wir in Paris gezahlt hatten). Wir gaben einen Code ein und stiegen eine Wendeltreppe hinauf zu einem neuen „Hostel für Erwachsene", mit modernen Doppelzimmern, einem Billardtisch, einer Küche und Gemeinschaftsbädern.

Gar nicht übel für diesen sehr günstigen Preis, der Dannys vollste Zustimmung hatte.

Als Erstes spielten wir im 24/7 Apartment Passau bei ein paar Bieren eine Partie Billard. Dann unternahmen wir einen Aufstieg zur nicht außergewöhnlichen Burg, die allerdings doch ziemlich imposant und außergewöhnlich war (egal was die Frau in der Touristeninformation gesagt hatte). Von der Burg hatte man einen herrlichen Ausblick auf die schöne Barockstadt zu unseren Füßen, die sich zwischen den Flüssen auf ihrer schmalen Landzunge erstreckte. Eine Weile bewunderten wir in der abendlichen Kühle einfach nur die Kirchtürme, das enge Netz aus Kopfsteinpflastergassen und die Ziegeldächer. Gelbbräunliches Licht hüllte die Donau bei Sonnenuntergang ein. Ein wirklich hübscher, angenehmer Ort.

Aus den Broschüren, die wir in der Touristeninformation bekommen hatten, erfuhren wir, dass in Passau schon seit frühester Zeit Menschen siedelten.

Die Römer waren gekommen, als Passau noch Batavis hieß. Der heilige Severin hatte im fünften Jahrhundert das erste Kloster Bayerns gegründet. 1552 wurde der Passauer Vertrag während der Regierungszeit von Karl V., Kaiser des Heiligen Römischen Reiches, unterzeichnet, ein Vorläufer des noch wichtigeren Augsburger Friedens, der es den europäischen Herrschenden ermöglichte, zwischen dem römisch-katholischen und dem lutherischen Glauben zu wählen – ein entscheidender Moment für die Entstehung der späteren souveränen Staaten in Europa.

Viel später in der Geschichte Passaus ereignete sich jedoch etwas, das uns – vor allem so kurz nach Nürnberg – überraschte (und von dem man uns in der Touristeninfo *nichts* gesagt hatte): Adolf Hitler hatte von seinem dritten bis zu seinem fünften Lebensjahr in Passau gewohnt (1892–1894).

Während dieser Zeit soll der spätere NSDAP-Vorsitzende und Reichskanzler fast gestorben sein, wenn man den Erzählungen aus dieser Zeit Glauben schenken darf. Diese besagen, dass Hitler im Alter von vier Jahren in den schnell dahinfließenden, eisigen Inn gefallen und von einem Jungen namens Johann Kühberger gerettet worden war. Die Meldung in der *Donau-Zeitung* aus dem Jahr 1894 von einem „Knaben", der in den Fluss gefallen und von „seinen beherzten Kameraden" gerettet worden war, würde dazu passen, auch wenn weder Name noch Alter des „Knaben" erwähnt wurden. Angeblich hat Hitler deshalb nie darüber gesprochen, weil Kühberger später Pfarrer wurde, was nicht mit Hitlers Haltung zur Religion (die er verachtete) vereinbar gewesen wäre. Von seiner Zeit in Passau erzählte Hitler immer nur, dass er gern an den vielen Flussufern gespielt hatte. Von einem zukünftigen Pfarrer, der zu seinem Verbleib auf diesem Planeten beigetragen hatte, war nie die Rede.

Irgendwo dort unten war Hitler gerettet worden. Kein so hübscher, angenehmer Gedanke.

Danny und ich gingen auf einem gewundenen Weg hinunter zur Brücke über die Donau und zurück ins Zentrum.

Wir betrachteten die alten (sehr hohen) Pegelstandsmarkierungen. 1501 hatte ein großer Teil der Passauer Innenstadt unter Wasser gestanden, die nächste verheerende Flut hatte sich 2013 ereignet, als der Wasserstand der Donau etwa dreißig Zentimeter darunter lag. Das Hochwasser von 2002 war ebenfalls katastrophal. Den Ratskeller, den uns unsere BlaBlaCar-Mitfahrerin so begeistert empfohlen hatte, fanden wir nicht, weshalb wir im Alten Bräuhaus an einem Tisch mit roten Dahlien in zu Vasen umfunktionierten Bierflaschen Rindergulasch aßen. Die Gäste am Nebentisch spielten unter der gewölbten Decke Karten um Geld. Wir wagten uns nach dem Essen zitternd hinaus in die engen Gassen. Es war extrem kalt geworden, und da wir nicht genau wussten, wohin wir wollten, trugen uns unsere Füße ins Shamrock Irish Pub, wo gerade ein Karaokeabend stattfand.

Der stellte sich als unerwartet großartig heraus. Beeindruckend war, dass das Pub, obwohl es ein Wochentag war, bis in den letzten Winkel mit Menschen jeden Alters gefüllt war, von Senioren bis zu denen, die gerade erst Alkohol trinken durften. Es herrschte ein wunderbares Gemeinschaftsgefühl, und alle hatten richtig Spaß. Wen kümmerte es schon, dass es ein eiskalter Montagabend Ende März war?

Doch da erhielt Danny eine SMS und wirkte plötzlich sehr gestresst. Offenbar gab es zu Hause einen Notfall, und er ging nach draußen, um zu telefonieren. Ich trank währenddessen ein Bier und sah den Leuten auf der Bühne zu, die Lieder von Annie Lennox, Shakira, Oasis und Amy Winehouse sangen. Das Highlight war die Version eines Einheimischen von „The Real Slim Shady" von Eminem. Er verhaspelte sich bei den Wortsalven, hielt jedoch mit bewundernswerter Begeisterung durch. Bravo, unbekannter bayrischer Rapper!

Nachdem Danny zurückgekehrt war, hörten wir uns einige unterhaltsame bayrische Versionen von James Brown, David Bowie, den Arctic Monkeys und den Spice Girls an – und mit den Songzeilen von „Wannabe" der Spice Girls im Ohr, gesungen von einem Trio mutiger junger Frauen, die an einem eisigen Montagabend nahe der Grenze zu Österreich ausgelassen feierten, machten wir uns auf den Weg durch die Kälte zum 24/7 Apartment Passau.

Alles in allem hatten wir einen wunderbaren Tag, mit einem angenehmen Spaziergang zur Burg, einer herrlichen Aussicht auf die drei Flüsse und die Stadt in ihrer Mitte, einem leckeren Abendessen und einem unterhaltsamen bayrisch-irischen Karaokeabend.

Vor allem waren wir froh, nicht in Nürnberg festzusitzen und es nach Passau geschafft zu haben. Wir kamen voran auf unserer Reise gen Osten, wenn auch vielleicht nicht so, wie wir es uns vorgestellt hatten.

„Wir sinken ganz schön tief."
Von Passau nach Bratislava, über Wien

Am Morgen waren die Dächer und die Anhöhe hinauf zur Burg schneebedeckt. Sanfte Stille war eingekehrt. Alles war ruhig, weiß und friedlich, nur gelegentlich fuhr ein Lastschiff auf der Donau vorbei.

Wir gingen zum Bahnhof, einem lang gestreckten, aprikosenfarbenen Gebäude, das wie eine Kaserne aus dem neunzehnten Jahrhundert aussah, mit Reihen von Fensterbögen, einem Zeitungskiosk und einem Café. Ein Taubenpärchen löste immer wieder den Mechanismus für die automatischen Schiebetüren aus, trippelte in die Halle, sah sich überheblich nach Krümeln um und spazierte auf demselben Weg wieder nach draußen. Das machten die beiden alle fünf Minuten. Gelebte Evolution nach Art des einundzwanzigsten Jahrhunderts.

Wir kauften Sandwiches von einem stämmigen Cafébetreiber aus Rom, den Danny fragte, ob er Fan von AS Rom oder Lazio sei.

„Es gibt nur eine Mannschaft in Rom!", sagte der stämmige Cafébesitzer leidenschaftlich. „Roma! Roma ist Rom! Rom ist Roma!" Er war wirklich Feuer und Flamme.

Danny und er erörterten die Verdienste von Francesco Totti, dem legendären ehemaligen Stürmer von AS Rom, und besprachen eingehend die Taktiken sowie die Persönlichkeit von José Mourinho, dem unbeständigen Roma-Manager.

Als wir in den 10.26-Uhr-ICE nach Wien einstiegen, sagte Danny: „Fußball: eine großartige Möglichkeit, mit Männern auf der ganzen Welt zu kommunizieren. Alle haben Fachwissen, kennen die Spieler, die Taktiken, aus der *Sun* oder anderen Medien. Man kommt ganz leicht miteinander ins Gespräch."

Wir fuhren ab.

Nach der bahnstreikbedingten Pause war es schön, wieder die Bewegungen auf den Schienen zu spüren.

Dieser Zug hatte schicke lilafarbene Sitze mit weißen Kissen an den Kopfstützen und fuhr schon bald durch flaches grünes Ackerland und an riesigen Scheunen und Birkenwäldern vorbei. An unserem Vierertisch saß ein weiterer Fahrgast, ein kleiner Mann, den wir zuvor schon auf dem eiskalten Bahnsteig gesehen hatten, wie er einen ganzen Haufen Bananen und Marlboro-Packungen in einen riesigen Rucksack stopfte, der in etwa so viel wie er selbst wiegen dürfte. Vielleicht war er ein Schmuggler, der nichts vom europäischen Binnenmarkt wusste. Vielleicht kosteten Bananen und Marlboros in Deutschland aber auch weniger als in Österreich oder wohin er sonst unterwegs war. Er trug eine grüne Mütze, kaute ununterbrochen Kaugummi und sah gelegentlich verstohlen auf zwei Handys, die vor ihm auf dem Tisch lagen.

Eine Weile fuhren wir an der Donau entlang. Ein zitronengelbes Schloss auf einem Hügel kam in Sicht und verschwand wieder, ohne dass wir es näher hätten betrachten können. Der ICE raste mit 160 km/h dahin (manchmal war es gar nicht so leicht, in Deutschland einen langsamen Zug zu finden). Krähen saßen in den Baumkronen, ihre Nester wirkten wie Tintenkleckse inmitten der zarten grünen Frühlingsknospen. Der „Schmuggler" stieg mit seinen Bananen und Zigaretten in Wels aus. Auf der Weiterfahrt tauchten bald rechts von uns schneebedeckte Berge auf, und bei der Einfahrt in den Linzer Hauptbahnhof sahen wir einen großen Friedhof und ein Bürohochhaus mit blau getönten Fenstern.

Danny und ich waren (jegliche digitale Disziplin verwerfend) mit dem Internet beschäftigt.

Wir buchten ein Mehrbettzimmer für uns allein im Patio Hostel in Bratislava. Das war extrem günstig – und dieses Mal war ich es, der aufs Geld schaute.

„Wo soll das nur enden?", überlegte Danny. „Auf einer Parkbank?"

Wo ja schließlich auch alles begonnen hatte.

Das Hostelzimmer schien ihn allerdings nicht zu stören, nachdem es ja so günstig war.

Wir fuhren durch einige Tunnel, während Danny mir seine umfangreichen Gedanken zum preiswerten Reisen mitteilte.

„Ich muss zugeben, ich schäme mich ein bisschen, dass ich so tief sinke", sagte er, bevor er nach kurzem Zögern hinzufügte: „Aber sch*** drauf. Es wird ein Erlebnis."

Derweil versuchte ich, über die Eurail-App Sitzplätze für die Fahrt von Bratislava nach Budapest zu reservieren (und fluchte leise, weil ich immer wieder auf der Startseite landete). Plötzlich wurde der Zug langsamer, hielt an, und Danny rief: „Wir sind da!"

Hastig stiegen wir aus und sahen uns um. Dann wurde uns klar, dass wir nicht „da" waren, am Wiener Hauptbahnhof. Wir waren in Wien-Meidling gelandet. Nachdem wir nur einen Tag nicht Zug gefahren waren, schienen wir alles vergessen zu haben und waren falsch ausgestiegen.

Ein eisiger Wind wehte über die Bahnsteige, während wir auf den nächsten Zug warteten.

Es begann wieder zu schneien.

Zum Glück kam der nächste Zug kurz darauf, und schon bald erreichten wir den großen modernen Bahnhof, an dem wir eigentlich hatten ankommen wollen. Hier waren 1883 die ersten Passagiere des Orient-Expresses (ausgiebig) mit den von der kaiserlichen Garde gespielten Nationalhymnen Frankreichs, Deutschlands, Österreichs, Ungarns, Rumäniens, Bulgariens und der Türkei begrüßt worden. Danach hatte man sie ins Bahnhofsrestaurant zu einer Gourmetmahlzeit gebeten. Wir hingegen kauften uns Sandwiches in der belebten Bahnhofshalle und stiegen kurz darauf in einen lindgrünen und gelben VOR-Zug, Abfahrt 13.45 Uhr, Ankunft in Bratislava um 14.44 Uhr. Wien kannten wir beide bereits, weshalb wir gleich in die slowakische Hauptstadt weiterfuhren, die nur etwa fünfundsechzig Kilometer entfernt lag.

VOR war die Abkürzung für den Verkehrsverbund Ost-Region, der zu Österreich gehörte. Wir ließen uns auf lindgrünen und gelben Sitzen nieder – auch innen war der Zug sehr zitronig – und sahen aus dem Fenster, während wir in Richtung Slowakei rollten, vorbei an Abstellgleisen mit Güterwaggons, an einer Reihe von Bahnübergängen, Industriegebieten und Lagerhäusern, bevor wir in eine flache Landschaft mit Windparks und Getreidesilos abbogen. Wir hielten in Gramatneusiedl, Bruck, Parndorf, Gattendorf und anderen Orten, bevor große, hässliche, graue Plattenbauten aus der Sowjetzeit in Sicht kamen und der Zug in seinen Zielbahnhof Bratislava-Petržalka einfuhr, direkt neben einer riesigen Siedlung mit noch mehr großen, hässlichen, grauen Plattenbauten aus der Sowjetzeit. Willkommen in Osteuropa.

~

Der Bahnhof Bratislava-Petržalka passte zu seiner Umgebung. Er war ebenfalls groß, hässlich und grau, und die paar Topfpflanzen in der Ankunftshalle machten es nur wenig besser. Von denen abgesehen wirkte er fast einheitlich deprimierend und dystopisch. Ein hagerer Mann stolperte mit einer Flasche Wein in der Hand zum Ausgang, vielleicht ein Symbol für das, was riesige, hässliche, graue Umgebungen aus einem machen konnten. Wir folgten ihm eine kurze Zeit auf unserem Weg nach Norden, der eine Dreiviertelstunde dauern würde, bis zu einer Brücke über die Donau. Denn wieder waren wir nicht am Hauptbahnhof angekommen. Wahrscheinlich lag der Fehler bei uns (unser zweiter „Zugirrtum" an dem Tag).

Wir liefen zwischen den großen, hässlichen, windumtosten grauen Plattenbauten hindurch. Eine Gruppe Jugendlicher lungerte Bier trinkend herum und beobachtete uns – zwei Backpacker im mittleren Alter, die offensichtlich keine Einwohner der slowakischen Hauptstadt waren –, sie wirkten allerdings nicht besonders an uns interessiert. Danny wollte aber kein Risiko eingehen.

„Ich hole meine Mütze raus, damit sehe ich ärmer aus", verkündete er. Er zog sich eine graue Mütze über.

Damit sah er gleich weniger seriös aus, aber vielleicht nicht unbedingt ärmer.

Wir gingen über die lange, windumwehte Brücke mit Blick auf eine imposante, weiß getünchte Burg mit vier terrakottafarben gedeckten Ecktürmen.

Gehwege auf der anderen Seite der Brücke führten in ein Gewerbegebiet mit Outlets. Am Ende einer Fußgängerbrücke über eine Schnellstraße befand sich ein futuristisch anmutender Turm mit einer UFO-förmigen Glaskuppel. Die ruhigen Straßen waren gesäumt von nüchternen Häusern aus der Zeit des Kommunismus und Verwaltungsgebäuden. Das alte Slowakische Nationaltheater mit seinen Säulen und Balustraden und Büsten berühmter Schauspieler stellte eine willkommene Abwechslung in der grauen Eintönigkeit dar.

Das Patio Hostel war hingegen wieder ein abweisender Betonblock, der ein bisschen wie ein Gefängnis wirkte.

An der Rezeption überreichte uns ein Mann, der mit seinen unordentlichen Haaren und dem ungepflegten Bart an einen verwirrten Dichter erinnerte, unseren Schlüssel. Wir erkundigten uns nach der Schüssel mit Ohrenstöpseln auf dem Tresen. Der zottelige Dichter erklärte, es könnte nachts laut werden (wegen der anderen Gäste). „In Ihrem Zimmer haben Sie auch welche" – er meinte die Ohrenstöpsel. Danny sagte nichts dazu, sondern sah sich nur nachdenklich um. Wir gingen in unser Zimmer: eine hellgraue Schachtel mit vier Einzelbetten darin und Ohrenstöpseln auf den Kissen. Danny schwieg immer noch, obwohl ich merkte, dass er einiges zu sagen hätte. Er liebte günstige Preise, jedoch nicht immer die realen Umstände, die damit verbunden waren.

Wir gingen wieder hinaus auf die düsteren Sowjetstraßen Bratislavas. Da es ungefähr null Grad war, kaufte ich in einem Secondhand-Laden für einen Euro einen Pullover und zog ihn gleich über. Als ich dem Verkäufer die Ein-Euro-Münze reichte, brach Danny sein Schweigen: „Wir sinken ganz schön tief."

Ein Stück hinter dem Secondhand-Laden stand ein auffallendes Jahrhundertwendegebäude mit hohen Tür- und Fensterbögen.

„Das sieht aus wie ein alter Bahnhof", sagte ich.

„Du und deine verdammten Bahnhöfe", erwiderte Danny. „Ich strebe nach höheren Dingen."

Was genau er damit meinte, erklärte er jedoch nicht. Insgesamt schien Bratislava ihn nicht zu begeistern. Das Gebäude stellte sich jedenfalls als alte Markthalle heraus. Die Straßen dahinter waren überraschend hübsch, mit neoklassizistischen Glockentürmen und Plätzen, die von ebensolchen Stadthäusern gesäumt waren. Diese waren alle etwa vierstöckig und entweder cremefarben oder pistaziengrün, mit vielen dezenten Variationen; die Fassaden bildeten elegante Muster, die an bessere Zeiten vor dem Kommunismus erinnerten. Enge, gewundene Straßen führten zu weiteren hübschen Häusern in Safrangelb, Lachsrosa und Pastellblau. Überall gingen wir über Kopfsteinpflaster. Gemütliche, von Kerzen erleuchtete Restaurants im Souterrain boten Bier und Gulasch an. Die bedrückende Atmosphäre der Plattenbauten rückte in immer weitere Ferne.

Schließlich entdeckten wir am Ende einer Gasse den Devil's Gogo Dance Club, der im Herzen von Bratislava ziemlich genau in der Mitte zwischen dem Präsidentenpalast und dem Martinsdom lag. Wir überlegten zwar, was es wohl in einem Club mit so einem Namen zu sehen geben würde, gingen aber nicht hinein, stattdessen in ein fast leeres Pub in der Nähe mit langen Holztischen. Dort googelten wir den Club im Internet, rein aus Neugier oder vielleicht auch einer gewissen Sensationslüsternheit. In gewissen Kreisen schien der Club durchaus berühmt zu sein. Eine Website namens Red-light-district.co beurteilte ihn mit „sehr gut". Stagdoin.com listete ihn unter den „besten Aktivitäten" in Bratislava. Lustscanner. com schrieb: „Wunderbare Frauen. Amerikanische Filmparty. Sündige Adrenalinschübe." Was genau mit „amerikanische Filmparty" gemeint war, blieb allerdings unklar.

Wie üblich wollten wir am Abend etwas erleben, aber nicht im Devil's Gogo Dance Club und auch nicht in einem leeren Pub mit langen Holztischen. Dannys Internetrecherche führte uns zur Bukowski Bar, die in der Nähe der alten Markthalle lag, die ich zuerst für einen Bahnhof gehalten hatte.

Das neoklassisch gehaltene Innere der Bar mit Bühne war spärlich beleuchtet, und es lag lautes Stimmengewirr in der Luft, als stünde gerade eine Revolution bevor. Vielleicht hatte aber auch einfach jeder schon ein paar Drinks intus. Nach einer weiteren Internetrecherche – zu dem Zeitpunkt hatten wir unseren Vorsatz, ohne die kleinen allwissenden Computer in unseren Taschen auskommen zu wollen, schon längst aufgegeben – erfuhren wir, dass Charles Bukowski (1920–1994) ein in Deutschland geborener amerikanischer Schriftsteller/Lyriker war, den das *Time Magazine* einmal den „Chronist amerikanischer Verlierer" genannt hatte, nachdem seine Bücher von Alkoholkonsum, harter, unterbezahlter Arbeit und schmerzhaften, komplizierten Beziehungen zu Frauen handelten. Zu unserer Schande mussten wir gestehen, dass wir noch nie von ihm gehört hatten.

Man schätzte Bukowski in Bratislava so sehr, dass man eine Bar nach ihm benannt hatte, auch wenn hier nichts Gewagtes oder Schmutziges oder besonders Zwielichtiges vor sich ging. Hier waren nur viele Menschen, die sich bei ein paar Drinks in rebellisch anmutender Weise unterhielten, Freundesgruppen und – der Kleidung nach zu schließen – Arbeitskollegen.

Wir bestellten Bier bei einer Barfrau aus der Ukraine, die von Bratislava aus Online-Management an der Uni Odessa studierte und auf das Kriegsende wartete. Trotz der lebhaften Atmosphäre in der Bukowski Bar wäre sie lieber in ihrer Heimatstadt, und in ihr Heimweh mischte sich wenig überraschend auch Trauer. Wir unterhielten uns eine Weile mit ihr, und sie erzählte uns freimütig von ihrem Leben. Danach tranken wir unser Bier in einer Ecke am Tresen wie zwei Männer mittleren Alters, die sich um ihre eigenen Angelegenheiten kümmern, und kehrten schließlich in unser Zimmer mit den vier Einzelbetten im Patio Hostel zurück. Dort verkündete Danny: „Es ist gut, mal sehr einfach unterzukommen. Wiederholen müssen wir das aber nicht."

Zum Glück waren die Ohrenstöpsel in dieser Nacht nicht nötig.

„Nur zwei alte Säufer in einem Zug."

Von Bratislava nach Budapest

Der Hauptbahnhof lag in der entgegengesetzten Richtung des Bahnhofs Bratislava-Petržalka, etwa eine halbe Stunde Fußweg nach Norden über rissige Pflastersteine voller Glasscherben. Wir kamen an Tattoostudios vorbei, an Spielhallen, an Imbissbuden, die *hot dogy* und *bagety* verkauften. Ein Graffito verkündete: „ANTIFA AREA: NO COPS, NO NAZIS." Antifa-Gebiet, keine Bullen, keine Nazis. Die Solidaritätsbekundung mit der weltweiten „Antifa"-Bewegung prangte an der Mauer der Synagoge in der Heydukova-Straße, der einzigen Synagoge Bratislavas, direkt hinter dem Hostel. Das Gebäude war überaus beeindruckend mit seiner altrosa Fassade und den vierkantigen Säulen. Auf einer Tafel war zu lesen, dass der modernistische Bau aus dem Jahr 1926 stammte. Gerade wurden Renovierungsarbeiten durchgeführt, und der Eingang war versperrt. Über eine Seitenstraße gelangten wir in einen von Mauern umgebenen Garten, in dem Schwarz-Weiß-Fotos Mitglieder der jüdischen Bevölkerung Bratislavas vor dem Zweiten Weltkrieg zeigten.

Von den etwa fünfzehntausend Jüdinnen und Juden, die Anfang der 1940er-Jahre in der Stadt lebten – zwölf Prozent der Gesamteinwohnerzahl –, überlebten nur etwa dreitausendfünfhundert. Man geht davon aus, dass mehr als sechzigtausend slowakische Juden im Holocaust ermordet wurden. Die meisten wurden von Bratislava nach Auschwitz deportiert. Von denjenigen, die 1942 in den ersten Wellen deportiert wurden, überlebten etwa dreihundert den Krieg, darunter Alfréd Wetzler und Walter Rosenberg, die zu den Ersten gehörten, die von Auschwitz und den Gräueltaten erzählten. Einige Juden konnten vor 1942 über die Grenze nach Ungarn flüchten, andere überlebten in Verstecken.

Einer der berühmtesten Holocaust-Überlebenden der Stadt war Ivan Otto Schwarz, der in Bratislava geboren, von seinen Eltern aber 1939, als der Antisemitismus immer mehr um sich griff, mit seiner Schwester über die Kindertransporte nach Wales geschickt wurde. Schwarz war zu dem Zeitpunkt fast sechzehn, gab sich für achtzehn aus und trat der britischen Armee bei. 1941 wurde er der tschechoslowakischen Armee zugeteilt und diente später als Pilot und Schütze in der (tschechoslowakischen) RAF-Staffel 311, die den deutschen Blockadebrecher *Alsterufer* versenkte, als dieser Ende Dezember 1943 riesige Mengen Wolframerz (unverzichtbar für den Bau von Kugellagern für Panzer, schwere Artillerie etc.) im Golf von Biskaya mit dem Ziel Deutschland transportierte. Schwarz kehrte nach dem Krieg in die Slowakei zurück, fühlte sich aber unwohl in einer politischen Atmosphäre, die den Antisemitismus nicht hinter sich gelassen hatte. Schreckliche Szenen trugen sich an den Orten zu, die früher das Zuhause von Juden gewesen waren, da diese nun nach ihrer Rückkehr die Häuser wieder für sich beanspruchten. 1946 zog Schwarz zurück nach England, gründete erfolgreiche Maschinenbauunternehmen, lebte als britischer Staatsbürger in London und starb dort 2018 mit vierundneunzig Jahren.

Ein Foto an der Rückwand der Synagoge zeigt Schwarz, wie er, befördert in den Stand eines Major General, Königin Elisabeth II. und den Herzog von Edinburgh trifft. Auf einer Tafel neben dem Foto stehen Informationen zu seinem bemerkenswerten Leben.

~

Der Bahnhof von Bratislava war ein weiteres düsteres Sowjetrelikt.

Draußen fuhren Busse an und ab, und in der chaotischen Bahnhofshalle drängten sich kleine Kiosk-Cafés, die quasi identische Sandwiches und Snacks anboten. Die Ziele auf der Abfahrtsanzeige flackerten auf: Žilina, Komárno, Hamburg und Banská Bystrica. Viele Züge hatten Verspätung, auch unserer, nämlich gute fünfzehn Minuten.

Ein breites, kommunistisches Wandgemälde über der Abfahrtstafel bestimmte die hektische Schalterhalle, es zeigte dramatische Gestalten mit kantigen Gesichtern und Körpern. Von links nach rechts betrachtet, erzählte es eine Geschichte, die mit dem Krieg begann, gefolgt vom Trauma nach dem Krieg und der Bildung einer neuen, stärkeren Gesellschaft durch den Bau von Krankenhäusern,

Schulen und Universitäten. In einem letzten Abschnitt blickten weise Männer zurück, als wären sie stolz auf die Gesellschaft, die ihre Schwierigkeiten überwunden und kollektiv staatliche Institutionen gestärkt hatte. Die weisen Männer waren wohl die Architekten dieser Institutionen und Personen, denen man nach Ansicht des Künstlers vertrauen sollte. So habe ich es zumindest verstanden. Vielleicht war diese Interpretation aber auch völlig falsch.

Wir bestiegen den 09.57-Uhr-Zug nach Budapest, einen schmutzigen, blaugrauen Zug mit der Aufschrift „CD" (die Initialen des tschechischen Bahnbetreibers České dráhy) auf der Lokomotive, Abteilen mit sechs Sitzen und einem missmutigen Zugbegleiter, der wortlos unsere Pässe kontrollierte. Das Innere war in orangefarbenen und blauen Wirbeln gehalten. Graue Vorhänge mit einem kreisförmigen Muster bebten, als der Zug abfuhr. Dunkel getönte Glasscheiben über den Sitzen verliehen dem Abteil das Flair einer nächtlichen Cocktailbar. Der Gesamteindruck war elegant und irgendwie optimistisch, als wären wir in die (guten) 1970er- oder 1980er-Jahre zurückgereist. Eine Stimme verkündete auf Englisch und mit amerikanischem Akzent über die Lautsprecher: „Dieser Zug hat aufgrund von Bauarbeiten an der Strecke zwanzig Minuten Verspätung." Es musste sich um eine automatische Ansage handeln, da České dráhy sicher eher nicht Leute von der anderen Seite des Atlantiks rekrutiert hatte.

Die grauen Hochhäuser von Bratislava lagen bald hinter uns, und wir rollten durch Ackerland mit langen, gepflügten Feldern.

Die ersten Triebe kamen aus der Erde, und hin und wieder hoppelte ein Kaninchen erschrocken davon. Büsche mit hübschen weißen Blüten säumten die Gleise. Alte Telegrafenmasten trugen Storchennester, solide Konstruktionen, die die Vögel sicher mühsam Zweig um Zweig gebaut hatten. Die Sonne schien, und der alte Zug rumpelte holpernd und quietschend voran. Wir hatten das ganze Abteil für uns, was sehr entspannend war.

„Ah, so ist es richtig", sagte Danny, sichtlich froh, dass wir die slowakische Hauptstadt hinter uns gelassen hatten. „So sollte es sein. Jetzt lassen wir es uns gutgehen!"

Nach einem Moment fügte er hinzu: „So etwas sollten wir jedes Jahr machen. Wir werden schließlich nicht jünger."

Da war er wieder, der Monolog vom Soho Square, der nie allzu weit in den Hintergrund rückte. Stürzten wir in eine Art Midlife-Zug-Crisis? Möglich. Nicht, dass es uns viel ausmachte. Her mit der Krise! Das Zugfahren war einfach zu schön, um uns zu lange mit Grübeleien aufzuhalten. Wir machten einfach das Beste daraus, komme, was wolle.

Unternehmungslustig gingen wir daher um halb zwölf in den Speisewagen, der einfach fantastisch war: Schwarze Ledersitze, strahlend weiße Tischdecken, Tischlampen und eine aufmerksame Bedienung in Weste, gestärktem weißem Hemd und roter Krawatte. Makelloses Englisch sprach der Mann auch noch. Wir hatten uns vorgenommen, heute nichts zu trinken, verwarfen diesen Vorsatz in bester Bukowski-Manier jedoch sofort und bestellten zwei kleine Flaschen Merlot.

„Wir sind nur zwei alte Säufer in einem Zug", sagte Danny und trank den ersten Schluck.

Wir wählten dazu Schweinebauch mit Polenta (ich) und Schweinebraten mit Spinat und Speck (Danny). Beides schmeckte ausgezeichnet. Die wenigen anderen Gäste waren gegangen, und wir waren allein im Speisewagen. Ein eigener Waggon ganz für uns!

Der Zug rollte an einem breiten, schlammig wirkenden Abschnitt der Donau vorbei.

Mark, unser Kellner, leistete uns eine Weile Gesellschaft.

Er hatte rosige Haut, blaue Augen und kurz geschnittene Haare. Die Krawatte hatte er mittlerweile abgenommen, und er wirkte müde.

„Ich habe die lange Schicht", sagte er. „Von fünf Uhr morgens bis Mitternacht. Knapp zwanzig Stunden, acht Tage hintereinander, dann habe ich acht Tage frei."

Der Zug war morgens in Prag losgefahren, an Marks drittem Tag. „Wenn ihr mich in fünf Tagen seht, werde ich wie ein Zombie sein."

Er erzählte uns, dass er einmal in London gewesen war und von Hampstead aus auf dem Weg ins Zentrum zweimal hatte umsteigen müssen. Als Zugmensch hatte er das unfassbar gefunden. Außerdem war ihm London zu hektisch gewesen.

„Wie viele Leute wohnen dort?", fragte er.

„Etwa achteinhalb Millionen", antwortete Danny.

„Die ganze Tschechische Republik hat elf Millionen", sagte er, als wäre London unglaublich riesig.

Danach ging der schon nach drei Tagen sehr erschöpfte Mark zurück in die Küche.

Irgendwo bei Szob überquerte der Zug die Grenze nach Ungarn, in unser fünftes Land.

Wir überlegten, was wir in Budapest machen wollten.

Die Stadt war berühmt für ihre Thermalbäder. Danny erging sich ausführlich darin, wie überbewertet er Thermalbäder fand: „Viel zu viel Aufwand, das sind einfach nur bessere Schwimmbäder. Ich will keine dicken alten Männer in einem Whirlpool sehen, wenn ich dafür dreißig Euro zahlen muss. Ich will keine Flip-Flops, keine Kappe, keine Badehose und den ganzen Mist kaufen und alles bis nach Istanbul schleppen."

Wir hatten gerade in einem Reiseführer gelesen, dass Badeschlappen und eine Kappe anscheinend Vorschrift waren und der Eintritt dreißig Euro kostete.

Damit war das Thema Thermalbad in Budapest beendet.

Der Speisewagen befand sich am Ende des Zuges, und man konnte durch eine Tür einen Blick auf die Gleise hinter uns werfen. Nachdem wir uns das angesehen hatten, fuhr der Zug in einen höhlenartigen Kopfbahnhof: Budapest-Nyugati.

∼

Nyugati war wie ein riesiger Vogelkäfig, erbaut von Gustave Eiffel, mit großen Glasfenstern und Stahlträgern. Einst war er einer der prächtigsten Bahnhöfe Europas, an dem hohe Persönlichkeiten wie Kaiser Franz Joseph und Kaiserin Elisabeth während der

Blütezeit der österreichisch-ungarischen Monarchie (1867–1918) empfangen wurden. Die Jugendstil-Innenausstattung war damals der Inbegriff der Moderne und wurde von den ersten Passagieren des Orient-Express auf der Strecke von Straßburg nach Wien, Budapest und darüber hinaus sicherlich geschätzt.

Bei unserem Besuch fielen Lichtstrahlen durch schmutzig aussehende Oberlichter hoch über uns und eine imposante, aber verdreckte Glaswand am Eingang.

Wir fanden den provisorischen Fahrkartenschalter – der Bahnhof wurde überall renoviert, was auch dringend nötig war – und erkundigten uns nach Fahrkartenreservierungen, die zusätzlich zu den Pässen für unseren nächsten geplanten Halt in Subotica, gleich hinter der Grenze zu Serbien, erforderlich waren. Auf Subotica hatte ich ein Auge geworfen, da es als Schauplatz für das Ende von Graham Greenes Frühwerk *Orient-Express* diente. Dieser kuriose Thriller handelt von einer Reise mit dem Luxuszug von Ostende in Belgien nach Istanbul, das früher auch „Stambul" genannt wurde. Zu den Hauptpersonen zählen ein gesuchter kommunistischer Anführer, eine lesbische Journalistin, ein mit Johannisbeeren handelnder Geschäftsmann, eine Tänzerin (die der Geschäftsmann verführt und mit der er in seinem Abteil schläft), ein mörderischer Dieb und ein Reiseschriftsteller. Alle werden in Intrigen verwickelt, und die Ereignisse spitzen sich in der serbischen Grenzstadt zu, wo Greene den Zug anhalten und den Kommunisten, die Tänzerin und den Mörder verhaften lässt, bevor das Trio zu fliehen versucht. Das Buch wurde 1932 veröffentlicht, zwei Jahre vor Agatha Christies berühmterem Roman *Mord im Orient-Express,* und hat eine traumähnliche, beunruhigende Atmosphäre.

Graham Greene ist einer meiner Lieblingsautoren, daher war ich neugierig auf Subotica.

Die Mitarbeiterin mit goldgerahmter Brille am Ticketschalter für internationale Reisen sagte nur: „Nein."

Sie sah mich an. Ich glaube ja, dass Fahrkartenverkäufer zumindest ein kleines bisschen heimliche Freude empfinden, wenn sie sagen, dass eine Verbindung nicht existiert. Das Thema ist damit beendet, keine weitere Diskussion möglich.

„Nein", wiederholte sie. „Sie können nicht fahren."

„Warum?", fragte ich.

„Es gibt keine Züge. Überhaupt keine. Keine Züge. Alle Fahrten nach Serbien sind gestrichen." Wegen Gleisreparaturen.

„Wann fahren die Züge wieder?", fragte ich.

„Ich weiß es nicht", sagte sie. „Hoffentlich nächstes Jahr."

Sie war durchaus freundlich, auch wenn es ihr ein wenig Spaß zu machen schien, die Überbringerin schlechter Nachrichten zu sein. „Wir wissen wirklich nicht, wann die Reparaturen abgeschlossen sein werden", sagte sie in einem Tonfall, der wohl bedeutete: *Serbien ist Serbien, und Serbien tut, was Serbien will.*

Sie schlug vor, stattdessen nach Timişoara in Rumänien zu fahren. Von dort könnte man die Hauptstadt Bukarest einfach mit dem Nachtzug erreichen. Danach wollten wir eventuell nach Bulgarien weiterfahren, nach Russe an der Donau, was 1883 ein Teil der Orient-Express-Route gewesen war. Danach sollte es nach Sofia weitergehen und mit einem weiteren Nachtzug nach Istanbul. Zumindest war so der grobe Plan.

Wir gingen in eine Ecke des provisorischen Fahrkartenschalters und überlegten, ob sich ein Besuch von Timişoara lohnen würde. Dazu zückten wir natürlich unsere Handys und tippten darauf herum, während uns die ungarische Schalterbeamtin beobachtete, da sie keine anderen Kunden hatte.

In einem Artikel im *Time Magazine* wurde erklärt, dass die westrumänische Stadt 1884 als erste in Europa Straßenbeleuchtung installiert hatte. Bis zu einem gewissen Grad war das interessant, reichte aber nicht aus, um uns zu überzeugen. Außerdem hatten die Proteste gegen den kommunistischen Diktator Nicolae Ceauşescu im Jahr 1989 in Timişoara begonnen, was schließlich zu seinem Sturz geführt hatte. Das war schon eher nach unserem Geschmack, vor allem, weil es ein Revolutionsmuseum gab, das die Ereignisse von 1989 dokumentierte, und das „Museum des kommunistischen Verbrauchers", in dem in einer Wohnung Hunderte Objekte aus der Zeit vor 1989 gezeigt werden.

Timişoara war zufällig auch eine der offiziellen Kulturhauptstädte Europas in dem Jahr unserer Reise (obwohl die Hauptveranstaltungen später im Sommer stattfinden würden). Sieh an: Wir waren über eine *Kulturhauptstadt* gestolpert.

Zu guter Letzt gab es noch ein Pub mit dem bestimmt sehr westrumänischen Namen The Scotland Yard, das von Restaurantguru.com als „gemütliches Lokal mit einer köstlichen Mischung aus rumänischer und internationaler Küche ... ein Muss für jeden Besucher" beschrieben wurde. Na, wer würde sich das schon entgehen lassen wollen?

Damit war die Sache entschieden.

Für die Fahrt nach Timişoara mussten wir keine Tickets reservieren. Wir würden morgens aufbrechen, den Tag in der Stadt verbringen und abends mit dem Nachtzug nach Bukarest weiterfahren. Dafür brauchten wir Reservierungen, die wir bei der Schalterbeamtin mit der goldgerahmten Brille buchten. Die Frau war uns auf ihre sachliche Art äußerst behilflich gewesen.

~

An Kebapläden, Goldankaufgeschäften, Sexshops und Bill's Pub vorbei, entlang einer breiten Straße voller altmodischer senfgelber und weißer Trambahnen und dichtem Verkehr, erreichten wir unser kleines Business-Traveller-Hotel, das Central Hotel 21. Wir bekamen zwei Zimmer mit braunem Teppich, Fernseher und Bad. Alles war ordentlich und sauber. Unsere Hosteltage lagen hinter uns.

Wir ruhten uns eine Weile in unseren luxuriösen Business-Traveller-Zimmern aus.

Bevor wir Budapest erkundeten, las ich die aktuellen Nachrichten aus England.

Viel war passiert. Der beliebte Komiker Paul O'Grady war gestorben, und die Reaktion seiner Freundin Camilla, der britischen

Königin, auf seinen Tod war der Aufmacher bei der BBC. Ein weiteres Thema war der Staatsbesuch von König Charles III. in Deutschland (in Frankreich war es immer noch zu riskant). Am Abend sollte er in Berlin an einem Bankett teilnehmen, zusammen mit Camilla, die ihn tapfer begleitete.

„MIGRANTEN SOLLEN AUF KREUZFAHRTSCHIF-FEN UND LASTSCHIFFEN UNTERGEBRACHT WER-DEN", schrie die Titelseite der *Daily Mail,* die die hohen Kosten für die Unterbringung kürzlich eingetroffener Einwanderer in Hotels hervorhob. Die Rechnung von sechs Millionen Pfund pro Tag sei eine „Farce", sagte die Zeitung.

Der *Guardian* berichtete über den ehemaligen Kapitän der englischen Fußballnationalmannschaft Gary Lineker, der einen Kampf mit der britischen Steuerbehörde über eine hohe Steuerschuld gewonnen hatte. Unterdessen schrieb die *Times* über ein neues Porträt von König Charles III., das vom Künstler Alastair Barford gemalt worden war und auf dem Charles neben einem fragenden Gesichtsausdruck eine rosa Krawatte und einen Nadelstreifenanzug trug.

Promis, Royals, noch mehr Royals, Einwanderung, noch mehr Promis und noch mehr Royals ... Die britischen Nachrichten waren wirklich etwas Besonderes.

In Europa sah es etwas anders aus.

Ungarn war schließlich ein Land mit einer Grenze zu einem Krieg, der sich nach Meinung mancher sogar zum Dritten Weltkrieg ausweiten könnte. Sein umstrittener rechtsgerichteter Präsident Viktor Orbán galt vielen als Russlands engster Verbündeter in der Europäischen Union. Ungarns Grenze zur Ukraine erstreckte sich über fast hundertvierzig Kilometer, und das Land weigerte sich, Waffen zur Unterstützung seines Nachbarn bereitzustellen. Genauso wenig wollte es Lieferungen durch das eigene Staatsgebiet an den belagerten Nachbarn zulassen.

Wir fuhren durch ein Land, das für die „andere Seite" war.

Wie es wohl in der Hauptstadt eines Landes sein würde, das manche als *den Feind* bezeichnen dürften?

3

Ungarischer Heavy Metal, Diktatoren und Junggesellenabschiede

Von Budapest nach Bukarest,
über Timişoara

Ziemlich normal, wie sich herausstellte.

Nachdem wir die Idee, eines der berühmten Bäder zu besuchen, verworfen hatten, wollten wir uns am Nachmittag und Abend die Stadt ansehen.

Scharfsinnige Leserinnen und Leser werden vielleicht mittlerweile gemerkt haben, dass Danny und ich keine typischen Touristen waren, wenn es ums Sightseeing ging.

Wir hakten keine Attraktionen ab, damit eine Stadt dann „erledigt" war. Wir versuchten nicht mal annähernd, das Wesen der Städte richtig zu erfassen und nach Art der Bildungsreisenden früherer Jahrhunderte oder zeitgenössischer Soziologen/Historiker verbindliche Schlüsse aus unseren Beobachtungen zu ziehen. Das überstieg unsere Fähigkeiten bei Weitem. Oft waren wir nicht mal einen ganzen Tag in einer Stadt. Die ganzen „24 Stunden in ..."-Reiseführer ließen uns kalt. Wir waren überhaupt nicht der Typ für Reiseführer, auch wenn ich einen (schweren) *Lonely Planet* eingepackt hatte. Unsere Herangehensweise könnte man folgendermaßen zusammenfassen: *Entscheide unterwegs, gebrauch deinen Verstand und nimm alles mit deinen Sinnen wahr, mach, was dir interessant erscheint, mach dabei oft Fehler, trink ein Bier (was wir zugegeben oft taten), fahr weiter und nimm den nächsten Zug.* Das schafften wir ziemlich gut – von der einen oder anderen holprigen Anreise (nach Wien und Bratislava) oder komplett eingestelltem Zugverkehr mal abgesehen.

Nachdem wir uns in unserem luxuriösen kleinen Business-Traveller-Hotel ausgeruht hatten, kehrten wir zu der breiten Straße zurück, die zum Bahnhof Nyugati führte, wo wir die U-Bahn-Station Blaha Lujza betraten. Wir wollten drei Stationen bis Kossuth Lajos fahren und uns dort das riesige und angeblich sehr beeindruckende ungarische Parlament (das in den entsprechenden Rankings oft zu den weltweit beeindruckendsten Parlamentsgebäuden gezählt wurde) ansehen. *Ganz normale Touristendinge* also.

Das Parlament war natürlich auch der Ort, an dem sich Viktor Orbán aufhielt. Wir nahmen meinen *Lonely-Planet*-Führer mit, wollten seinen Erklärungen folgen und danach an der Donau entlang zur Großen Markthalle und einer „Ruinenbar" namens Szimpla Kert spazieren. „Ruinenbars" waren im jüdischen Viertel in nach dem Holocaust leerstehende Gebäude eingezogen.

(Vorübergehend) waren wir zu gut organisierten Touristen geworden, auch wenn man natürlich genauso gut sagen könnte, dass wir einfach einen Spaziergang am Fluss unternehmen und danach noch was trinken gehen wollten.

Das wäre auch zutreffend.

Ein bisschen Politik, Mohnstrudel und Diskokugeln
Budapest

Die Wände der Station Blaha Lujza waren voller abstrakter moderner Kunst von Sehenswürdigkeiten in der Stadt und Werbung für Baumärkte, elektrische Zahnbürsten und die britische, seit den Sechzigerjahren aktive Rockband Deep Purple, die bei einer Revival-Tour durch Europa auch in der Budapest Arena haltmachte. Auf dem Plakat trugen die Bandmitglieder Sonnenbrillen, Lederjacken und unlesbare Mienen zur Schau, abgesehen von Sänger Ian Gillan, der in seinem weißen Hemd recht selbstzufrieden wirkte.

Das Plakat erregte Dannys Aufmerksamkeit.

„Schau sie dir nur an, total abgewrackt", sagte er.

Sie sahen tatsächlich aus wie alternde Rockstars.

Danny überlegte einen Moment und korrigierte seine Aussage.

„Andererseits würde ich es auch so machen, wenn ich sie wäre." Er meinte damit, so lange wie möglich von ihrem Ruhm zu zehren. „Warum auch nicht? Die haben schon recht."

Ein breiter, rotgrauer Zug fuhr ein. Wir stiegen ein und rollten geschmeidig unter Budapest hindurch bis Kossuth Lajos. Dort empfing uns am Bahnsteig eine ungewöhnliche Bronzestatue von einem Mann mit einem Hund: Teiresias, der blinde Prophet aus der griechischen Mythologie, mit einem Blindenhund. Die Budapester U-Bahn, nach London die zweitälteste der Welt, war reich ausgeschmückt und wirkte leicht futuristisch. Die Züge (zumindest der, mit dem wir gefahren waren) waren sauber und pünktlich.

Mit einer Rolltreppe ging es nach oben, und schon sahen wir das riesige neogotische Parlament. Der massive Bau erinnerte uns an die Houses of Parliament in Westminster, war aber noch viel größer und irgendwie anders.

Zuerst war der Unterschied schwer zu greifen, doch nach einer Weile war er offensichtlich: *Alles war einfach ein bisschen zu perfekt.*

Zu makellos. Zu gut organisiert. Zu groß, mächtig, imposant und majestätisch. Zu sehr *schaut mich alle an* für eine Demokratie.

Die von manchen in Ungarn in letzter Zeit auch infrage gestellt wurde. Also die Demokratie.

Für Orbáns Regierungsstil hatte man einen eigenen Ausdruck eingeführt: *autoritäre Demokratie.* Das war kein Kompliment.

Wir blickten an dem ach so perfekten Hauptsitz der ungarischen Regierung empor.

Die Türmchen, Mauern, Bogenfenster und Kuppeln wirkten makellos sauber. Kein Schmutz, keine einzige feuchte Stelle. Kein einziger Makel. Die Fenster glänzten. Die Türmchen ragten in den Himmel und sahen aus, als wären sie erst kürzlich restauriert worden und noch in dem Zustand, wie sie am Tag der Einweihung des Parlaments im Jahr 1904 ausgesehen haben mussten. Neunzehn Jahre hatte man an dem Gebäude gebaut, mit mehr als 100.000 Arbeitern und 40 Millionen Ziegeln. Das gigantische Bauwerk verfügte über nicht weniger als 365 Türme, einen für jeden Tag des Jahres, und 691 Räume. Die kupferfarbene Kuppel im Renaissance-Stil dominierte das Stadtbild. Alles war einfach prächtig und makellos und perfekt. Kein Wunder, dass manche es für das „spektakulärste Parlamentsgebäude der Welt" hielten und es immer wieder so bezeichnet wurde.

Die Rasenflächen auf dem Platz davor waren ebenso gepflegt, kein Grashalm tanzte aus der Reihe, kein Stück Müll lag herum. Polizisten mit Schlagstöcken schlenderten vorbei, ihre gestärkten Uniformen wirkten nagelneu. Alle waren sie männlich, über einen Meter achtzig groß, hatten einen Bürstenschnitt und hielten sich sehr aufrecht. Sie waren wachsam, auf Zack und bereit, sofort einzuschreiten. Weitere Polizisten patrouillierten in Zweiergruppen über den weiten Platz. Das Machtzentrum des engsten Verbündeten Russlands in der Europäischen Union war eindeutig gut bewacht. Die Botschaft war klar: *Ich habe das Sagen, hier sollte man sich besser benehmen.*

Ganz in der Nähe, an der Donau, kamen wir zu einer ungewöhnlichen unterirdischen Gedenkstätte, die den Ereignissen vom 25. Oktober 1956 auf dem Kossuth-Platz gewidmet war und keinen Eintritt kostete.

Man betrat sie über eine Treppe zwischen Stahlwänden mit Einschusslöchern, die vermutlich aus dem Jahr 1956 stammten. Im Inneren erklärten Schaukästen, was am 25. Oktober jenes Jahres geschehen war, als Ungarn sich gegen die Kontrolle der Sowjetunion über das Land auflehnte. Sowjetische Panzer rollten durch die Straßen, die Soldaten schossen wahllos in die Menge. Schätzungsweise tausend Tote forderte dieser blutige Tag und hinterließ einen tiefsitzenden Hass der Bevölkerung auf die Sowjetunion.

Die Schaukästen in den unterirdischen Gängen erklärten, wie es zu dem Aufstand gekommen war, sowie die Hintergründe. Im Vorfeld des 25. Oktober 1956 hatten die Ungarn mitansehen müssen, wie Österreich 1955 gegenüber der Sowjetunion seine Neutralität erklärte. Polen hatte Anfang 1956 über weniger sowjetische Truppen im Land verhandelt. Beide Aktionen hatten den Warschauer Pakt der Nationen unter Sowjeteinfluss geschwächt, zu denen Albanien, Bulgarien, die Tschechoslowakei, die DDR, Ungarn, Polen und Rumänien gehörten.

Die Sowjetunion blieb jedoch stark und sollte erst 1989 mit dem Fall der Berliner Mauer, der Samtenen Revolution in der Tschechoslowakei, dem Aufstieg der Solidarność in Polen und dem Sturz Ceaușescus in Rumänien wie ein Kartenhaus einstürzen. Im März 1989 kam es auch in Ungarn bei den Protesten gegen die Sowjetunion zu Massenkundgebungen, und im Mai wurden gut 240 Kilometer Stacheldraht entlang der österreichischen Grenze abgebaut. Der erste (buchstäbliche) Riss im Eisernen Vorhang, wie oft gesagt wurde.

Die Ereignisse auf dem Kossuth-Platz im Jahr 1956 sind daher für das Verständnis der nationalen Identität Ungarns von entscheidender Bedeutung. Der Widerstand gegen den Totalitarismus der Sowjetunion manifestierte sich auf dem Platz und legte den Grundstein dafür, dass das Land schließlich dem Würgegriff Moskaus entkommen konnte. All das machte die Entscheidung des derzeitigen Staatsoberhaupts für einen Kuschelkurs mit dem Kreml für viele noch weniger nachvollziehbar und verachtenswerter.

Ein bisschen Politik. Warum auch nicht? Wenn man durch Europa reist, muss man nicht die Augen vor der Welt außerhalb der Zugfenster verschließen.

Wir spazierten an der Donau entlang.

Straßenmusiker spielten Geige und Gitarre, wehmütige Melodien hallten über das schlammig-braune Wasser. Straßenkünstler saßen auf kleinen Holzhockern und boten Passanten an, Karikaturen von ihnen zu zeichnen. Touristen und Einheimische saßen vor den Bars in der Sonne und tranken Wein und Bier. Mehr senfgelbe und weiße Straßenbahnen ratterten vorbei. Alles war entspannt.

Hinter der eleganten Széchenyi-Kettenbrücke, die die Stadtteile Buda und Pest (wir befanden uns am östlichen Ufer, Pest) verbindet, erreichten wir die Große Markthalle.

Der Eingang wirkte mit seinen runden Fenstern und bepflanzten Türmen irgendwie eulenhaft. Im Inneren herrschte ein wildes Durcheinander an Ständen, die sich auf den Hauptetagen und dem Zwischengeschoss drängten. Es gab gefühlt alles: Schokolade mit Kokos- und Pistaziengeschmack, luftgetrocknete Salami, Honig und Marmelade, traditionelle ungarische Keramik, Puppen, Schals, Schnapsgläser mit der Aufschrift „Budapest", Hochprozentiges zum Befüllen der Schnapsgläser, Feuerzeuge, Magnete, Schlüsselanhänger, T-Shirts, Kapuzenpullis und so ziemlich jedes erdenkliche Souvenir in einem Gewirr aus engen Gängen und kleinen Ständen unter einem hohen Dach aus Gusseisen und Glas.

Die Halle stammte aus dem Jahr 1896, als fünf Märkte zusammengelegt wurden, war gut hundertzwanzig Meter lang und erinnerte an den Bahnhof Nyugati.

Danny und ich aßen Kirsch- und Mohnstrudel an einer Bude in der Mitte der Halle. Dann gingen wir ins Szimpla Kert und saßen in einem mit Graffiti besprühten Innenhof inmitten einer Menge cooler Hipster, die hauptsächlich aus jungen Leuten, einigen Mittvierzigern und auch ein paar in den Siebzigern und Achtzigern bestand. Wir hörten einem coolen Hipster-Akustikgitarristen zu, der Massive-Attack- und Oasis-Songs spielte, während wir in der coolen Hipster-Umgebung cooles Hipster-Bier tranken. Buddha-Figuren blickten gelassen herunter. Eine Diskokugel glitzerte. Ein Paar Skier baumelte von einem Dachbalken. Neonpinke und lilafarbene Lichterketten liefen an Geländern entlang und umrankten Topfpflanzen. Es war chaotisch und lebhaft. Der coole Hipster-Akustikgitarrist beendete seinen Auftritt. Wir hörten einer coolen ungarischen Hipster-Heavy-Metal-Band zu. Sie war sehr laut und voller Energie, und wir verstanden kein einziges Wort.

Danach kehrten wir in unser kleines Business-Traveller-Hotel zurück.

Unsere Tour durch die ungarische Hauptstadt war beendet.

„Vergessen Sie nicht zu sagen: wunderschönes Land!"
Von Budapest nach Timișoara

Vierundzwanzig Stunden Reise lagen vor uns.

Unsere erste Etappe war die U-Bahn-Fahrt bis Keleti, wo wir den 7.10-Uhr-Zug nach Timișoara nehmen würden, mit Ankunft um 13.34 Uhr.

Frühmorgens gingen wir zur Station Blaha Lujza, wo wir prompt die Bekanntschaft des Bahnhofstrinkers machten, ein glatzköpfiger Mann mit stahlblauen Augen, die aus einem Gesicht blickten, dessen Alter vor lauter Schmutz schwer zu schätzen war. Er konnte Mitte dreißig, aber auch schon Mitte sechzig sein. Unsicher schwankte er die Rolltreppe hinauf. Während wir nach unten glitten, drehte er sich zu uns und lallte etwas, das wir nicht als *Willkommen in Budapest, verehrte Besucher* interpretierten. Dann lachte er gackernd, wiederholte den Satz und lachte wieder. Ein paarmal hämmerte er mit der Faust auf den Rolltreppenhandlauf, als wolle er seine Worte unterstreichen. Wir lächelten und hielten ihm den gestreckten Daumen hin, was ihn noch mehr aufzubringen schien.

Danach stiegen wir in die U-Bahn und kamen nach ein paar Stationen zum Bahnhof Keleti (dem „Ostbahnhof").

Wie der Bahnhof Nyugati (der „Westbahnhof") war auch Keleti eine Grande Dame aus den 1880er-Jahren mit einer imposanten Fassade mit Säulen und Skulpturen, darunter die markanten Statuen des schottischen Ingenieurs James Watt und der englischen Eisenbahnlegende George Stephenson. An einem Kiosk kauften wir uns Sandwiches zum Frühstück, bei einem fast schon absurd ausdruckslos dreinschauenden Verkäufer, suchten Gleis eins, das dem Eingang gegenüber am anderen Ende lag, und stiegen in unseren Zug. Er war blau-grau, auf der Lok stand „EUROFIMA"; die Sitze waren leuchtend grün und rot, die Vorhänge grau, mit einem Lokomotivsymbol und den Buchstaben „CFR", dem Kürzel der rumänischen Staatsbahn.

Die aufgehende Sonne warf ein orangefarbenes Licht auf die Gleise, als der Zug losfuhr und ein Zugbegleiter mit schief sitzender Baseballkappe unsere Interrail-Pässe auf den Handys kontrollierte.

„Es ist jedes Mal ein Wunder", meinte Danny, „wenn sie funktionieren."

Wir konnten es immer noch nicht fassen.

Schornsteine und Kühltürme sowie düstere, eng stehende Wohnblöcke wie in der Slowakei charakterisierten die Vororte von Budapest. Danach fuhren wir durch flaches Ackerland mit Strommasten neben den Gleisen und weißen Wölkchen am Himmel. Einige Bahnhöfe sahen unglaublich heruntergekommen aus, die Bahnsteige waren mit Grasbüscheln bewachsen, die Schuppen daneben halb eingestürzt. Auf den Feldern zogen grüne und rote Traktoren Pflüge hinter sich her und wirbelten Staub auf. Lange niedrige Hühnerställe kamen hier und da in Sicht (ohne erkennbares „Freiland"). Neben den Gleisen wuchsen Büsche mit weißen Blüten, die hier in Osteuropa heimisch zu sein schienen.

„Wie ein Film in Dauerschleife", meinte Danny und blickte zum Horizont, wie hypnotisiert von der sich nur wenig verändernden Umgebung.

So konnte es einem schon mal gehen, wenn man lange in die ungarische Landschaft starrte.

Auf der Jungfernfahrt des Orient-Express wurden die Passagiere auf diesem Streckenabschnitt von einer fröhlichen Sinti-und-Roma-Kapelle unterhalten, die laut Edmond About „den Teufel in ihren Fingerspitzen hat ... Sie spielen mit überwältigender Brillanz". Der vielgelobte burgundische Koch – der Abouts geliebte Butter aus der Normandie auf der ganzen Fahrt kühl hielt – sang die Marseillaise. Die Kapelle war einfach an einem Bahnhof zugestiegen und spielte im Speisewagen, während die jüngeren männlichen Passagiere mit den „liebenswürdigen Wiener Damen einen teuflischen Tanz" aufs Parkett legten. Fahrgäste wie diese „liebenswürdigen Wiener Damen" stiegen auf der Strecke zu, um den neuartigen Zug zu bewundern und vor allem die Küche des berühmten Kochs zu genießen.

Auf unserer Fahrt nach Timişoara ging es nicht ganz so lebhaft zu.

Ich suchte den Speisewagen auf, der heute etwas anders aussah, und kam mit Lily ins Gespräch.

Lily war eine *ospatar,* Rumänisch für „Kellnerin", und für den Speisewagen zuständig. Sie stand hinter einem rot lackierten Tresen mit ein paar Chipspackungen, Erdnüssen sowie kleinen Wein- und Schnapsflaschen, alle mit einem orangefarbenen Aufkleber versehen, auf dem mit schwarzem Stift der Preis geschrieben stand. Die Waren wurden angeboten wie die Preise bei einer Dorftombola. Auf einer Speisekarte – zwei schmuddelige, klein getippte A4-Blätter, die an einem Pfeiler klebten – standen ein Dutzend verschiedener Sandwiches, die meisten mit „geräucherter Schweinelende" und verschiedenen Gemüsevariationen belegt. In der

Mitte des rot lackierten Tresens lag ein großer, altmodischer Taschenrechner.

Lily war winzig, mit großen haselnussbraunen Augen, einer goldenen Kette mit dem Schriftzug „Sweet" um den Hals, spärlichen Englischkenntnissen und fröhlichem Gemüt.

Ich bat um zwei Kaffee und fragte, wie ich am besten zahlen sollte, bar oder mit Karte.

„Ich mag immer Bargeld", antwortete sie. Es gab kein Kartenlesegerät.

Zum Glück nahm sie ungarische Forint, nachdem ich keine rumänischen Leu hatte. Sie machte den Kaffee und erzählte, dass sie aus Curtea de Argeş stammte, das in den südlichen Karpaten in der Mitte des Landes lag, wo der letzte König von Rumänien, Michael I., in seiner Heimatstadt begraben war.

Lily hatte auch eine Weile in Großbritannien gelebt.

„Ich bleibe in London für sechs Monate und für drei Jahre in Guildford", sagte sie. „Ich arbeite für Amazon. Lieferungen. Es war sehr schwer. Mit einem Van habe ich zwanzig Stopps in acht Stunden gemacht. Sehr hart. Die meisten Lieferungen Croydon. Auch Rochester in Kent. Verkehr meistens okay, aber nicht immer. Sehr schwer für mich. Sehr hart."

Warum war sie zurückgekommen? Auch wenn das vielleicht offensichtlich war.

„Ich hatte zwei Kinder zu Hause", erklärte sie. „Sie sind jetzt zwölf und sieben."

War sie nach England gegangen, um Geld zu verdienen?

„Ja."

Hatte das geklappt?

„Nein."

Warum?

„Die Firma, die mich rübergebracht hat", sagte sie und meinte die Leute, die sich um Arbeitsvertrag und Visum gekümmert hatten, „die hat mein Geld genommen."

Alles?

„Ja, alles."

Mit einem Schulterzucken gab sie mir die zwei Kaffee. So war es nun mal. Jetzt arbeitete sie für die rumänische Staatsbahn, und die Zeit als Amazon-Fahrerin lag lange zurück. Das Auswandern hatte sich für sie nicht gelohnt.

Ich ging in unseren grün-roten Wagen zurück, gab Danny seinen Kaffee und nahm *Der blaue Express* von Agatha Christie aus dem Jahr 1928 zur Hand, das ich am Tag zuvor in Budapest zu lesen begonnen hatte. Eine besonders angemessene Lektüre, nachdem wir in einem solchen Zug saßen.

Das Buch handelt von den drei größten Rubinen der Welt, die schon Katharina die Große getragen hatte, und davon, wie ihr geheimer Verkauf allen Beteiligten Unglück bringt, da einige gewissenlose Personen versuchen, sie in ihre gierigen Hände zu bekommen. Zwischen Paris und der Côte d'Azur kommt es im Train Bleu zu einem Mord. Die Tochter eines wohlhabenden amerikanischen Geschäftsmanns wird in ihrem Abteil erwürgt. Die Rubine sind verschwunden. Zufällig ist der elegante belgische Detektiv Hercule Poirot, mittlerweile im Ruhestand, an Bord. Auf die Frage nach seinem Beruf hat er „einfach die Welt genießen" geantwortet, doch er kann nicht aus seiner Haut, und mit der Unterstützung einer anderen Passagierin, einer Frau in einem „mauvefarbenen Kleid", ermittelt er. Der entfremdete und emotional distanzierte Ehemann des Opfers scheint der Hauptverdächtige zu sein, vor allem, zumal er ihr Erbe ist und leichthin und herzlos erklärt: „Man sollte nicht in einem Zug sterben. Ich glaube, das verursacht alle möglichen juristischen und internationalen Verwicklungen und liefert der Zuggesellschaft eine Ausrede dafür, noch mehr Verspätungen zu haben als ohnehin."

Aber ist er wirklich der Mörder? Das wäre doch zu einfach.

Unser blauer (und grauer) Zug fuhr durch Kétegyháza im Südosten Ungarns, wo sich neben einem verfallenen alten Bahnhofsgebäude Erdhaufen und Betonrohre türmten. Ein Stück hinter Kétegyháza tauchten Höfe mit auffällig bauchigem Vieh auf, ebenso wie eine Reihe eigenartiger metallischer Wassertürme in Form von Oliven auf Cocktailspießen.

Gegen 10.50 Uhr stempelten drei ungarische Grenzbeamte unsere Pässe an einem Ort namens Lőkösháza ab, und wir waren in Rumänien.

„Glaubst du, dass es hier anders aussieht?", fragte ich Danny. Also anders als in Ungarn.

„Ein bisschen schäbiger", meinte er.

Die Umgebung wirkte sofort etwas weniger einladend. Die Häuser waren verfallener als auf der anderen Seite der Grenze (die Wände waren schmutziger, die Farbe blätterte ab), die Straßen in schlechterem Zustand (mehr Schlaglöcher, enger), die Wohnblöcke noch abschreckender (noch unfreundlicher, noch kasernenartiger). Aber vielleicht bildete ich mir das auch nur ein.

Das Zughorn ertönte. Rumänische Grenzbeamte stempelten unsere Pässe am Bahnhof Curtici. Wir verließen den Schengen-Raum.

Die Grenzbeamten schlenderten davon.

Kurz darauf begann ich ein Gespräch mit einem Mitreisenden, der auf der anderen Gangseite saß.

Dr. Jasko war Ende siebzig und ein pensionierter Geologe, der früher auf Erdöl, Bauxit- und Eisenminen spezialisiert gewesen war. Heute war er auf dem Weg zu einer Erdöl-, Bauxit- und Eisenminenkonferenz in Reşiţa, hinter Timişoara, denn er interessierte sich immer noch für seinen früheren Beruf. Er war gebürtig aus Budapest, mit einer Ungarin verheiratet und lebte in Watford, „am Ende der Metropolitan Line". Davor hatte er einige Jahrzehnte in Glasgow gewohnt.

Er trug ein kariertes Hemd und hatte einen ordentlich gestutzten grauen Schnurrbart, lächelnde blaue Augen und eine freundliche, onkelhafte Art. Er las *Drei Männer im Schnee* von Erich Kästner (1899-1974), eine heitere Erzählung von einem Millionär, der vorgibt, arm zu sein, weil er verstehen möchte, wie so ein Leben aussieht. Daraus ergeben sich einige Irrungen und Wirrungen. Wir sprachen eine Weile über das Buch.

Dr. Jasko war ein redseliger pensionierter Geologe. Timişoara, sagte er, war dank der Eisenminen in der Region zur größten Industriestadt Rumäniens geworden. In seiner Zeit in Glasgow hatte Dr. Jasko für die British National Oil Corporation (BNOC) gearbeitet. Die BNOC hätte „Probleme bekommen", als der Ölpreis unter zehn Dollar das Barrel gefallen sei, und eines Morgens hätten „weiße Umschläge auf unseren Tischen gelegen: eine Hälfte gekündigt, die andere Hälfte konnte bleiben. An dem Tag haben die Pubs in Glasgow gute Geschäfte gemacht". Dr. Jasko hatte den Sturm überstanden und schien sich viele Jahre später immer noch darüber zu freuen.

Seine gute Laune wurde allerdings ein wenig gedämpft, als wir über das Bahnfahren redeten. Dr. Jasko hatte am Tag zuvor in Budapest-Keleti seinen Zug zur Konferenz verpasst, weil er den Zeitunterschied zu England nicht bedacht hatte und erst ein paar Minuten vor Abfahrt des Zuges eingetroffen war, wodurch er Gleis eins, das weit vom Eingang entfernt lag, nicht mehr rechtzeitig erreicht hatte. Deshalb war er einen Tag zu spät.

„Früher fuhren alle Züge von der Ankunftshalle ab", sagte er. „Ich hätte nie gedacht, dass das nicht der Fall sein könnte."

Doch sein Ärger verflog schnell wieder.

Er erzählte von der Zeit vor 1989. Während des Ceauşescu-Regimes hatten sich viele Spione in den Zügen herumgetrieben, und Dr. Jasko sagte: „Als Ceauşescu am schlimmsten wütete, unterstützten ihn die ungarischen Behörden nicht direkt, verschlossen aber die Augen davor. Dann wurde er noch paranoider und hat den Staat und die Wirtschaft nahezu bis zur Handlungsunfähigkeit reguliert. Der Fall der kommunistischen Regime um ihn herum im Jahr 1989 hat ihn sehr überrascht. Dann kam es in Timişoara zur Revolution."

Auslöser dafür war der Versuch, einen Pfarrer der ungarischen Reformkirche namens László Tőkes zu versetzen, erklärte Dr. Jasko und schrieb den Namen in mein Notizbuch. Bei Demonstrationen in Timişoara am 17. Dezember feuerten Polizei und Militär in die Menge, es gab Tote. Am 25. Dezember, nach dem vergeblichen Versuch, Proteste in Bukarest gegen die Regierung niederzuschlagen, wurden Nicolae und Elena Ceauşescu gefangen genommen, wegen Völkermord und illegaler Bereicherung zum Tod verurteilt und hingerichtet.

Dann nahm Dr. Jasko, wie um seine ewige Loyalität zu Erdöl, Bauxit- und Eisenminen zu unterstreichen, eine kleine Bergbauaxt aus seinem Gepäck und winkte mir damit zu. Er hatte sie immer als Glücksbringer dabei.

Wir schüttelten uns zum Abschied die Hände, doch dann fragte Dr. Jasko: „Möchten Sie eine Ölquelle sehen?"

Natürlich wollte ich das.

Er deutete aus dem Fenster auf eine Metallpumpe auf einem Feld.

„Da wird Öl gefördert", sagte er. Auf den Gedanken wäre man bei der mickrigen Apparatur nie gekommen. „Viel ist nicht mehr da, aber es wird immer noch gepumpt. Etwa ein Barrel pro Tag, würde ich sagen."

Dr. Jasko wirkte einen Moment traurig, als würde er an die gute alte Zeit denken, als man noch viel mehr Öl gefördert hatte. Doch er hatte einen optimistischen Blick aufs Leben und konnte nicht lange niedergeschlagen sein. Schon strahlte er wieder und winkte uns noch einmal mit seiner kleinen Axt zu, als wäre das unter pensionierten Geologen völlig normal. Wir schüttelten uns noch einmal die Hände.

Dann setzte ich mich wieder zu Danny.

Der hatte uns während des Gesprächs mit einer zunehmenden Mischung aus Unglauben und milder Heiterkeit beobachtet.

„Na, war's nett mit deinem alten Bekannten, den du vorher noch nie gesehen hast?", fragte er.

„Ja", erwiderte ich.

Danny sah mich mit schwer zu durchschauender Miene an, doch vermutlich standen für ihn Begegnungen mit unbekannten pensionierten ungarischen Geologen nicht gerade an der Spitze seiner To-Do-Liste auf der frühmorgendlichen Fahrt nach Timişoara.

Der Zug rollte durch die westrumänischen Wälder.

Bald darauf erreichten wir Timişoara, wo ein paar verlorene Gestalten neben den grasüberwucherten Gleisen kauerten, als hätten sie keinen anderen Ort, an dem sie sich aufhalten konnten. Angesichts der Tüten und Taschen neben sich hatten sie das wahrscheinlich auch nicht.

Hinter diesem abgerissenen (und traurigen) Empfangskomitee betraten wir den Bahnhof. Das Innere war kommunistisch geprägt, aber nicht ganz so aufdringlich wie in Bratislava. Wir gingen an einem „BIROU MISCARE"-Büro vorbei, wohl die Beschwerdestelle, in einen Tunnel mit einem Mosaik, das den Schriftzug „SOUVENIR DE SYRIE" und Menschen mit Kopfbedeckungen zeigte. Wir folgerten, dass es etwas mit den syrischen Geflüchteten zu tun haben musste, die 2015 nach Europa gekommen waren. Schließlich kamen wir zur „CASA DE BILETE TRAFIC INTERNATIONAL SI INTERN", wo wir bei einer höflichen Frau in blauer Strickjacke zwei Plätze im 21.50-Uhr-Nachtzug nach Bukarest reservierten.

Bemerkenswert am Bahnhof von Timișoara waren die Kunstwerke aus der Zeit des Kommunismus – bunt und abstrakt, aber sie zeigten auch Sehenswürdigkeiten und Kirchen. Besonders war auch ein Automat, an dem man rumänische Romane und Bücher mit Titeln wie *Learn English Grammar: 440 Exercises!* kaufen konnte. So etwas hatte ich noch nie zuvor gesehen und war beeindruckt.

Die andere Besonderheit des Bahnhofs war der Mann in der Gepäckaufbewahrung im Untergeschoss. Er hatte einen dichten Schnurrbart, trug eine rote Mütze und verbarg sich links vom Eingang hinter einem Schalter. Wenn man einfach an ihm vorbeiging, weil man ihn nicht gesehen hatte, schickte er eine Schimpfkanonade auf Rumänisch hinterher, gestikulierte wild und deutete auf eine Liste mit Vorschriften und Gebühren an der Wand. Dann bezahlte man rasch, damit man, wie wir es geplant hatten, das Gepäck bei ihm deponieren konnte. Auf Englisch sagte er dann: „Name! Name! Name! Zwei Lei! Zwei Lei!"

Solche wie uns hatte er schon oft gesehen und war ganz offensichtlich nicht begeistert von unserer langsamen Auffassungsgabe. Ganz eindeutig hatte er das Sagen am Bahnhof. Sein Verhalten änderte sich nach Erhalt des Geldes jedoch vollständig, und er grinste uns breit an. Er hatte uns nur auf den Arm genommen.

„Irgendwie mag ich ihn", meinte Danny, als wir gingen. „Wahrscheinlich ist er zu allen so unfreundlich."

~

Es war angenehm, dass wir nur ein paar Stunden Aufenthalt in Timișoara hatten und die Zeit nur für eine kurze Entdeckungstour reichen würde. Wir verließen den Bahnhof und überquerten eine Straße, wobei wir an einem hohen Wandmosaik vorbeikamen, auf dem heroische kommunistische Arbeiter mit einer roten Flagge zu sehen waren. Kurz darauf erreichten wir einen großen Platz, die Piața Unirii, der gesäumt war von neobarocken Gebäuden mit pastellfarbenen Fassaden, von denen die Farbe abblätterte, einer Moschee sowie einer orthodoxen Kirche. Ein Schild mit der Aufschrift „2023" erinnerte an den Status als europäische Kulturhauptstadt, neben einer Ausstellung mit laminierten Bildern vom Krieg zerstörter Orte in der Ukraine. An diesem Platz hatten die Proteste gegen Ceaușescu begonnen.

Und so verbrachten wir unsere kurze Zeit in Timișoara.

In einem Café in einer Kopfsteinpflastergasse in der Nähe aßen wir gegrilltes Huhn mit Fladenbrot und Salat, das uns ein Mann in einem T-Shirt mit dem Aufdruck „IT WAS EXQUISITE" nach langer Wartezeit servierte. Wir tranken zwei große Bier, eins mehr als geplant, nachdem das Essen so lange gebraucht hatte. Wir besuchten das „Museum des kommunistischen Verbrauchers", das vollgestopft war mit alten Propagandaplakaten, Schallplatten, Radios, Besteck, Geschirr und allen möglichen anderen staubigen Dingen aus dem Leben im Kommunismus (während das Café wirklich nett war). Auf dem Weg zur Piața Libertății gingen wir am „Super Jackpot Club" vorbei, an einer Frau, die uns „kostenlose Bibelkurse" anbot, sowie einem Restaurant namens „Posh". Wir entdeckten, dass das Memorialul Revoluției Museum geschlossen war (was nach unserem ersten Museumsbesuch ehrlich gesagt eine Erleichterung war). Hinter einem Brunnen, einer auffälligen zweitürmigen Kirche und einer Gruppe rosa- und aquamarinfarbener Stadthäuser am Platz der Freiheit ging die Sonne in einem herrlichen Farbenrausch unter. Das hier war der schönste Teil von Timişoara. Wir beschlossen, nicht ins Scotland Yard Pub zu gehen, da es sehr voll aussah. In einer anderen Kopfsteinpflastergasse aßen wir Pizza und tranken Rotwein, und der Betreiber Bodan sagte: „Rumänien hat schlechte Straßen und schlechte Züge, aber vergessen Sie nicht zu sagen: ein wunderschönes Land!"

Dann zogen wir los, um unseren Nachtzug um 21.50 Uhr nach Bukarest zu erwischen, der um 08.06 Uhr am nächsten Morgen in der rumänischen Hauptstadt sein sollte.

Keine Extravaganzen
Von Timişoara nach Bukarest

Auf dem spärlich beleuchteten Bahnsteig stand eine Gruppe von Typen mit Bandanas auf den Köpfen dicht beieinander.

Danny hatte wieder seine graue Mütze aufgesetzt und glaubte, damit irgendwie gegen die rumänischen Bandanaträger geschützt zu sein. Er stellte sich hinter eine Säule, außer Sicht der Jugendlichen. Der Bahnsteig war gut gefüllt. Der Nachtzug nach Bukarest, von Budapest kommend, würde wahrscheinlich voll belegt sein.

Unsere Plätze befanden sich in Wagen zwei. Ein Mann mit einer Tüte voller Bierflaschen, die er umklammerte, als hinge sein Leben davon ab, dirigierte uns bei Einfahrt des Zuges ans Ende. Die Fahrgäste drängten sich an den Türen. Der Zugbegleiter warf einen Blick auf unsere Tickets und deutete den Wagen entlang. Wir betraten ein Abteil, in dem jedes Bett belegt war. Wir gingen zurück zum Zugbegleiter, der noch einmal auf unsere Tickets sah und sagte, wir seien falsch, Wagen zwei befände sich am Kopf des Zuges.

Wir stiegen also aus und rannten zu Wagen zwei, wo wir unser Abteil mit sechs Betten fanden, drei auf jeder Seite. Danny und ich hatten die beiden oberen auf der linken Seite. Er nahm das oberste, ich das darunter. Außerdem war noch ein älteres Paar mit einem etwa fünfjährigen Kind im Abteil, vermutlich Großeltern mit ihrem Enkel. In die Frisur des Jungen waren drei Streifen hineinrasiert, die an das Adidas-Logo erinnerten. Die drei füllten den begrenzten Platz im Abteil mit diversen Tupperdosen voll Quiche, paniertem Huhn, gekochten Eiern und Trauben. Auf dem obersten Bett rechts lag ein Mann in den Zwanzigern mit Bart und langen Haaren. Ein Zugbegleiter händigte uns Bettwäsche und Kissen aus, als der Zug abfuhr.

Da direkt unter meinem mittleren Bett das große Picknick stattfand, konnte ich es noch nicht herrichten. Alle anderen Betten waren bereits für die Nacht vorbereitet. Danny hatte mehr Platz und sogar eine Ablage für seinen Rucksack über sich, weshalb er sich schon einrichtete. Meinen Rucksack deponierte ich an meinem Fußende und wartete auf das Ende des Picknicks. Eine halbe Stunde später konnte ich endlich alles vorbereiten.

Wir fuhren an von Natriumdampflampen beleuchteten Straßen vorbei. Es roch nach ungewaschenen Körpern. Der Wagen ratterte und schwankte. Die Großmutter, deren Haare grellrot gefärbt waren, zeigte mir, wie man die Tür verriegelte. Ich zog die Blende herunter. Die Lichter wurden ausgeschaltet. Jemand hustete. Jemand schnarchte leise. Jemand machte „ein anderes Geräusch" (ich hatte den Großvater in Verdacht). Die Matratze war klumpig, und zwei Scharniere, die das Bett an der Wand hielten, drückten gegen meine Seite. Der Typ mit den langen Haaren schaute einen Film auf seinem Tablet. Dann klingelte sein Handy, und er sprach flüsternd hinein. Verschiedene Geräte piepten, beharrliche Erinnerungen an die digitale Welt außerhalb des 21.50-Uhr-Zuges nach Bukarest.

Danny sagte: „Vom Orient-Express zu dem hier."

Was nicht ganz stimmte, da wir ja nie die 17.500 Pfund teure, einmal im Jahr unter dem Namen „Venice Simplon-Orient-Express" stattfindende Sonderfahrt (natürlich könnten auch andere private Unternehmen etwas Ähnliches anbieten, da der Name „Orient-Express" nicht geschützt war) nehmen wollten.

Doch insgesamt hatte Danny recht: Der Nachtzug von Timişoara nach Bukarest war ein müder Abklatsch der Tage von Georges Nagelmackers. Keine Seidenbettwäsche. Kein kubanisches Mahagoni. Keine Samtvorhänge. Keine Art-déco-Verzierungen von gefeierten französischen Designern wie René Prou, der zu Hochzeiten des Zuges vielen Wagen des Orient-Express den letzten Schliff verpasst hatte. Auch nichts von René Lalique, dem gleichermaßen berühmten Schmuck- und Glaskünstler.

Keine Extravaganzen im 21.50-Uhr-Zug nach Bukarest. Nach einer Weile schlief das ganze Abteil.

~

Dann war, nach einer Weile, das ganze Abteil wieder wach.

Um sieben Uhr stand ich auf und ging auf den Gang. Die am Fenster vorüberziehende Landschaft war dunkelgrün und grau, Felder unter einem düster bewölkten Himmel. Getreidesilos, eine Müllhalde, Schornsteine, Lagerhäuser und baufällige Gebäude am Rand einer Kleinstadt. Neben den Gleisen lagen fast überall Plastikflaschen. Güterwagen mit der Aufschrift „MARFA" und „CFR" standen auf Abstellgleisen hinter rostigen alten Personenwagen. Die Großmutter gesellte sich zu mir und hielt mir eine Flasche mit Eiskaffee hin, eine freundliche Morgengabe an einen Abteilgenossen. Ich nahm den Kaffee, und sie sagte lächelnd: „Prost!" Sie schien Danny und mich für Deutsche zu halten. Wie nett. Im Nachtzug nach Bukarest kamen wir alle glänzend miteinander aus (später fand ich jedoch heraus, dass „Prost" auf Rumänisch „Volltrottel" bedeutete, vielleicht hatte ich also alles völlig falsch aufgefasst – wobei die alte Dame dafür viel zu gutherzig wirkte.)

Sie strahlte mich an, als ich den Kaffee trank. Dann kam auch der Großvater auf den Gang, in einem grauen Jogginganzug und einer „LA"-Baseballkappe und ebenfalls mit einer Flasche Eiskaffee. Er nickte mir zu, und wir tranken schweigend, während vor uns eine Reihe Ölförderpumpen in der Nähe der Gleise auftauchte (die ich dank Dr. Jasko als solche erkannte). Eine Frau mit Kopftuch und Schaffellmantel huschte gebückt vorbei und führte einen großen braunweißen Hund hinter sich her. Im Vorbeigehen machte sie eine halbe Verbeugung.

Der Blick auf die rumänische Landschaft war beruhigend, selbst wenn er regelmäßig von trostlosen Industrieanlagen unterbrochen wurde. Trotz der Enge und des anfänglichen Unbehagens im Abteil hatte ich gut geschlafen. Die Fahrtbewegungen des Zuges waren fast schon therapeutisch, das Schwanken, Rattern, Rütteln und Dahinrollen, die ganzen Geräusche, das Brummen, Pfeifen, Klappern, Klirren und Quietschen seltsam befriedigend. Wen kümmerte es schon, ob man 17.500 Pfund oder ein paar Euros bezahlt hatte? Schlaf war Schlaf. Die Wagen ratterten für alle sozialen Schichten.

Wir fuhren an einfachen Hütten mit Wellblechdächern vorbei. Ein Raubvogel saß auf einer Stromleitung und beobachtete den Nachtzug aus Timişoara. Ein Wasserturm aus Beton, der ein wenig wie ein militärischer Wachturm aussah, glitt vorbei, dann ein hoher Stapel rostiger Tragbalken, ein Mann in Reflektorjacke, der auf einem Hof Holz hackte, eine Stahlbrücke über einen schlammigen Fluss, ein Wäldchen mit knorrigen Bäumen, ein See mit hohem Schilf am Ufer. Rauch stieg von einem Holzhaufen auf. Wir fuhren in ein graues Industriegebiet. Danny kam auf den Gang, ebenso wie der bärtige Typ mit den langen Haaren.

„Egal wie einfach alles ist", sagte Danny, „in einem Zug schläft man besser als in der Business Class nach New York. Und ein Flugticket ist viel teurer. Die Bettwäsche und das Kissen waren sauber. Ich bin zufrieden."

Es war seine erste Fahrt mit einem Nachtzug.

Der junge Typ stammte aus Colombo in Sri Lanka, wie sich herausstellte, und arbeitete in Timişoara in einer Pizzeria (nicht der, in der wir gewesen waren). Er hieß Dinesh und war vor einem Jahr mit sechs Freunden nach Rumänien gekommen. Er arbeitete Sechzehn-Stunden-Schichten – zwei Tage am Stück, dann zwei Tage frei – und „verdiente gut", auch wenn „nicht alles gut war, nicht hundert Prozent, aber nicht alles im Leben kann perfekt sein".

Nach fünf Jahren mit einem festen Job könnte er einen rumänischen Pass beantragen, erzählte er. In Bukarest wollte er sein Visum verlängern lassen. Er hatte nicht besonders gut geschlafen und wirkte müde, wollte aber unbedingt über Cricket reden.

„Magst du die IPL?", fragte er, rein rhetorisch, und meinte damit die Indian Premier League. „Euer Joe Root: T20 bester Spieler."

T20 stand für Twenty20, eine Spielform im Cricket, in der ein Spieldurchgang zwanzig „Over", also Spielabschnitte, umfasste (für diejenigen, die keine Ahnung von der Sportart haben). Joe Root war ein gefeierter englischer Schlagmann.

„Ich schaue es mir immer im Internet an. Alle aus Sri Lanka in Timişoara schauen es sich im Internet an", sagte er. „Wir spielen hier auch, gegen die Inder, wir spielen gern. Die Rumänen schauen uns zu und fragen sich, was zum Teufel wir da machen."

Wir unterhielten uns lange über Cricket und die IPL.

Dann fuhr der Zug in Bukarest Nord ein.

„Guten Abend, darf ich mich vorstellen? Ich vertrete einen Massagesalon."
Bukarest

Wir verabschiedeten uns von Dinesh und schleppten unsere Rucksäcke in eine staubige Schalterhalle mit einer reizenden altmodischen Abfahrtsanzeige, auf der eine verwirrende Vielzahl an Zielen zu lesen war. Sie waren auf verschiedenfarbige Holzleisten geschrieben, die in einen Holzrahmen von der Größe eines kleinen Hauses eingesteckt waren. Entzückend in seiner direkten Einfachheit, statt auf seinem Handy zu tippen oder auf blinkende elektronische Anzeigen zu starren. Die Fahrtziele hatten wohlklingende Namen: Craiova, Târgovişte, Piteşti, Suceava, Constanţa, Urziceni. Rumänien war ein verrücktes Land. Wie wohl das Leben in Târgoviște oder Pitești war? Wir würden es nie erfahren (zumindest nicht auf dieser Reise).

Licht fiel durch die Glasscheiben in der stählernen Decke über uns auf einige Anzeigen für „DAS EUROPÄISCHE JAHR DER EISENBAHN 2021" (wir hatten mittlerweile 2023). Qualm hing in der Luft. Viele der auf ihre Züge wartenden Fahrgäste rauchten, darunter auch der größte Mann, den ich je gesehen hatte. Er war sicher über zwei Meter groß. Der Nachtzug von Timișoara nach Bukarest musste ein Albtraum für ihn gewesen sein.

Am belebtesten Punkt der Schalterhalle befand sich neben dem Zeitungsladen ein McDonald's, wo wir uns Sausage-McMuffins und Pommes zum Frühstück bestellten. In einem ehemaligen kommunistischen Land war der prominente Standort der Fastfood-Kette ein Statement, auch wenn der Kommunismus 1989 geendet hatte.

„Gott segne die goldenen Bögen", meinte Danny, der unbedingt hier essen wollte. Wie Ihnen vielleicht schon aufgefallen ist, hatte er zu vielen Dingen eindeutige Ansichten. Dazu gehörte die Überzeugung, dass McDonald's seinen schlechten Ruf zu Unrecht hatte und es sich dabei um eine ehrbare internationale Institution handelte, wie er schon in Paris angemerkt hatte. Mir machte das nichts aus. Unsere Freundschaft basierte zu einem großen Teil darauf, *aus allem das Beste zu machen,* während man gleichzeitig etwas über Dinge erfahren wollte, die letztendlich vielleicht gar nicht so wichtig waren. Wir machten uns nicht allzu viele Gedanken darüber, ob wir etwas verpassten, standen Dingen generell eher skeptisch gegenüber (vor allem teuren, unbekannten Dingen) und hatten eine ähnliche Einstellung, wie sehr wir uns über etwas aufregten oder nicht. Diese Haltung ließ sich am besten so zusammenfassen: *Was hatte es für einen Sinn, sich über etwas aufzuregen?* Damit fuhren wir normalerweise ziemlich gut, und in fremden Ländern sorgte die Einstellung für ein Minimum an Komplikationen.

Die Fahrgäste des ersten Orient-Express hatten 1883 auf der Reise nach Istanbul ein Gourmetmahl und eine Audienz mit König

Karl I. und Königin Elisabeth in ihrer neu eingerichteten Sommerresidenz genießen dürfen. Wir würden das rumänische Königshaus nicht treffen (das es nicht mehr gab), ein Gourmetdinner würde uns auch nicht serviert werden. Wir würden im Bahnhofs-McDonald's essen. Kein Problem, auch wenn es nicht meine erste Wahl gewesen wäre, um die rumänische Kultur besser kennenzulernen. Doch die konnte warten, sie würde sich später noch in ihrer bestimmt vielschichtigen, faszinierenden Komplexität offenbaren. Außerdem mochte ich Sausage-McMuffins und Pommes, das perfekte Frühstück nach einer langen Fahrt im rumänischen Nachtzug. Und man könnte sagen, dass genau das „Kultur" in Bukarest Nord war. Man musste mit dem arbeiten, was da war.

Schweigsam kauten wir unsere Sausage-McMuffins. Ein kleines Mädchen in einem schmutzigen rosa Pullover kam an den Tisch und bettelte mit ausgestreckten Händen. Wir dachten, sie würde uns um Essen bitten, und das traurige, verloren wirkende Kind tat uns leid. Hier waren wir, vielleicht ein wenig mürrisch nach einer Nacht in einem rumänischen Nachtzug, aber in guter Verfassung. Und da war sie und bettelte um etwas zu essen. Wir wussten nicht recht, wie wir uns verhalten sollten, und gaben ihr eine Packung Pommes. Sie ging dann noch zu anderen Tischen, wo man ihr ebenfalls etwas zu essen anbot. Wir hatten wohl das Richtige getan. Am Ende hatte sie ein Tablett voll mit Essen.

Dann sahen wir, wie sie nach draußen ging, und – sie fühlte sich offenbar unbeobachtet – alles in einen Mülleimer warf.

Sie hatte Geld gewollt und zählte jetzt die paar Lei, die ihr andere Restaurantgäste gegeben hatten. Traurig. Tragisch. Verloren. Und der Bahnhof war wohl ihr Revier.

Doch eigentlich war das keine Überraschung. Rumänien war eines der ärmsten Länder in Europa. Das Pro-Kopf-BIP betrug zum Zeitpunkt unseres Besuchs laut Weltbank 12.466 Pfund, also etwa vierunddreißig Pfund pro Tag.

Wir gingen wieder in die verrauchte Schalterhalle hinaus.

Bukarest Nord hatte komplizierte automatisierte Gepäckschließfächer. Sie befanden sich in einer Nebenhalle mit Neonröhren, und wir wollten unsere Rucksäcke einschließen, da wir erst um vier am Nachmittag unser Apartment beziehen konnten. Während wir die Schließfächer verfluchten, kamen zwei amerikanische Backpacker in den Zwanzigern zu uns und fragten, wie viel die Aufbewahrung kostete. Zehn Lei die Stunde, antworteten wir (1,75 Pfund).

„Verdammt, ist das teuer", sagte der eine, der etwas abgekämpft und schmuddelig wirkte, vermutlich weil er länger in so etwas wie dem Patio Hostel in Bratislava gewohnt hatte. „Zwei Dollar, wow. Mist!"

Sie gingen davon.

Auch wenn die Amerikaner wie typische Backpacker aussahen, war klar, dass sie aus guten Familien kamen und sich auf einem „Sabbatjahr" befanden, um „sich selbst zu finden" und Europa kennenzulernen, ähnlich den Bildungsreisenden des siebzehnten und achtzehnten Jahrhunderts, die ich am Anfang dieses Kapitels erwähnt hatte, allerdings natürlich ohne Bedienstete, die sich um das Gepäck kümmerten. Zukünftige Kongressabgeordnete, vielleicht sogar Senatoren oder noch mehr. Daran war nichts verkehrt. Ausbrechen, Zugfahren – eine hervorragende Möglichkeit, ein besseres Gespür für die Welt zu bekommen. Vielleicht tat der Typ, der uns in Straßburg am Bahnhof nach dem Wochentag gefragt hatte, genau dasselbe (okay, vielleicht eher nicht). Im Moment waren zehn Lei die Stunde aber für die zukünftigen „Kongressabgeordneten" noch zu viel.

Wir gingen zum Parlamentspalast.

Den früheren Regierungssitz von Nicolae Ceaușescu erreichten wir über eine mehrspurige Straße, die von nüchternen Verwaltungsgebäuden gesäumt war. Alles wirkte nüchtern. Die Fassade des Bahnhofs Bukarest Nord mit ihren sechs riesigen bleigrauen Steinsäulen, die das alte Griechenland nachahmen sollten, war nüchtern. Die mehrspurige Straße war nüchtern: zu funktional, zu groß für eine Stadt. Es regnete. Es gab nicht viel Verkehr. An nüchternen Wohnblöcken hingen Werbetafeln mit vollbusigen Frauen, die für Online-Wetten warben. Bukarest machte einen schmutzigen, feuchten und vom Pech verfolgten Eindruck. Der Putz blätterte überall ab, lose Kabelstränge hingen nach unten. Schaufenster waren mit Wellblech vernagelt, die Läden schienen endgültig geschlossen. Doch auf der anderen Seite eines Parks hörte die Nüchternheit schlagartig auf.

Wir hatten den Parlamentspalast erreicht.

Er war abscheulich. Ein riesiges neoklassizistisches Monstrum aus Beton und Marmor ragte vor uns auf, angeblich nach dem Pentagon das zweitgrößte Verwaltungsgebäude der Welt. Die Fassade bestand aus unzähligen Fenstern und Bögen, der hässliche Bau wurde zu beiden Seiten um einen Flügel erweitert.

Steinmauern und Metallzäune umgaben den großen Grund um den Parlamentspalast. Bei einer Einfahrt befand sich auch der Eingang, von dem aus geführte Touren starteten. Wir hatten beschlossen, dass dieses abschreckende Gebäude unsere einzige Touristenaktivität in Bukarest sein sollte. Doch ein Anschlag mit der Überschrift „ABGEORDNETENKAMMER – INTERNATIONALES KONFERENZZENTRUM" verkündete eine enttäuschende Botschaft: „Führungen sind abhängig von der Verfügbarkeit. Eine vorherige Buchung ist zwingend erforderlich! [Sie] können nur telefonisch, 24 Stunden vor dem Besuch, gebucht werden." Wir hatten es vermasselt. Wir waren eine nüchterne mehrspurige Straße entlanggegangen, die von nüchternen Gebäuden gesäumt war, nur um ein hässliches, protziges Gebäude im Regen anzustarren.

Trotzdem gingen wir die Auffahrt hinauf und betraten einen prunkvollen Eingangsbereich, der vielleicht so breit wie ein Fußballfeld war. Weißer Marmor glänzte unter Leuchtstoffröhren und eine lange Garderobe, die vielleicht ein Viertel der Länge eines Fußballfeldes hatte, befand sich auf der rechten Seite. Sie war unbesetzt. Also gingen wir nach links zu einem kleinen Souvenirshop, der „I LOVE TRANSSYLVANIA"-Kühlschrankmagnete und dekorative Löffel mit dem Motiv des Parlamentspalasts verkaufte. Daneben befand sich ein Ticketschalter, eine Gruppe von etwa dreißig Personen wartete bereits auf die nächste Führung.

Wir versuchten unser Glück und fragten den Mann am Schalter, ob wir Tickets kaufen könnten. Der Angestellte war in den Dreißigern, hatte zerzauste dunkle Haare, und ein Hauch von Neugier huschte bei unserem durchnässten Anblick über sein ansonsten ausdrucksloses Gesicht: *Na, wen haben wir denn da?*

Dann lächelte er und sagte: „Kein Problem."

Wir hatten uns in den Parlamentspalast gemogelt.

Niemand sonst stand hinter uns an. Danny fragte nach Restaurantempfehlungen in Bukarest, worauf der Mann antwortete: „Ich würde zwei traditionelle Restaurants vorschlagen, das Wheelbarrow und das Hanu'lui Manuc. Gehobene Restaurants kenne ich nicht."

Worauf Danny erwiderte: „Keine Angst, gehoben ist nichts für uns."

Wieder musterte uns der Ticketverkäufer und sagte: „Die Mojo Bar wäre vielleicht etwas für Sie, dort zeigen sie englischen Fußball im Fernsehen."

Er reichte mir die Tickets und nahm unsere Lei. „Das ist das größte Gebäude in diesem Teil Europas. Ceaușescu hatte auch eine Villa im Norden der Stadt ..."

Er unterbrach sich und sah an uns vorbei. Die Tour würde gleich beginnen. Er bedeutete uns rüberzugehen, sonst müssten wir eine Stunde warten.

Was für ein großartiger, extrem zuvorkommender Ticketverkäufer im Parlamentspalast.

Die Führung dauerte etwa eine Stunde und wurde ganz hervorragend von einer kleinen Frau mit lila Haaren geleitet, die dazu einen lila Pullover und lila Stiefel trug. Nachdem wir durch einen Sicherheitsscanner wie am Flughafen getreten waren, wurden wir eine Marmortreppe hinauf auf einen langen Flur mit grün-goldenem Teppich geführt.

„Mehr als neun Hektar wurden für diesen Palast von Ceaușescu abgerissen. Von ihm haben Sie sicher alle gehört?", fragte sie rhetorisch.

Das Gebäude, so erfuhren wir, hatte 1.100 Räume, 2.800 Kronleuchter, 220.000 Quadratmeter Teppich, eine Breite von 243 und eine Länge von 269 Metern und war mit 4,1 Millionen Tonnen das schwerste von Menschenhand geschaffene Bauwerk der Welt. Mehr als dreißigtausend Menschen mussten aus dem Gebiet umgesiedelt werden, und eine große orthodoxe Kirche wurde „komplett abgerissen". Bis zu hunderttausend Rumänen waren am „Projekt Bukarest" beteiligt, dessen Bau 1984 begann und bis zur Absetzung Ceaușescus andauerte.

„1989", sagte unser Guide trocken, „gab es, wie Sie vielleicht wissen, eine Revolution."

Danach hatte man darüber diskutiert, was mit dem abscheulichen Palast geschehen sollte, sagte sie. Einige schlugen vor, ihn in ein Luxushotel umzuwandeln. Andere waren der Meinung, dass er abgerissen werden sollte, obwohl dies beim schwersten Gebäude der Welt teurer gewesen wäre als andere Optionen. Der Medienmogul Rupert Murdoch hatte versucht, den Palast zu kaufen (für eine Milliarde Dollar), was ihm jedoch verwehrt wurde. Ein Plan, ihn in ein riesiges Einkaufszentrum umzuwandeln, wurde auch nicht umgesetzt. Er beherbergt nun drei Museen, darunter das Nationalmuseum für Moderne Kunst, sowie die Abgeordnetenkammer und das internationale Konferenzzentrum.

Unser lilahaariger Guide führte uns durch Säle mit goldenen Verzierungen und glitzernden Kronleuchtern, durch Korridore, die von marmorverkleideten Säulen gesäumt und so breit wie kleine Landebahnen waren. Wir sahen spezielle Messingheizkörper. Seidenvorhänge aus Transsilvanien. Mahagoni-Paneele aus der Demokratischen Republik Kongo. Die Stufen einer Treppe, die so gestaltet waren, dass Ceaușescu genauso groß gewirkt hatte wie seine ihn etwas überragende Frau Elena. Einen knallrosa „Protokollsaal", dessen Farbe man gewählt hatte, weil „Rosa angeblich eine diplomatische Farbe ist, da man sie auf keiner Flagge findet". Und wir sahen einen letzten riesigen Saal mit einem Balkon, von dem aus Ceaușescu Militärparaden hatte abnehmen wollen, obwohl der Palast zum Zeitpunkt seines Todes noch nicht fertiggestellt war. Michael Jackson hatte jedoch offenbar während einer Tour vom Balkon verkündet: „Hallo, Bukarest, ich liebe dich!" Damit endete die Besichtigung des schrecklichen Palastes.

Wir holten unser Gepäck vom Bahnhof und fanden unser Lovely Loft Apartment mit zwei Schlafzimmern (das wir am Vortag online gebucht hatten). Wir erreichten es über eine steile, schmale, unebene, knarzende Treppe, vorbei an Wohnungstüren, hinter denen ältere Menschen zu leben schienen, zumindest begegneten wir einigen. Unser Apartment jedoch sah aus, als würde man in die Seiten eines Einrichtungsmagazins eintauchen. Designerbeleuchtung und Minimalismus gemischt mit Akzenten abstrakter Kunst und Bücherregalen mit sorgfältig ausgewählten Romanen. Das einzige Problem war, dass die Heizung nicht funktionierte. Auf eine Nachricht an die Besitzerin erhielten wir die Antwort, dass sie sie neu einstellen würde; in der Nacht war die Wohnung leer gewesen, da musste sich der Boiler ausgeschaltet haben.

Unser Abend in Bukarest war ungewöhnlich.

Er begann in der Altstadt in der Mojo Bar, die eigentlich Mojo Music Club hieß und in der eine Gruppe muskelbepackter glatzköpfiger britischer Prolls das Geschehen beherrschte.

„Wenn ich mit englischen Schlägern herumhängen wollte, wäre ich zu Hause geblieben", sagte Danny.

Daher gingen wir ein paar Schritte weiter in die Halftime Bar, die weitestgehend leer war. Wieder einmal spielten wir Darts. Die Pfeile hatten Union Jacks auf den Flights. Wir wurden immer besser, trafen öfter Doubles (Danny gewann, nach unserem Match in Nürnberg stand es also eins zu eins). Danach spazierten wir über die Kopfsteinpflasterstraßen, auf denen sich Menschen drängten, die zwischen den unzähligen Bars mit Neonbeleuchtung und geschäftigen kleinen Bistros hin und her flanierten. Es ging doch nichts über die zwielichtigen Straßen im Bahnhofsviertel, die zum Palast führten. Es war Freitagabend und die Party in vollem Gange.

Man merkte das Bahnhofsviertel allerdings auch an gewissen „Aktivitäten". Schon nach wenigen Minuten trat ein schmieriger kleiner Mann aus einer Ecke zu uns. „Hallo, mögt ihr Frauen? Hey, hey, Frauen? Hübsche Frauen?"

Wir gingen an ihm vorbei, und er rief uns nach: „Mögt ihr nackte Jungs?"

Kurz darauf sprach uns ein anderer Mann an, der allerdings mit seiner Krawatte sehr viel seriöser als der schmierige kleine Kerl wirkte.

„Guten Abend", sagte er etwas steif. „Darf ich mich vorstellen? Ich vertrete einen Massagesalon."

Mit einer leichten Verbeugung reichte er uns Visitenkarten mit der Aufschrift „ECHTE HEISSE MÄDCHEN IN UNSEREN SALONS".

Dann sagte er: „Rufen Sie uns an, wann immer Ihnen danach ist."

Wieder verbeugte er sich leicht. Im Weitergehen sagte Danny: „Wow, der wirkte, als wäre sein nächster Job UN-Abgeordneter."

Wir machten einen Abstecher in eine kleine Bar mit roter Neonbeleuchtung, die sich auf ukrainischen Kirschwein spezialisiert hatte. Wir standen an einem Bartisch mit Blick auf die Kopfsteinpflasterstraße – Hocker gab es keine – und sahen den Ausschweifungen zu. Es war ein wenig wie die berühmte Zeichnung der *Gin Lane* in London von William Hogarth aus dem Jahr 1751, außer dass alle Designerklamotten trugen und nicht in der Gosse herumlagen. Aber das konnte ja noch kommen.

Wir setzten unsere Erkundung des Bukarester Nachtlebens fort.

Der Paradise Club, hinter einer Bar namens Sinners, warb mit „LIVE GIRLS NUDE". Im Fenster tanzte eine Frau in einem Tanga und High Heels – und sonst nichts – verführerisch. Eine Gruppe von Männern mit Kappen, auf denen „BACHELOR PARTY" stand, torkelte vorbei und blieb stehen, um die Frau anzugaffen. Eine Gruppe von Frauen, deren Anführerin eine Schärpe mit der Aufschrift „BRIDE TO BE" trug, schrie wegen irgendetwas ein paar Meter weiter. Hier schien der Hotspot für Junggesellenabschiede aller Art zu sein.

Wir betraten ein gehoben aussehendes Bar-Restaurant, in dem Männer und Frauen miteinander plauderten, und dachten, dass wir inmitten des ganzen Wahnsinns etwas Respektables gefunden hätten. Wir bestellten zwei teure Heineken an der Bar. Während wir dort standen, kamen „die Damen". Innerhalb von dreißig Minuten kamen nicht weniger als fünf Paar Frauen zu uns, die sich alle leicht im Aussehen unterschieden, und lungerten lässig herum, warfen uns Blicke zu, als wollten sie mit uns ins Gespräch kommen (zwei Männern mittleren Alters aus Großbritannien, die mit dem 21.50-Uhr-Nachtzug aus Timişoara angekommen waren). Fast alle rauchten, wobei dünne Zigaretten mit goldenen Filtern und Mentholaroma hoch im Kurs standen. Sie warfen dem Barkeeper kurze Blicke zu, und umgehend stand ein kostenloser Shot vor ihnen. Der Barkeeper schien die Frauen zu kennen, die wohl irgendeine Verbindung zu dem Laden hatten.

Wir blieben für uns. Was um uns herum vorging, war unbehaglich, anders konnte man es nicht sagen. Als wir gingen, sagte Danny: „Da war ein glatzköpfiger Typ auf der anderen Seite der Bar, der mich ständig angestarrt hat. Er sah aus, als würde er Leute zum Spaß verprügeln. Von deinem Platz aus hast du ihn nicht gesehen. Er hat immer wieder zu uns hergeschaut. Einmal – kein Problem. Aber immer wieder? Auf mich hat er wie ein Zuhälter gewirkt."

In der Altstadt von Bukarest schien so einiges los zu sein.

Uns blieb nur noch ein letzter Absacker im Mojo, wo die Prolls zum Glück verschwunden waren. Aus dem Obergeschoss drang Musik herunter, und plötzlich fanden wir uns in einer richtig guten Karaoke-Veranstaltung wieder, mit hochklassigen Sängerinnen und Sängern, die genauso gut auch bei *Romania's Got Talent* hätten auftreten können. Fast alle waren Einheimische, Familien- und Freundesgruppen. Niemand war zwielichtig. Keine verstohlenen Transaktionen. Keine Zuhälter, die einen anstarrten. Keine Mentholzigaretten mit goldenen Spitzen. Keine versteckten Absichten. Keine angehenden UN-Abgeordneten, die sich salbungsvoll verbeugten und einem Visitenkarten überreichten. Einfach normale Menschen, die bei hochklassiger rumänischer Karaoke einen schönen Abend verbrachten. Die Darbietungen waren sogar noch besser als im Shamrock Irish Pub in Passau. Da blieben wirklich keine Wünsche offen.

4

„Im Kommunismus waren die Beatles verboten."

Von Bukarest nach Sofia,
über Russe

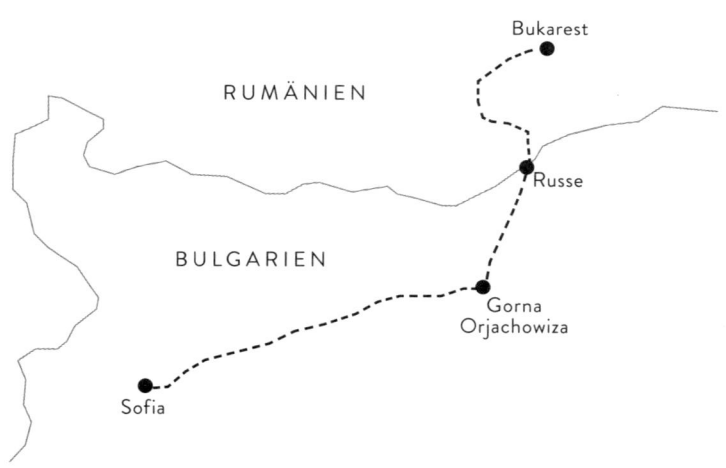

Als wir aus dem Mojo zurückkamen, funktionierte die Heizung immer noch nicht. Auch nicht am nächsten Morgen. Es gab kein heißes Wasser. Daher duschten wir kalt und gingen zu Fuß zum Bahnhof, wo wir den 10.50-Zug nach Russe in Bulgarien nehmen wollten.

Ein paar Nachtschwärmer waren noch auf den Straßen unterwegs, rauchten auf dem Platz in der Nähe des Lovely Loft Apartment und stritten wild gestikulierend über etwas. Die Straßen waren leer bis auf ein paar vorbeirasende Autos mit getönten Scheiben. Eines davon hatte hellgrüne Radkappen und ein Totenkopf- und Sheriffstern-Bild auf der Seite mit der Aufschrift: „LIVE WITHOUT LIMITS", während ein anderes einen muskulösen Oberkörper mit Totenkopf zeigte sowie die Aufschrift „NEVER BACK DOWN". In der rumänischen Hauptstadt gab es einige Leute, mit denen man sich wohl besser nicht anlegen sollte.

In einer alten Klapperkiste
Von Bukarest nach Russe

Der 10.50-Zug, mit Ankunft um 13.45 Uhr in der bulgarischen Stadt Russe südlich von Bukarest, war eine alte Klapperkiste voller Graffiti, die sich auch über die Fenster zogen, die Scheiben waren teilweise gesprungen, was ganz bestimmt nicht den Sicherheitsbestimmungen zu Hause in England entsprochen hätte. Schmale lilafarbene Sitze, deren Nummern man mit einem Stift daneben an die Wand geschrieben hatte, waren zu Vierergruppen angeordnet und teilweise erhöht. In einem solchen Bereich saßen wir im vordersten Wagen, der weitgehend leer war. Vor uns sahen wir die Silhouette des Zugführers, wie er über die Steuerkonsole gebückt dasaß. Die Tür zum Fahrgastabteil stand weit offen. Auch das wäre zu Hause sehr wahrscheinlich nicht erlaubt.

Pfeifend und stockend fuhr der Zug vorsichtig unter einem bleigrauen Himmel hinaus in die Vororte von Bukarest. Wir kamen an verrosteten Waggons auf vergessenen Abstellgleisen vorbei, einer langen Mauer mit verblassten Graffiti, einer halb eingestürzten Fabrik zur Linken. Zur Rechten sahen wir einige kleine Hütten, in denen früher vielleicht die Fabrikarbeiter gewohnt hatten; heute waren sie überwuchert, als würden sie langsam mit der rumänischen Landschaft verschmelzen. Wir durchquerten Ackerland, auf dem vermutlich Kartoffeln angebaut wurden, und erreichten schließlich angenehm unberührte Landschaft.

Ich stand auf, weil ich mir die Aussicht aus dem Führerstand ansehen wollte.

Den durfte man natürlich nicht betreten, aber auch von der offenen Tür aus war es interessant, die Gleise vor uns zu betrachten, zwei metallisch glänzende Stahlreihen, die sich zum Horizont hin verjüngten. Der Zugführer war jung, mit einem Bürstenhaarschnitt und spitzen Ohren. Er saß in der Mitte der Kabine und damit genau mittig vor den Gleisen. Seine rechte Hand lag auf dem Geschwindigkeitshebel.

Es regnete, der Scheibenwischer glitt langsam mit einem dumpfen Geräusch hin und her. Die dicke Frontscheibe war auf der rechten Seite durchzogen von tiefen, spinnwebartigen Rissen um diverse Einschlaglöcher herum, die vielleicht von Steinen verursacht worden waren. Über den größten Schaden hatte man ein Stück Plastik geklebt, vermutlich, um Wind und Regen abzuhalten. War eine Lawine in den bergigeren Gegenden abgegangen und hatte den Zug getroffen? Oder hatten Teenager ihn aus Spaß mit Steinen beworfen? Ich fragte nicht nach, weil ich den Mann nicht ablenken wollte.

Eine Weile versuchte ich, mich in einen rumänischen Zugführer auf einer abgelegenen Strecke hineinzuversetzen, der für aneinandergereihte alte, klapprige, graffitibesprühte Wagen verantwortlich war. Es war ganz offenbar ein einsames Dasein. Stundenlang saß er vor den endlosen Gleisen, drückte Knöpfe, regulierte die Geschwindigkeit, während er durch die gesprungene Scheibe starrte. Kein Abweichen nach links oder rechts, nur geradeaus durch die einsame rumänische Landschaft, über Ebenen, bis zum Schwarzen Meer oder in die Berge (weiter nördlich im Land). Vierzig Jahre vielleicht bis zur Rente. Und wie viele Kilometer würde er in dieser Zeit fahren? Dafür musste man geschaffen sein.

Der Zug hielt in Videle. Eine rumänische Flagge hing an dem alten roten Backsteingebäude, vor dem ein paar halb zerbrochene Plastikstühle an der Wand befestigt waren. Ein Arbeiter mit einer Fellmütze mit Klappen – die über dem Kopf zusammengebunden waren, jederzeit bereit für die Kälte – schlenderte, die Hände in den Hosentaschen, über den Bahnsteig. Zwei Frauen mit Plastiktüten warteten auf den Zug nach Bukarest. In Videle war nicht viel los.

An Getreidesilos und einsamen Güterwaggons vorbei ratterte der Zug weiter nach Giurgiu, einer Stadt an der Donau. Auf der anderen Seite lag Bulgarien. Wir waren wieder bei dem mächtigen Fluss, den wir zuletzt in Budapest gesehen hatten.

Giurgiu lag vierundsechzig Kilometer südlich von Bukarest und hatte 1883 eine wichtige Rolle für den Orient-Express gespielt. Georges Nagelmackers hatte ein Auge auf die Stadt geworfen, da sie es ihm ermöglichte, Fahrten mit seiner Compagnie Internationale des Wagons-Lits von Paris in den „Osten" bis nach Istanbul durchzuführen. Bevor die Schienen nach Giurgiu verlegt wurden, war Wien die Endhaltestelle gewesen, mit Umstieg in München. Nagelmackers bot damals bereits Reisen an, bei denen die Fahrgäste um 18.30 Uhr vom Pariser Gare de l'Est abfuhren und am nächsten Tag um 23.20 Uhr in Wien ankamen. Als der Weg in die abgelegene rumänische Stadt an der Donau offenstand, handelte er schnell. Er wollte die Passagiere mit einer Fähre über die Donau nach Russe in Bulgarien bringen, wo bereits eine rudimentäre Eisenbahnverbindung zum Hafen und Badeort Warna am Schwarzen Meer bestand – keine ideale Lösung, da der Zug durch potenzielles „Banditenland" in Bulgarien fahren musste (einige Fahrgäste hatten deshalb Schusswaffen dabei). Dort wartete eine weitere Fähre nach Istanbul/Konstantinopel. Die gesamte Fahrzeit von Paris aus? Rund achtzig Stunden.

Es dauerte noch ein paar Jahre, bis die Reise nach Istanbul vollständig mit dem Zug über Wien, Belgrad und Plowdiw möglich war. 1889 benötigten die ersten direkten Züge 67 Stunden und 35 Minuten, und der Orient-Express kam nun so richtig in Fahrt.

Eine Reise nach Russe war also wie eine Reise auf den Spuren der ersten Passagiere im Oktober 1883.

Der 10.50-Uhr-Zug rollte weiter an Kartoffelfeldern entlang. Der Zugführer mit den spitzen Ohren hupte. Am Horizont erhob sich eine Reihe von Bäumen, die wie marschierende Soldaten aussahen. Ein Fahrkartenkontrolleur mit einer burgunderroten Krawatte und einem blauen Jackett überprüfte schließlich unsere Pässe.

David, ein junger Umweltstudent aus Münster, saß zwei Reihen weiter. Er trug eine Schildpattbrille und einen Kapuzenpullover mit der Aufschrift „HURRICANE" und saß mit ordentlich übereinandergeschlagenen Beinen da wie ein Oxford-Dozent, der gleich zu seinen Studenten sprechen würde. Seine Haare waren auf Künstlerart zerzaust, und er trug einen sorgfältig gestutzten „Designer-Fünf-Tage-Bart". Er war entspannt und schien sich insgeheim über etwas zu amüsieren. Auf seinem Interrail-Trip versuchte er, so wenig Geld wie möglich auszugeben, wie er mir erzählte.

„Ich suche immer nach dem günstigsten Hostel", sagte er nachdenklich, wie ein Professor, der Marx' Theorie des historischen Materialismus diskutiert. „In Budapest: neun Euro, und Frühstück war inbegriffen. Wenn ich an der Bar etwas trinke, bekomme ich kostenlos Brot dazu. Manche Hostels sind sehr schlecht: fünfzehn, zwanzig Euro und nicht so gut. Manche sind in Ordnung. Das Hostel war das beste."

Danny und ich verpulverten wahrscheinlich alle vierundzwanzig Stunden das, was er in fünf Tagen ausgab, und manchmal sogar mehr (und wir dachten, wir wären sparsam). Das Patio Hostel in Bratislava hatte neunundzwanzig Euro pro Person gekostet, unser persönliches Tief, das uns in Sachen mangelnder Komfort fast gebrochen hätte, mit Ohrstöpseln und einem Badezimmer am Ende des Flurs. David war mit seinen *neun Euro und dem kostenlosen Brot* auf einem anderen Level, als wäre er eine Art Interrail-Sparguru. Hatten wir hier den sparsamsten Zugreisenden Europas vor uns?

Ich drückte meine Bewunderung aus. Er winkte das Kompliment lässig ab, *als sei es nichts Besonderes, aber man könne ja vielleicht etwas daraus lernen.* Der Oxford-Dozent für preiswertes Zugfahren litt zwar nicht unter Selbstüberschätzung, war aber durchaus selbstbewusst.

David war bereits einen Monat lang durch Frankreich, Spanien und Portugal gereist und danach nach Hause zurückgekehrt, um zwei Prüfungen in Umwelttechnik abzulegen, bevor er zu einer sechswöchigen Reise aufbrach, die ihn bereits nach Prag, Wien, in die österreichischen Alpen, nach Ljubljana, Zagreb, Budapest und Bukarest geführt hatte. Er war auf dem Weg in die bulgarische Hauptstadt Sofia – wo auch Danny und ich nach Russe vorhatten zu halten – gefolgt von Istanbul und Athen. Wie eine Militäroperation, bei der jeder Tag sorgfältig durchgeplant war.

„Wenn ich Zeit habe und das Wetter mitspielt, möchte ich vielleicht den Olymp besteigen", sagte er. „Er ist zweitausendneunhundert Meter hoch und die Heimat der olympischen Götter."

Er sagte das beiläufig, aber auch irgendwie rätselhaft. Er wollte den Berg besteigen, um die griechischen Götter zu treffen. Und auch noch ein Ausflug ganz ohne Kosten.

David saß am zugesprühten Fenster, durch das er gerade noch nach draußen sehen konnte, wobei die Farben eine fast schon psychedelische Atmosphäre erzeugten und die Landschaft orange und lila färbten.

Er war ein Interrail-Bekehrter. „Zugfahren ist ein Abenteuer. Kein *Hoch in den Himmel, und in zwei Stunden ist man dann da.* Ich will alles sehen, was auf dem Weg liegt."

Mit dem Zug war das möglich, und günstig war es auch.

Was wollte er jetzt nach den letzten Prüfungen machen?

„Ich weiß es wirklich nicht, vielleicht als Nachhaltigkeitsberater arbeiten", sagte er und wirkte einen Moment besorgt wegen des schnöden Alltags, der am Ende seines Schienenabenteuers auf ihn wartete. „Manchmal träume ich davon, was ich in der Zukunft tun könnte." Er sah weiter aus dem Fenster. „Vielleicht ein Praktikum in einem Unternehmen."

In was für einem Unternehmen?

„Na ja, keine Ahnung", antwortete er, als wäre er überrascht, dass man ihn danach fragte.

Bukarest hatte ihm nicht gefallen. „Ich mag den Verkehr nicht", sagte er. „Und die Restaurants auch nicht. Ständig sagt jemand: *Komm rein und iss etwas, komm rein und iss etwas.* Das ist mir ein bisschen auf die Nerven gegangen." Auch er war von den Vertretern der Massagesalons angesprochen worden.

Er wechselte zurück zu seinem Lieblingsthema.

„Das Hostel hat dreizehn Euro gekostet", fuhr er fort, fast schon gequält bei der Erinnerung, dass es für diesen hohen Preis auch nicht besonders gut gewesen war.

Ein weiterer Minuspunkt für Bukarest.

Budapest war bisher seine liebste Station gewesen, die Stadt und das Neun-Euro-Hostel, in dem er auch einen Kumpel gefunden hatte. „Er heißt Luke und kommt aus Kanada", erzählte er. „Wir sind in eine Ruinenbar gegangen und haben Wein getrunken. Bis Mitternacht waren wir aus. Wir folgen einander jetzt auf Instagram."

Es mochte ja ein halbes Jahrhundert seit der Einführung von Interrail vergangen sein, doch die Pässe erfüllten immer noch ihren ursprünglichen Zweck: jungen Menschen die Möglichkeit zu geben, den Kontinent zu einem günstigen Preis mit dem Zug zu erkunden. Und mittlerweile auch älteren Menschen. Danny und ich waren uns einig – nachdem wir die Eurail-App erfolgreich gemeistert hatten –, dass Interrail eine richtig gute Sache war. Vor nicht allzu langer Zeit waren wir in St. Pancras International gestartet, und nun hier im tiefsten Osteuropa überwältigte uns die Freiheit, welche die Pässe boten: *Einfach dorthin zu fahren, wo auch immer die Schienen hinführen mögen* (und keine Etappe gleicht der anderen).

In Giurgiu Nord wurden unsere Reisepässe eingesammelt.

Der Bahnhof, ein prunkvolles ocker- und rosafarbenes Gebäude mit neoklassizistischen Bögen und einer mit Bäumen bepflanzten Rasenfläche, verströmte einen Hauch von verblasster Pracht, und für einen Moment konnte man sich vorstellen, wie 1883 die

Dampflokomotive mit dem Orient-Express einfuhr, voll besetzt mit von Nagelmackers sorgfältig ausgewählten Staatsmännern, Geschäftsleuten und Pressevertretern. Er hatte sich mächtig ins Zeug gelegt, um von den verschiedenen europäischen Eisenbahngesellschaften, darunter auch der Königlichen Rumänischen Eisenbahn, die Erlaubnis zu erhalten, seinen geliebten Zug bis nach Giurgiu fahren zu lassen.

Das Bahnhofsgebäude war bei aller Pracht auch etwas heruntergekommen, aber vielleicht war das schon immer so gewesen. George Behrend, ein auf den Orient-Express spezialisierter Eisenbahnhistoriker, fand keine lobenden Worte, sondern bezeichnete ihn als einen „seltsamen Ort in Rumänien, von dem niemand je gehört hatte, wo es eine Dampffähre über die Donau gab". Die ersten Fahrgäste, so schreibt er in seinem Buch *Große Expresszüge Europas: Die Geschichte der Wagons-Lits,* waren nicht gerade begeistert.

Sie wären wahrscheinlich auch nicht sehr beeindruckt von dem, was wir jetzt, Anfang des einundzwanzigsten Jahrhunderts, sahen: Die Grasfläche beim Bahnhof war nicht gemäht, von den Wänden blätterte die Farbe ab, Unkraut spross am Gleis. Ein schläfriger Bahnhofshund mit Ringelschwanz erhob sich, um den 10.50-Uhr-Zug aus Bukarest fragend zu mustern. *Kannst du mir irgendetwas bringen, das meinen Tag schöner machen könnte?* Nach einer Minute, in der er gehechelt und uns abschätzend, aber ohne Erwartungen beobachtet hatte, legte er sich wieder hin und ließ Kinn und eine Pfote über die Bahnsteigkante hängen. Der Zug würde ihm nichts bringen. Er war nur einer von vielen.

An dieser Stelle sei darauf hingewiesen, dass die ersten Fahrgäste von der Umgebung in Giurgiu und Russe nicht nur alles andere als beeindruckt gewesen waren – obwohl sie auf der Fähre über die Donau die Gesellschaft von nicht weniger als zwanzig Flaschen Wein zu schätzen wussten, die „von Herrn Nagelmackers' Steward entkorkt wurden, der sie aus dem Wagons-Lits-Keller entliehen hatte", wie Edmond About es ausdrückte –, sie mussten auch eine deutliche Verlangsamung des Zuges in Rumänien bemerkt haben, der zu diesem Zeitpunkt der Reise im Jahr 1883 seinem „Express"-

Anspruch nicht gerecht wurde. Die Durchschnittsgeschwindigkeit in Frankreich und Deutschland hatte bei etwa 72 km/h gelegen, während sie in Ungarn auf 48 km/h und in Rumänien auf
magere 32 km/h gesunken war, wie der Eisenbahnhistoriker Christian Wolmar in seinem Buch *Blood, Iron & Gold: How the Railways
Transformed the World* beschreibt.

Bei dem ersten „Expresszug" auf der Strecke handelte es sich
in Wahrheit um einen *langsamen Zug nach Istanbul.*

Danny begann zu schimpfen.

„Was soll das eigentlich? Uns aufhalten, nur um in ihr blödes
Land zu fahren. Wir sollten ihre Pässe kontrollieren", sagte er.

Doch das meinte er nicht so, vor allem hatte er Hunger. Er
konnte es kaum erwarten, zu Mittag zu essen, nachdem er online
ein passendes Restaurant namens Terassa in Russe gefunden hatte,
direkt am Wasser.

„Ein schönes Mittagessen an der Donau, ein teures Essen,
ein hervorragendes Essen, ein gutes Mittagessen am Fluss", sagte
er. Wie besessen war er von diesem hervorragenden, teuren – verglichen mit unseren früheren, weniger luxuriösen (billigen)
Mahlzeiten – Mittagessen. Eine Steigerung zum Frühstück bei
McDonald's. Er hatte seinen inneren Henri Opper de Blowitz wiederentdeckt.

Wir mussten nicht lange auf unser hervorragendes, teures
Mittagessen warten.

Der Zug ratterte an einer erbärmlichen Reihe von Wohnblöcken aus der Mitte des zwanzigsten Jahrhunderts vorbei und erreichte eine Stahlbrücke über die wie immer wild dahinströmende
Donau, die an dieser Stelle fast einen Kilometer breit war und mil-
chig schimmerte. Schiffe waren keine zu sehen. Richtung Osten
verlief der Fluss fast hundertdreißig Kilometer bis zum Schwarzen
Meer, im Nordwesten etwa tausendfünfzig Kilometer bis Budapest, oder vielleicht mehr, wenn man die Windungen einrechnete.

Unten, vor uns und zu unserer Rechten lag der Hafen von Russe
mit Kränen, die wie Robotergiraffen in die Höhe ragten. Wir kamen
an Schornsteinen und einer Schlange von Lastwagen vorbei, die auf

die Zollkontrolle warteten, sowie an einem alten hölzernen Waggon, der so baufällig war, dass er allein durch die Erschütterungen des 10.50-Uhr-Zuges aus Bukarest zusammenzufallen drohte. Mehr armselige Wohnblöcke standen auf der anderen Seite des Flusses in Bulgarien, sie waren höher als die in Rumänien und nicht ganz so heruntergekommen. Ein strenger Grenzbeamter in einer steifen grünen Uniform kontrollierte unsere Pässe, dann stiegen wir in Russe aus der alten Klapperkiste mit den zerbrochenen, besprühten Fenstern aus.

Aufkleber an einer Säule des Bahnsteigs, die ein verstörendes Wesen, halb Mensch, halb Hund, mit gefletschten Zähnen zeigten, verkündeten: „RUSE OUTLAWS, 100 PERCENT HOOLIGANS".

„Ich ziehe wieder meine Mütze über", sagte Danny schnell. „Ich muss dringend ärmer aussehen."

Insgesamt schien er einigen Teilen von Mittel- und Osteuropa misstrauisch gegenüberzustehen, obwohl wir – abgesehen vielleicht von dem brabbelnden Mann in der U-Bahn in Budapest – kaum belästigt wurden. Eigentlich gar nicht.

„Genießen Sie jede Minute in Russe!"

Russe

Manchmal hat man, wenn man mit dem Zug an irgendein abgelegenes Ziel fährt, Glück und stolpert über ein wahres Bahnhofsjuwel – eine der Freuden langer Bahnreisen.

So auch in Russe. 1955, ein Jahr nach der Einweihung der Giurgiu-Russe-Freundschaftsbrücke über die Donau, wurde auch der Bahnhof eröffnet, ein prächtiges, dreistöckiges Gebäude im Stil des Sozialistischen Realismus. Das bedeutete, dass alles fünfmal so groß wie nötig und von klassischer und unklassischer europäischer Architektur abgekupfert war. Das klang vielleicht nicht sonderlich prächtig, doch der Bahnhof von Russe war es trotzdem, einfach wegen seiner schieren Größe und Wucht. Die Architekten hatten eindeutig das große Ganze im Blick gehabt und weniger die Details.

In der Schalterhalle erhoben sich korinthische Säulen inmitten von hoch geschwungenen Bögen und Balkonen mit Balustraden, die einer toskanischen Villa zur Ehre gereichen könnten. Die Decke schien der Eingangshalle eines englischen Landhauses aus der Tudor-Zeit nachempfunden zu sein, oder vielleicht dem Hampton Court Palace, mit symmetrisch abgesetzten Rechtecken. Ein auffälliger großer Messingkronleuchter, wie man ihn sonst eher in einer Moschee vorfand, hing so tief, als hätte man ihn nachträglich angebracht, um den Raum über den Köpfen zu füllen. Statt Kerzen ragten Jugendstilfassungen mit Glühbirnen wie lange, dünne Tulpen in die Höhe.

Draußen stand ein vierunddreißig Meter hoher Glockenturm, der auch am Ufer des Canal Grande in Venedig nicht fehl am Platz gewesen wäre. Drei Stockwerke hohe korinthische Säulen schmückten die Fassade und erinnerten an den Parthenon in Athen. In einer Unterführung unter der Straße in Richtung Stadtzentrum prangte ein abstraktes Mosaik einer Stahlbrücke über einem Fluss, das vermutlich die Freundschaftsbrücke bei ihrer Eröffnung darstellen sollte.

Kurz gesagt, der Bahnhof war ein prächtiger, etwas lächerlicher, aber auch irgendwie wunderbarer sowjetischer Mischmasch. Online ließ sich nicht viel darüber finden. Eine Website namens Audiotravelguide.ro, die sich dem „rumänisch-bulgarischen Grenzgebiet" widmete, schloss ihre extrem positive Rezension etwas kurz, aber treffend mit den Worten: „Er sollte jedem Fremden auffallen."

Wir waren Fremde. Er war uns aufgefallen.

Der Bahnhof von Russe war ganz offenbar ein Liebhaberstück für diejenigen, die Bahnhöfe sammelten (also immer mehr Leute wie mich).

In einer Ecke der Schalterhalle befand sich die „International Railticket Agency".

Dort fanden wir heraus, wie wir am nächsten Tag nach Sofia kommen würden, nachdem uns die Frau in einer grünen Strickjacke am Schalter gerügt hatte. Wir hatten irgendetwas falsch gemacht, wussten aber nicht, was. Auf jeden Fall würden wir aber am nächsten Tag den 07.53-Uhr-Zug nehmen und um 14.43 Uhr in der bulgarischen Hauptstadt ankommen, wenn alles klappte.

Russe war ein besonderer Ort.

Wir wollten ihn mögen. Doch wir waren unsicher, ob es uns gelang.

Als Erstes gingen wir eine Straße entlang, die von freudlosen Wohnblöcken mit Satellitenschüsseln an den Fenstern gesäumt war. Außerdem sahen wir nicht weniger als vier Spielhallen und drei Sexshops. Wir landeten auf einem großen Platz mit diversen Brunnen, die alle nicht in Betrieb waren, und dem Gerichtsgebäude mit pseudogriechischen Säulen. Es gab auch ein paar elegante Gebäude im Stil der Neogotik und des Neorokoko mit Steinreliefs junger Frauen und bedeutender historischer Persönlichkeiten. Die Fassaden konnten allerdings einen neuen Anstrich vertragen. Das aufwendigste dieser Bauwerke hieß Dohodno Zdanie (übersetzt etwa „profitables Gebäude") und war 1901 mit Geschäften, einem Kasino, einem Theater und einer Kunstgalerie eröffnet worden.

Russe hatte damals eine Blütezeit erlebt, nach der Abspaltung Bulgariens vom Osmanischen Reich 1878 infolge des blutigen Aufstands, den das russische Zarenreich unterstützt hatte (das damals regionale christliche Interessen schützen wollte). Die Lage an der Donau machte es zu einer wichtigen Handelsstadt, und bald sollte hier das erste Kino Bulgariens (1911) sowie die erste Privatbank und Druckerei eröffnet werden. Die Eisenbahn nach Warna am Schwarzen Meer fuhr seit 1867 und war ein wichtiger Teil des „Aufstiegs von Russe".

Damals war die Stadt am Fluss wichtig gewesen, auch wenn die ersten Fahrgäste des Orient-Express dies nicht zu würdigen wussten. Der französische Journalist Edmond About war der Meinung, dass „Schaufel und Besen für Aufsehen sorgen werden, sollten sie je auf den Straßen zum Einsatz kommen".

Danny und ich schlugen uns rasch auf die Seite des Butter-aus-der-Normandie-liebenden Reporters.

Am Rand des Platzes mit den vielen Brunnen befand sich eine winzige Touristeninformation. Wir gingen hinein und fragten die Angestellte, ob die Information geöffnet hatte, nachdem die Frau mit einer Freundin redete und der Raum nur spärlich beleuchtet war.

„Ja, was wollen Sie?", fragte sie zerstreut.

Wir wollten einen Stadtplan.

Sie gab uns ein Exemplar. Dann suchte sie ein paar Broschüren zusammen: *Genießen Sie jede Minute in Russe!, Guide: Architektur, Tempel und Museen* sowie einen Guide für Geschäfts- und Wochenendreisen. Alle enthielten mehr oder weniger dieselben Informationen, nur ein wenig abgewandelt.

In Russe gab es nicht nur Bulgariens erstes Kino, sondern auch die erste Lederfabrik, Dampfbrauerei, Seifenfabrik, Strickfabrik, Versicherung, eine Fahrradfabrik und eine Brünierfabrik.

Sie sah uns an, als wäre damit ihre Arbeit erledigt.

Doch wir blieben, versuchten aus dem Stadtplan und den Broschüren schlau zu werden.

„Kommen Sie von einem Kreuzfahrtschiff?", fragte sie.

Kreuzfahrtschiffe legten oft in Russe an.

Nein, antworteten wir.

Sie musterte uns misstrauisch, ob sie uns wohl glauben könnte, wirkte dann aber zufrieden und erleichtert. Wahrscheinlich war sie froh, dass nicht gleich noch Touristenhorden kommen und sie nach Stadtplänen und Broschüren fragen würden.

Ich blätterte in einem Flyer und sagte, ich würde gern das Haus der Familie von Elias Canetti (1905–1994) ansehen, dem berühmten Schriftsteller, der in Russe geboren war und für seine Bücher mit scharfsinnigen Beobachtungen von Menschen den Literaturnobelpreis erhalten hatte. Wusste die Angestellte vielleicht, wo es sich befand?

„Dazu kann ich Ihnen keine Auskunft geben", erwiderte sie. „Ich war dort noch nicht."

Wirklich?

„Ja, wirklich", sagte sie.

Sonst noch was?, schien ihr Blick zu sagen.

Ich fragte sie nach dem alten Bahnhof für den Zug nach Warna, wo sich die ersten Passagiere des Orient-Express eingefunden hatten.

„Der steht auf dem Stadtplan", erwiderte sie und sah zu dem Plan in meinen Händen.

Ein erneuter Blick: *Sonst noch was?*

Uns fiel nichts mehr ein.

Danny und ich dankten ihr für ihre Hilfe und gingen Richtung Fluss, wobei wir nach einer Weile an einem Barbershop (Angebot: „Gentleman Cut & Shave") mit dem ungewöhnlichen Namen „HairFuckers" vorbeikamen und schließlich zu einem hohen Hotelbau aus den Sechzigern, dem Grand Hotel Riga.

Von außen sah unsere Unterkunft für die Nacht seelenlos aus, doch die Zimmer waren modernisiert, auch wenn die Einrichtung in zum Äußeren passenden Grautönen gehalten war. Vom Fenster hatte man einen herrlichen Blick auf die Donau. Der breite Strom floss friedlich und schlammgrün dahin, nicht mehr weit von seiner Mündung ins Schwarze Meer entfernt, über zweitausendachthundert Kilometer nach seinem Ursprung im Schwarzwald (nicht weit von Straßburg).

Das – und der überraschende Bahnhof – war bisher das Beste an Russe.

Wir schlenderten am Fluss entlang zum Restaurant Terassa und aßen Schweinelenden mit Knoblauchkartoffeln und Karotten, tranken dazu Rotwein und blickten über die Donau zu den rumänischen Wäldern am anderen Ufer. Im Hintergrund spielte bulgarische Popmusik. Das war unser Gourmetessen. Es schmeckte ausgezeichnet. Danny wirkte sehr zufrieden. Ich war sehr zufrieden. Russe wurde immer besser.

Während wir noch einen Kaffee tranken, fragte ich Danny, ob er sich den alten Bahnhof ansehen wolle, in dem auch das bulgarische Eisenbahnmuseum untergebracht war.

„Nein danke", erwiderte er.

„Bist du dir sicher?"

„Absolut", sagte er.

„Wirklich?"

„So sicher wie noch nie im Leben", beharrte er.

Also ging ich allein zu dem alten Bahnhof, nur um dort zu sehen, dass die Angestellten vor dem Gebäude auf einer Bank saßen und zum Aufbruch bereit waren. Es war zehn Minuten vor Schließung. Sie wirkten erschrocken, als ich, ein Tourist, der ihre alten Züge besichtigen wollte, vor ihnen auftauchte. Touristen schienen in Russe eher eine Unannehmlichkeit zu sein. Eine Frau in rotem Pullover und Jeans, die aussah, als würde man ihr besser nicht in die Quere kommen, sagte: „Ja?"

Ich verstand das als Frage, was ich im Museum wollte, weshalb ich antwortete: „Ich würde gern das Eisenbahnmuseum besichtigen."

„Das kostet fünf Lew, und wir schließen gerade."

Ich suchte in meiner Tasche und merkte, dass ich noch gar keine Lew hatte. Nur einen Fünf-Euro-Schein, was zehn Lew entsprach. Als die respekteinflößende Frau im roten Pullover den Schein sah, den ich ihr anbot, lächelte sie träge und sagte: „Lew! Lew! Bulgarien!"

Sie wollte mich nicht hineinlassen.

Ich fragte ihre Kollegen auf der Bank, ob sie fünf Euro gegen fünf Lew tauschen konnten. Alle sagten, sie hätten keine Lew. Gar keinen. Ich sah sie an. Sie sahen mich an, die personifizierte Unschuld. Eine Pattsituation. Wieder bot ich der Frau meine fünf Euro an und erklärte ihr, dass sie zehn Lew wert waren. Sie schüttelte den Kopf. „Lew! Bulgarien!"

Also machte ich, sehr zum Missfallen der Museumschefin, ein paar Fotos von einigen der Lokomotiven aus dem neunzehnten Jahrhundert, die vor dem Gebäude standen. Dann sah ich mir rasch das graue Bahnhofsgebäude aus dem Jahr 1866 an und versuchte mir vorzustellen, wie eine Horde Passagiere des Orient-Express 1883 in dieser abgelegenen Stadt am Fluss ankam und sich über die vor ihr liegende Fahrt Gedanken machte. Nicht nur fürchtete man mögliche Raubüberfälle, sondern auch, was in so einer kleinen Stadt wohl an Essen serviert werden möge. Vielleicht hatte vor allem Henri Opper de Blowitz diese Frage in den Raum gestellt.

Tatsächlich hatte man den Reisenden während eines Zwischenstopps in der abgelegenen Stadt Scheytandjik zähes Rebhuhn und einfachen einheimischen Wein serviert. Edmond About war nicht beeindruckt: „Uns wurden Rebhühner serviert, die selbst der Teufel nicht zerlegen könnte, und dazu ein lokaler Wein, der des Teufels Mühe nicht wert war." Er gab der Stadt Scheytandjik den Spitznamen „der kleine Teufel".

Das Wort „Teufel" schien es Monsieur About angetan zu haben.

Ich kehrte ins Hotel Grand Riga zurück.

Danny fragte: „Wie war es im Museum?"

„Super", log ich.

Dann zogen wir noch einmal los, sahen uns das üppig verzierte neogotische Canetti-Haus an – in dem Canettis Vater und Großvater einen Lebensmittelladen betrieben, er selbst aber nicht gewohnt hatte (jetzt war es ein Kulturzentrum, das nur an bestimmten Tagen öffnete) – und fanden schließlich am Hauptplatz ein Restaurant, nachdem uns einige andere wegen mangelnder freier Tische abgewiesen hatten.

Es war Samstagabend. Der Platz war verlassen, die Restaurants jedoch voll. Nirgends war Platz für zwei Interrail-Touristen aus dem 10.50-Uhr-Zug aus Bukarest, außer in einem Lokal, in dem ein mürrisch wirkender Mann ein Bier trank. Er war der einzige Gast. Wir konnten nur ahnen, was das über das Etablissement aussagte, nachdem alle anderen Restaurants in Russe aus den Nähten platzten. Wir bestellten Chicken Kavarma (ein Eintopf aus Schweinegulasch oder Huhn, Zwiebeln, roter und grüner Paprika, Pilzen und Petersilie) von der Karte mit „traditioneller bulgarischer Küche", bei einer Bedienung, die einen Abschluss in maximaler Ausdruckslosigkeit gemacht haben musste.

Das Chicken Kavarma dauerte ewig, obwohl wir quasi die einzigen Gäste waren.

Der andere Mann bestellte noch ein Bier.

Wir bestellten noch ein Bier.

Das Bier kam schnell.

Wir warteten auf unser Chicken Kavarma.

In dieser Zeit endete eine Seifenoper, die auf dem Fernseher in der Ecke lief, und bizarrerweise begann danach eine Kochshow mit den britischen Köchen Jamie Oliver und Mary Berry. Die beiden diskutierten darüber, wie sie ein bestimmtes Nudelgericht kochen wollten, doch niemand sah ihnen dabei zu. Der andere Mann starrte auf sein Handy.

Jugendliche mit Kapuzenpullovern marschierten über den Platz. Waren das die „RUSE OUTLAWS, 100 PERCENT HOOLIGANS"?

Während wir darüber nachdachten, stieß die Kellnerin mit dem leblosem Blick mit einem Kollegen zusammen und ließ dabei mehrere Teller mit Essen fallen, das irgendwie vor unserem Chicken Kavarma zubereitet worden war, obwohl die anderen Gäste erst nach uns eingetroffen waren. Eine andere Gruppe war ebenfalls schon bedient worden.

Als sie das Klirren der Teller hörte, legte die ältere „Buchhalterin" des Restaurants, die kettenrauchend in einer Nische saß und auf Gäste wartete, die die Rechnung zahlen wollten, den Kopf in die Hände, als würde sie still weinen.

Wir warteten weiter auf unser Chicken Kavarma.

Die Jamie-Oliver-und-Mary-Berry-Show war zu Ende.

Die nächste Seifenoper begann.

Noch mehr Jugendliche mit Kapuzenpullovern gingen vorbei.

Etwa eine Stunde nach unserer Bestellung wurde uns das Chicken Kavarma von der Bedienung ohne jede Gefühlsregung serviert. Es schmeckte zwar gut, doch wir waren so ausgehungert, dass wir es in Rekordtempo verschlangen, was die Bedienung zu überraschen und zu befremden schien. Offenbar war das Herunterschlingen von Chicken Kavarma ein sehr unhöfliches Verhalten für Touristen.

Es war fast zehn Uhr abends. Der allein sitzende Mann bestellte noch ein Bier. Wir bestellten auch noch zwei Bier, für jeden das dritte an diesem Abend. Bald darauf folgte die erste Flasche Wein. Sonst gab es ja nichts zu tun.

Der Mann, unser neuer Freund (oder was wir hier in dieser entlegenen Ecke von Bulgarien finden konnten), sah beifällig zu uns hinüber.

Wir nickten ihm genauso beifällig zu.

Dann bezahlten wir bei der kettenrauchenden Buchhalterin in ihrer Nische, winkten dem Mann zu, der jetzt ein wenig besser aufgelegt zu sein schien, und kehrten in unser Hotel aus der Ära des Kommunismus zurück.

Um ganz ehrlich zu sein, hatte uns Russe – Sie haben es vielleicht schon geahnt – nicht völlig überzeugt.

Im Saunazug
Von Russe nach Sofia

Durch die düstere Schalterhalle des Bahnhofs hallten dumpfe Ankündigungen auf Bulgarisch.

„Vielleicht sagen sie auch *Geht alle nach Hause,* wir wissen es nicht", meinte Danny, womit er durchaus recht hatte.

Draußen prasselte der Regen.

Auf der Anzeigetafel erschien das Gleis für den Zug nach Sofia.

Wir gingen zu Gleis eins, von dem aus man einen futuristischen Fernsehturm im Süden und das Schwarz-Weiß-Muster am Rand der Bahnsteige neben den Gleisen sah.

Dieses Muster konnte man überall in Rumänien finden, und der Grund dafür war kaum ersichtlich, doch es ließ die Bahnhöfe ordentlich erscheinen. Vielleicht war das der einzige Grund, neben dem, die Fahrgäste auf die Bahnsteigkanten aufmerksam zu machen.

Ein schmutziger cranberryroter Zug der BDZ (der staatlichen bulgarischen Eisenbahngesellschaft) mit safranfarbenen Streifen tauchte aus der Düsternis auf. Das war unser Zug. Wir waren die einzigen Touristen auf dem Bahnsteig.

„Ich bin froh, dass wir hierhergefahren sind", sagte Danny plötzlich aus heiterem Himmel. Vielleicht war es sein Unterbewusstsein, das seine Freude darüber ausdrückte, dass wir weiterreisten. Wieder einmal trug er seine Armer-Mann-Mütze. „Das haben bestimmt nicht viele Menschen gesagt."

Wir stiegen in den 07.53-Uhr-Zug nach Sofia, wo er um 14.43 Uhr ankommen sollte, wobei wir in Gorna Orjachowiza umsteigen mussten.

Zwischen Russe und Sofia lagen zwanzig Haltestellen. Ein fröhlicher Zugbegleiter kontrollierte unsere Pässe. Wie immer war alles in Ordnung. Wir hatten ein Abteil für acht Passagiere mit königsblauen Sitzen und pistazienfarbenen Wänden für uns.

Es war heiß, richtig heiß. Wir zogen unsere Pullover aus und passten uns an die Sahara-Temperaturen an, während der graue Himmel Osteuropas jenseits der schmutzigen Fenster vorbeizog.

Hinter dem beschmierten Glas tauchte am Stadtrand von Russe ein Palettenlager auf, dann ein Geschäft für Gartendekoartikel, das auffällige, drei Meter breite Betonadler und lebensgroße Betonbären verkaufte – vielleicht der letzte Schrei in den Vororten im Nordosten Bulgariens. Durch gepflügtes Ackerland hindurch fuhren wir bis nach Dolapite, wo ein großer schwarzer Hund den Zug anbellte. Zu unserer Überraschung sahen wir Hügel, nachdem die Landschaft auf dem Weg von Rumänien nach Bulgarien lange einfach nur flach gewesen war. Ich ging auf die Toilette, und als ich sie wieder verlassen wollte, ließ sie sich nicht öffnen. Kurz glaubte ich leicht panisch, auf dem Klo eines bulgarischen Regionalzugs aus der Mitte des zwanzigsten Jahrhunderts auf dem Weg in die bulgarische Hauptstadt gefangen zu sein. Nach einer gefühlten Ewigkeit wurde mir dann allerdings klar, dass man den Griff nicht drehen, sondern zur Seite schieben musste.

Am Bahnhof Morunitsa gab es keinen Hund, aber eine rotbraune Katze schlief friedlich auf der Fensterbank der Bahnhofsaufsicht. Andere Fahrgäste liefen über die Nachbargleise. Schwarze Lederjacken, schwarze Hosen und schwarze Pullover schienen bei den einheimischen Männern eines gewissen Alters der letzte Schrei zu sein, die ihre Habseligkeiten in Plastiktüten mit sich trugen, wohingegen Frauen eines gewissen Alters schwarze, fast knielange Daunenjacken mit Kunstpelzkapuzen, schwarze Jeans und oftmals rot gefärbte Haare bevorzugten. Die Mitarbeiter der Zugaufsicht trugen rote Schirmmützen mit goldenem Band und hielten Holzstäbe mit einem runden roten Symbol am Ende. Diese wurden hin und her geschwenkt, bis alle Fahrgäste entweder aus- oder eingestiegen waren, dann gesenkt, und der Zug fuhr weiter. Zu den Schirmmützen trugen die Bahnhofsmitarbeiter schwarze Uniformen, manchmal mit marineblauen Jacken gegen die Kälte.

In der Nähe des Bahnhofs Polski Trambesh sahen wir einen Gärtner in einem öffentlichen Park mit einem Pferd, das einen Wagen mit seinen Arbeitsgeräten zog. In der Nähe des Bahnhofs Radanovo verbanden unbefestigte Straßen ein Viertel mit bescheidenen Holzhäusern. Nach dem Halt in Yantra ratterten wir an einsturzgefährdeten Gebäuden mit Ziegeldächern vorbei durch lange, hügelige Landschaften, auf denen sich endlos dunkelbraune gepflügte Felder erstreckten.

Wir mochten uns zwar in der Europäischen Union aufhalten, doch es fühlte sich nicht danach an.

Das Abteil war immer noch glühend heiß. Wir hatten herausgefunden, dass die sengende Luft aus einer Ritze direkt unter meinem Sitz kam, und ich entfernte mich so weit wie möglich davon. Nachdem wir es mit einem verbeulten dreieckigen Bedienfeld an einer Wand versucht hatten, das zunächst Hoffnung auf Linderung gemacht hatte, ließen wir die Tür des Abteils offen, in dem Versuch, etwas von der Saharahitze hinauszulassen. *Chaud* (heiß), *froid* (kalt) und *moyen* (mittel) lautete die verblichene Aufschrift auf Französisch. Doch die alte Armatur schien zu klemmen.

Schwitzend las ich die aktuellen Nachrichten in der britischen Presse.

Mittlerweile wurde auch in Großbritannien gestreikt. Die Assistenzärzte des National Health Service kündigten einen viertägigen Ausstand an, weshalb wichtige Operationen gestrichen werden mussten. „NEUER ALBTRAUM FÜR PATIENTEN" lautete die Schlagzeile der *Sunday Times*.

Den *Nachrichten* – jeglicher Art – konnten wir nicht entkommen.

Selbst in einem alten Zug an einem regnerischen Tag mitten in Bulgarien, in einem Abteil, das ungefähr vierzig Grad heiß sein musste, war „die Welt" in unseren Taschen – was dem Reisen eine neue Dimension verlieh. Man konnte gar nicht erst so tun, als gäbe es die „Welt" nicht. Sie war zum Teil der Reise geworden. Die „Welt" gesellte sich dazu, zumindest wenn man sie ließ.

Wir erreichten Gorna Orjachowiza, wo die Passagiere, die nach Bukarest weiterfuhren, ausstiegen.

Der Bahnhof war langweilig und zweckmäßig, ein Betonblock mit einem kleinen Café. Daneben befanden sich ein „SPIEL-AUTOMATEN, POKER, LOTTO"-Laden und ein Platz, auf dem in einer Ecke Männer in Schwarz Geschäfte abzuwickeln schienen. Deprimierende Wohnblöcke standen neben den Gleisen, davor saßen dick eingepackte alte Frauen auf Bänken und unterhielten sich. Es war ungefähr zehn Grad kalt.

Im Café gab es Hell-Energydrinks bei einem Pappaufsteller von Bruce Willis, der gleichzeitig verwegen und fragend dreinblickte, während er eine Dose Hell-Energydrink in der Hand hielt. Außerdem gab es Kuchen mit brauner und rosafarbener Glasur. Das Café war leer. Wir holten uns zwei Kaffee, stiegen in den 11.00-Uhr-Zug nach Sofia und setzten uns an einen Vierertisch, an dem bereits eine Frau in einem rosafarbenen Adidas-Oberteil saß und auf ihrem Handy einen Film ansah.

Rückwärts zur Fahrtrichtung ratterten wir an dunkelbraunen, gepflügten Feldern unter einem leuchtend blauen Himmel vorbei. Es schien ein warmer Tag zu werden, während das Abteil – dieses Mal – eine moderate Temperatur hatte. Die Landschaft wurde hügeliger. Wir hielten in Lewski und Plewen. Ab und zu waren Solarparks zu sehen, die die Umgebung ordentlich wirken ließen. Insgesamt sah jedoch alles sehr baufällig aus, vor allem in der Nähe von Städten, wo wir oft abgerissene Fabriken, halb eingestürzte Schornsteine, verwitterte alte Getreidesilos, heruntergekommene Gebäude und verrottende Bahnschuppen sahen. Überall in Bulgarien standen auch die typischen Plattenbauten aus der Zeit des Kommunismus, auf deren Balkonen Wäsche im Wind flatterte, als wären es Fahnen der Bewohner zum Zeichen der Kapitulation.

Auf den vierten Platz an unserem Tisch setzte sich eine Frau, auf deren T-Shirt zu lesen war: „THE LESS YOU TALK, THE MORE PEOPLE THINK ABOUT YOUR WORDS", je weniger man spricht, desto mehr denken die Leute über deine Worte nach. Sie hielt sich daran und schwieg. Ein Zugbegleiter mit einem hängenden Schnauzer kontrollierte unsere Fahrkarten. Unsere Pässe scannte er gar nicht erst.

„Vielleicht hat er keinen Scanner", meinte Danny.

Berge mit schroffen Kanten und wunderschönen rötlichen Schattierungen erhoben sich in der Landschaft. Dörfer mit Ziegeldächern drängten sich an die Ausläufer. Wenn man die Felsen lange genug ansah, glaubte man, geisterhafte Gargoyle-Gesichter im Granit zu erkennen. Wir überquerten den Fluss Iskar, der sich von weiß schäumenden Fluten zu einem grünen, sanft dahinfließenden Strom wandelte. Der Zug rollte rhythmisch rumpelnd dahin, wie ein Trommler, der einen Marschrhythmus übt.

Auf der anderen Gangseite saß eine Frau mit ihrer Tochter. Sie trug eine herzförmige Sonnenbrille, die sie nie abnahm, ein rotes T-Shirt mit der Aufschrift „RECKLESS" – rücksichtslos – und einen Minirock, der kaum mehr als eine Serviette um ihre Hüften war. Sie tippte ständig auf ihrem Handy herum.

Langsam schlängelten wir uns durch eine Schlucht und fuhren bergab, der Trommler verstärkte den Takt. Weitere Ruinen zogen an uns vorüber. Wohnblöcke ragten in den Vororten von Sofia auf. Seit 1989, als Bulgariens Staatschef Todor Schiwkow abgesetzt und ein demokratisches Mehr-Parteien-System eingeführt wurde, waren viele Jahre vergangen, doch das Erbe seines Regimes – nicht so unbarmherzig oder protzig wie Ceaușescu, aber er war bei Weitem kein „netter Typ" gewesen – war deutlich zu sehen, und das Land litt immer noch, genauso wie Rumänien, an chronischer und weit verbreiteter Korruption.

Der Zug wurde langsamer und fuhr in den Hauptbahnhof von Sofia ein.

„Einer dieser Momente, in denen alles einfach gut ist."

Sofia

Wir waren beide das erste Mal in der bulgarischen Hauptstadt. Würden wir ein zweites Bukarest zu sehen bekommen? Mehr deprimierende vielspurige Hauptstraßen, Betondschungel, schnelle Autos mit getönten Scheiben und ein anrüchiges Nachtleben mit Junggesellen- und Junggesellinnenabschieden?

Der erste Eindruck war nicht gut. Nach den Plattenbauten in den Vororten war der Bahnhof eine Betonmonstrosität mit einer großen Halle und einem hässlichen, gezackten und sehr hohen Denkmal vor dem Gebäude. Auf einem Absatz auf etwa einem Drittel der Höhe stand eine Statue einer wohl „idealen" kommunistischen Mutter mit einem Kind. Die Gesichter der beiden waren perfekt symmetrisch, mit hohen Wangenknochen, weit auseinanderstehenden Augen und völlig ohne Ausdruck, abgesehen vielleicht von einem Hauch Selbstgefälligkeit und stählerner innerer Stärke: *Wir werden im Kommunismus weiterkämpfen und uns nicht beschweren,* so schien die unterschwellige Botschaft zu lauten.

Die Umgebung war heruntergekommen. Läden waren mit Brettern vernagelt, hässliche Graffiti von Frauen mit Gewehren und Botschaften wie „XL CREW!" prangten überall. Wir überquerten eine viel befahrene mehrspurige Straße und folgten ihr zum Princess Casino, vor dem wir stehen blieben. Der Eingang des Kasinos war auffällig gestaltet nach Art eines griechischen Tempels mit einem roten Teppich davor. In der Nähe lungerte eine große Frau in einem Minirock und einer Pelzjacke herum, und ein schwarz gekleideter Türsteher, der wie ein Gewichtheber aussah, warf mir einen Blick mit der Botschaft zu, dass die neuen Störenfriede in seinem Leben (wir) besser verschwinden sollten. Ich machte ein Foto von dem „griechischen Tempel", worauf der Türsteher zuckte, als würde er seine Muskeln anspannen – was wir als Zeichen nahmen, uns tatsächlich schnell zu entfernen. Es hatte keinen Sinn, gleich am Anfang unseres Besuchs in der bulgarischen Hauptstadt Kasinotürsteher gegen uns aufzubringen.

Es war nicht weit über eine Brücke, die von bronzenen Löwen bewacht wurde, an Werbung für Bushmills-Whisky (die nordirische Marke schien beliebt zu sein), einer Moschee und dem großen neoklassizistischen Justizpalast vorbei zu unserem kleinen Business-Traveller-Hotel: dem Sofia Palace Hotel.

Hostels gehörten der Vergangenheit an (wir würden es nie mit David, dem Spar-Guru, aufnehmen können). Das Gleiche galt für Apartments, die eventuell über Heizung oder Warmwasser verfügten, vielleicht aber auch nicht. Schickere Hotels überstiegen unser Budget. Wir hatten unser natürliches Schlafhabitat entdeckt: preiswerte, harmlose Business-Hotels, wie sie von Vertretern und anderen Geschäftsreisenden bevorzugt werden. Sollte jemand ein Verzeichnis dieser Hotels erstellen oder vielleicht eine App entwickeln, wäre das sehr nützlich. Unsere Zimmer waren in beruhigenden karamellbraunen Farbtönen gehalten und mit winzigen Hufeisensesseln, Couchtischen und Schreibtischen samt Anschlüssen für Telefone und Laptops ausgestattet. Wir waren rundum zufrieden.

Doch wir verließen unsere karamellbraunen Zimmer gleich wieder. Als wir in die Altstadt von Sofia einbogen und die Brücke mit den bronzenen Löwen über den Fluss Wladajska überquerten, bot sich uns ein herrlicher Anblick: der schneebedeckte Gipfel des Witoscha. Der Berg, Teil eines Massivs, war 2.293 Meter hoch, und auf dem Gipfel konnte man Ski fahren. Er bildete eine schöne Kulisse für die Stadt, und zusammen mit den schmalen Gassen und altmodischen Häusern war uns Sofias Altstadt sofort sympathisch.

Der Berg übte eine geradezu magnetische Anziehungskraft aus. Wir gingen im warmen Sonnenschein darauf zu und erreichten bald einen langen, schmalen, rechteckigen Park, der am anderen Ende vom kantigen Nationalen Kulturpalast dominiert wurde, nach dem die Grünanlage benannt war. Das Konferenz- und Ausstellungszentrum aus der Sowjetzeit, das von Todor Schiwkows Tochter entworfen worden war, war kein schöner Anblick, den der restliche Park aber wieder wettmachte. Skateboarder, Hundespaziergänger, flanierende Liebespaare, Mütter mit Kinderwagen, Fußball spielende Kinder und Eltern, die von Bänken aus zusahen, bevölkerten die Anlage. Studenten und Jugendliche saßen im Schneidersitz im Gras oder auf den endlosen Bänken entlang der verzweigten Wege und tranken Bier. Ältere Menschen auch, wie wir bemerkten.

Wir beobachteten auch einige Bulgaren, die zu einer Straße am Parkrand pilgerten und mit Tüten voll Bier wieder zurückkamen.

Wir folgten ihnen zu einem Spirituosenladen namens 1001 Beers, kauften vier der 1.001 Biere und kehrten zu einer Parkbank zurück, wo wir die Welt im Sonnenschein an uns vorbeiziehen ließen, während die schneebedeckten Gipfel des Witoscha-Gebirges leuchteten. Wir sprachen nicht viel. Das mussten wir auch nicht. Die Leute zogen in der Nachmittagswärme die Jacken aus. Zum ersten Mal seit unserer Abfahrt aus London lag ein Hauch von Frühling in der Luft. Weiche grüne Knospen zeigten sich an Bäumen und Büschen. Eine vornehm aussehende Frau mit Sonnenbrille ging auf dem gepflasterten Weg an uns vorbei, mit einem perfekt frisierten Pudel im Schlepptau. Ein Studentenpärchen setzte sich zu uns auf die Bank und flüsterte sich gegenseitig Zärtlichkeiten zu.

„Das ist einer der Momente, in denen einfach alles gut ist", sagte Danny.

Ich stimmte ihm aus tiefstem Herzen zu.

Der Zug hatte uns von Russe aus gut dreihundertzwanzig Kilometer nach Südwesten gebracht, zu dieser sonnenbeschienenen Bank im Park des Nationalen Kulturpalasts, als wäre sie von vornherein das anvisierte Ziel gewesen. Und schließlich hatten wir den Plan, mit dem Zug nach Istanbul zu fahren, auf einer Parkbank geschmiedet – der Kreis schloss sich.

Wir brachen auf, als die Sonne unterzugehen begann, bewunderten den einfachen Steintempel der bulgarischen Märtyrer mit einem schwarzen Granitmonument, auf dem die 7.562 Menschen verewigt waren, die durch das totalitäre kommunistische Regime zwischen 1944 und 1989 ums Leben gekommen waren. Ein christlich-orthodoxes Kreuz zierte das Dach des Tempels. Damals waren viele verfolgt worden, die an ihrem Glauben festgehalten hatten.

In der Altstadt aßen wir einen Burger und gingen in die Rock'n'Rolla Bar, wo wir einem Sänger mit krausen Haaren und einer perfekt aufeinander eingespielten Band ein paar Songs lang in einem dunklen Keller zuhörten, bevor wir in unser karamellfarbenes Business-Hotel zurückkehrten.

Viel hatten wir nicht von Sofia gesehen, doch die Stadt war definitiv ein Fortschritt zu Russe (weitgehend).

Am nächsten Tag würden wir noch viel mehr sehen.

~

Wahrscheinlich haben Sie mittlerweile schon gemerkt, dass es bei dieser Reise nicht allein um Züge ging. Denn worin lag der Sinn, von A nach B nach C und D zu fahren, wenn man sich nicht in B, C und D ein wenig umsah? Auch wenn es nur kurze Zwischenstopps waren, machte man das Beste daraus. Je nach Fahrplan ging das mal besser, mal schlechter. Der Nachtzug von Sofia nach Istanbul fuhr erst um 18.40 Uhr, sodass wir noch den Tag zur Stadterkundung hatten.

Wir schlossen uns einer „Free Tour" durch Sofia an.

Bei einer solchen kostenlosen Stadtführung gibt man dem Guide am Ende so viel, wie einem seine Arbeit wert ist (oder gar nichts, wenn man ihn für nutzlos hält). Ich konnte Danny überreden, der trotz der nicht vorhandenen Teilnahmegebühr erst zögerte.

Und so verlief unsere „Free Tour" durch Sofia.

Um 11.00 Uhr traf man sich vor dem Justizpalast, neben den unter lautem Quietschen vorbeirumpelnden Trambahnen. Eine

Frau mit Sonnenbrille und einem Schild „FREE SOFIA TOUR" versammelte die Gruppe um sich (wir waren etwa zwanzig Teilnehmer).

„Als freier Mensch behalte ich mir die Möglichkeit vor, irgendwann abzuhauen und dich später wiederzutreffen", sagte Danny, als wir uns dazustellten. „Das alles haben wir nächste Woche doch sowieso schon wieder vergessen." Irgendwie passte das nicht zu ihm, wir hatten ja noch nicht mal was bezahlt. Er war schon mal enthusiastischer gewesen.

Unser Guide war eine kleine, entschlossene Frau in den Dreißigern namens Dessi, die einen lockeren weißen Rollkragenpullover trug, der ihr halbes Kinn verdeckte, eine Sonnenbrille mit blauem Rahmen und eine Daunenjacke. Sie lächelte breit und musterte ihre Schäfchen. Sie hatte alles schon mal gesehen. „Ihr könnt jederzeit gehen, wenn ihr Hunger habt oder euch langweilt, ich versuche dann, nicht zu weinen", sagte sie und schien in unsere Richtung zu blicken.

Dann spulte Dessi routiniert ihr Programm ab. Sie war in Sofia geboren und aufgewachsen und hatte einen Hund und außerdem eine Lizenz vom bulgarischen Tourismusministerium für die Führungen, die sie seit dreizehn Jahren abhielt. Während der Pandemie war es hart für sie gewesen, als keine Touristen gekommen waren, doch irgendwie hatte sie überlebt. Nach dieser kurzen Vorstellung zogen wir los.

Wir gingen zu römischen Mauern aus der Zeit, als Sofia noch Serdica hieß. Indirekt hatten die Mauern auch eine Verbindung zur Eisenbahn: Man hatte sie vor zehn Jahren beim Bau einer U-Bahn-Linie entdeckt. Dessi erzählte von den Nomaden, die vor vielen Jahrhunderten hier in der Gegend gelebt hatten, bevor die Römer gekommen waren, und wie die Osmanen im vierzehnten Jahrhundert eingefallen und „erst fünfhundert Jahre später wieder abgezogen waren", nämlich 1878 nach dem Russisch-Türkischen Krieg, der auch die Osmanen in Rumänien ausgelöscht hatte.

Danach schloss sich das Dritte Bulgarische Reich an, das bis 1946 andauerte, bis „der Kommunismus übernahm". Während des

Zweiten Weltkriegs schloss sich Bulgarien den Achsenmächten an, deportierte aber keine Juden in Konzentrationslager, erzählte Dessi uns, obwohl nachweislich über elftausend Juden aus Gebieten, die Bulgarien in Griechenland und Mazedonien bei Kriegsbeginn besetzt hatte, deportiert wurden. Nach der Kapitulation der Nationalsozialisten übernahmen die Russen die Kontrolle über das Land.

„1989 fiel die Berliner Mauer", fuhr Dessi fort. „Dann kehrte die Demokratie ein. 2004 traten wir der NATO bei und 2007 der Europäischen Union. Das waren jetzt siebentausend Jahre in fünf Minuten. Wenn ihr das überlebt habt, überlebt ihr alles." Sie meinte die kostenlose Führung.

Wir kamen zu einer großen Steinkirche mit Bogengängen und einer abgeflachten Kuppel mit Bleifenstern. In der Kathedrale Sweta Nedelja gab es „1925 einen Terroranschlag bei der Beerdigung eines Generals, bei dem fünfhundert Menschen verletzt wurden und zweihundert starben. Die Person, die das Ziel des Anschlags war, war nicht einmal anwesend, sie kam zu spät. Das sagt man Bulgaren übrigens oft nach." Sie meinte damit, dass Bulgaren oft zu spät kamen, nicht, dass sie üblicherweise Kirchen bombardierten.

Dessi ging weiter und sprach dabei über den Systemwechsel vom Kommunismus zur Demokratie im Jahr 1989: „Im Gegensatz zu Rumänien verlief alles viel friedlicher. Es wurde bekannt gegeben, dass Schiwkow zurücktreten würde. Er wusste da vielleicht nicht, dass er zurücktreten würde. Aber er tat es. Im Juli 1990 hatten wir unsere ersten demokratischen Wahlen."

Dessi führte uns zum einsamen Minarett und der Bleikuppel der Banja-Baschi-Moschee, an der wir am Tag zuvor in der Nähe des Princess Casino vorbeigelaufen waren: „Es ist die einzige aktive Moschee in Sofia. Fünf Jahrhunderte lang waren wir Teil des Osmanischen Reiches, aber nur eine Moschee. Man hätte mehr erwartet." Im ganzen Land gäbe es insgesamt fünfhundert, sagte sie.

Die Tour ging weiter zu einem wunderschönen alten Badehaus mit einer Kuppel, markanten burgunderfarbenen Streifen an den Mauern und senfgelben Verzierungen um die Bogenfenster. Es sah ein bisschen aus wie ein Marzipankuchen. Die Bäder, die über einer Quelle mit siebenunddreißig Grad warmem Wasser angelegt wurden – einer der Gründe, warum die Römer Sofia so geliebt hatten –, wurden 1986 geschlossen, nachdem die Kommunisten sie nicht instandgehalten hatten. Vielleicht weil man sie für Orte gehalten hatte, an denen sich Regimekritiker treffen konnten, um Kontakte zu knüpfen und Pläne zu schmieden.

Viele Einheimische waren darüber nicht glücklich, und es kam zu Protesten unter den Stammgästen. Bei dieser erfolglosen „Bademantelrevolution" trugen die Demonstranten ihre Bademäntel und schwenkten Plakate. Andere ehemalige Bäder im Stadtzentrum, die ebenfalls geschlossen worden waren, sollten wiedereröffnet werden, doch dieses hier, das Zentrale Mineralbad Sofia, wurde in ein Geschichtsmuseum umgewandelt. Viele Einheimische lehnten das Museum ab und wollten das Zentralbad zurück.

In Dessis Familie, so sagte sie, war man wegen der Kommunisten gespalten gewesen: „Einige liebten sie, andere hassten sie. Das ist im ganzen Land so. In meiner Familie waren sie vom Kommunismus begeistert. Mein Großvater war einer der besten Luftfahrtingenieure des Landes. Der Kommunismus bot ihm viele Möglichkeiten. Früher wusch er sich im Fluss. Dann besaß er eine Wohnung mit Bad. Das kommunistische Regime hat das möglich gemacht. Dennoch wurden Intellektuelle in Konzentrationslager gesteckt, um dort zu sterben. Wenn man die Verwandten dieser Menschen fragt, haben sie eine andere Meinung über den Kommunismus. Wir sagen also nicht, dass er der Vergangenheit angehört: Wir stehen immer noch auf verschiedenen Seiten und haben viele unterschiedliche Meinungen."

Danny und ich schlossen uns Dessi an der Spitze der Gruppe an, als sie in Richtung Sophienkirche und Alexander-Newski-Kathedrale ging, dem letzten Teil der Tour.

Sie sprach offen über die aktuelle Lage in Bulgarien: „Es ist das ärmste und korrupteste Land in der EU." Das jüngste Pro-Kopf-

BIP betrug 10.799 Pfund oder 30 Pfund pro Tag (in Rumänien waren es 34 Pfund). „Junge Leute stellen die aktuelle Situation infrage. Sie sagen: In einigen Ländern gibt es eine Mafia – in Bulgarien hat die Mafia ein eigenes Land."

Vor der roten Backsteinfassade der Sophienkirche, mit den goldenen Kuppeln der Alexander-Newski-Kathedrale im Hintergrund, erzählte Dessi der Gruppe, wie das kyrillische Alphabet im neunten Jahrhundert in Bulgarien entstand. „Ich möchte, dass ihr von dieser Führung zwei wichtige Fakten mitnehmt: Fünfzigtausend Juden wurden während des Krieges in Bulgarien gerettet, und wir haben ein Alphabet entwickelt, das heute weltweit von dreihundert Millionen Menschen verwendet wird." Sie hielt inne und fügte dann hinzu: „Oh, und noch ein wichtiger Punkt: Sofia wird Soo-fia ausgesprochen, nicht Sof-iia." Sie sah uns an, prüfend, ob davon irgendetwas angekommen war, und sagte: „Ich danke euch für eure Teilnahme und halte jetzt offiziell den Mund."

Sie war ein toller Guide und hatte uns viel Interessantes erzählt. Alle gaben Dessi Trinkgeld, und die Gruppe zerstreute sich.

Danny, jetzt ein „Free Tour"-Bekehrter, und ich bedankten uns bei ihr und sahen uns noch die Kirche und die glitzernde Kathedrale an. Vor dem Gebäude stand ein gewitzter älterer Mann mit roter Baseballkappe vor einem niedrigen Tisch, auf dem viel Nippes lag. Danny und mir gefiel, wie engagiert er seine Waren anpries.

„Was ist das?", fragte Danny und hielt einen interessant geformten Stein hoch, der ein Mineral sein könnte.

„Ein Stein", antwortete er.

„Und das?", fragte Danny und zeigte auf eine Medaille.

„Eine bulgarische Medaille", antwortete der Mann, bevor er sie sich widerwillig genauer ansah. Auf der Rückseite war das Bild eines Mannes mit hoher Stirn und Schnurrbart. „Georgi Dimitrow", sagte er, von 1946 bis 1949 bulgarischer Ministerpräsident. Die Medaille musste für irgendeine kommunistische Leistung verliehen worden sein.

„Und das?", fragte ich und blickte auf eine kleine Schmuckschatulle.

„Hm", sagte er schulterzuckend. Er war sich nicht sicher. Nachdem er sie untersucht hatte, sagte er zögerlich: „Für Schmuck."

Er warf mir einen Blick zu, *wollen Sie das jetzt?* Ich kaufte die kleine Schatulle für Dannys Tochter (mein Patenkind).

Danny kaufte noch etwas anderen Krimskrams aus der Sowjetzeit. Plötzlich lebhafter geworden, zeigte uns der Mann einiges aus seinem Angebot, darunter alte Uhren, die einen gewissen Retrocharme hatten, aber nicht funktionierten. Er blätterte durch alte Schallplatten, von Elvis, Rod Stewart, Michael Jackson und den Beatles, einige davon mit kyrillischer Beschriftung.

Der Mann hielt eine Platte hoch und sagte: „Unter dem Kommunismus waren die Beatles nicht erlaubt." Und doch gab es diese LP.

Wir gingen zurück zum Hotel, vorbei an Gruppen älterer Männer, die auf Parkbänken konzentriert Schach spielten. Einige der vielen Zuschauer tranken Wodka und Cola aus Flaschen, die sie unter den Bänken verstauten. Die Schachspieler hielten sich an Kaffee. Sie nahmen das Spiel ernst, wie man an den digitalen Uhren sah. Alle trugen Leder- und Daunenjacken. Alle waren im Rentenalter.

Es war ein berührender Anblick. Es war kalt, aber sonnig, und sie verbrachten miteinander eine gute Zeit.

5

Banditen, Spione und Kebap

Von Sofia nach Istanbul

Istanbul, der prachtvolle Höhepunkt der ursprünglichen Orient-Express-Route, war in Griffweite, wie wir bei einem Blick auf unsere treuen, ramponierten Exemplare der *Rail Map Europe* sahen. Bald hätten wir unser Ziel erreicht, den Punkt, an dem Orient auf Okzident traf, wie einem nahezu alle Artikel und Reiseführer über die Stadt erzählen.

Es war ein fantastisches Gefühl, dass wir als Männer mittleren Alters die zuerst verwirrende Eurail-App bezwungen, die nötigen Plätze reserviert und streikbedingten Stillstand in Frankreich und Deutschland gemeistert hatten und mehr oder weniger im Zickzack nach Lust und Laune durch Mittel- und Osteuropa gefahren waren, ohne wirkliche Verpflichtungen.

Istanbul, die frühere Hauptstadt eines Reiches, das von der Mitte des fünfzehnten Jahrhunderts bis in die 1920er-Jahre über weite Bereiche Europas geherrscht hatte, erstreckte sich an der glitzernden Meerenge des Bosporus. Wir steuerten auf den Osten zu, nachdem wir eines Morgens Ende März im Westen aus dem Haus gegangen waren und inmitten der Pendler im Londoner Stadtteil Camden die U-Bahn zum Bahnhof St. Pancras International genommen hatten.

Interrail war nicht nur etwas für junge Backpacker, und wir waren der Beweis.

Wir waren nicht jung.

Wir waren Interrailer.

Nach Sofia wollten wir Istanbul direkt ansteuern und dort einen gemeinsamen Tag verbringen, bevor Danny nach Hause fliegen und ich allein mit dem Zug zurück nach England fahren würde. Auf einer anderen Route, um den Kreis zu schließen. Eine Momentaufnahme von Europa von den Schienen aus.

Von der Türkei wollte ich nach Griechenland weiterfahren. Athen schien ein vernünftiger Halt auf dem Weg nach Patras zu sein, wo ich mit einer Fähre das Ionische Meer und die Adria zur Südspitze Italiens überqueren würde (praktischerweise galt der Interrail-Pass auch für die Fähren). Von Süditalien würde es dann nach Norden in die Schweiz gehen, weiter durch die Beneluxländer bis nach Hoek van Holland in den Niederlanden, von wo ich mit einer weiteren Fähre nach Harwich in Essex übersetzen würde. Von dort sollte es dann mit dem Zug heimwärts nach Südwestlondon gehen. Anfangs hatte ich eine Fähre von der Türkei nach Athen nehmen wollen, doch die fuhr Anfang April nicht. Deshalb würde ich von Istanbul zurück nach Bulgarien fahren und von dort nach Süden Richtung Thessaloniki in Griechenland.

Wagen 485
Von Sofia nach Istanbul

„Hier landen also die ganzen EU-Gelder", bemerkte Danny, als wir in Sofia mit der U-Bahn vom Park des Nationalen Kulturpalastes zum Hauptbahnhof fuhren.

Die Metro war blitzsauber, mit breiten Bahnsteigen, vielen Sitzplätzen und Lichtern, die kunstvoll geschwungen über die Decke verliefen. Dessi hatte uns gesagt, wir sollten uns auf eine angenehme Fahrt einstellen, und uns etwas zum Hintergrund und der Finanzierung erzählt. „Die Metro hätte in den Siebzigern schon fertiggestellt sein sollen, doch das hat sich verzögert. 1998 wurde sie dann schließlich eröffnet", hatte sie gesagt. „Grund für die Verzögerungen war, dass Bulgarien unter dem Kommunismus mehrere Male bankrott war. Mit den EU-Geldern – nur so ging etwas voran – konnten wir die letzte Linie eröffnen und die anderen verbessern. Die neue Linie hat vor drei Jahren den Betrieb aufgenommen. Sie ist klimatisiert. Das ist großartig."

Eine Fahrt im gesamten Netz kostete siebzig Pence. Was Danny und ich beide sehr gut fanden.

Von innen war der Hauptbahnhof sehr viel schöner, als das brutalistische Sowjetäußere vermuten ließ. 1974 erbaut, hatte man 2016 eine Rundumerneuerung vorgenommen. Jetzt schmückte eine eigentümliche „Palme" aus Lichtern die elegante Bahnhofshalle, es gab geschwungene Tische mit Sitzplätzen und moderne Kunst, die zu den alten Mosaiken aus der Sowjetzeit passte. Die ebenfalls neue Decke hatte eine leichte Fischschuppenoptik und sollte vielleicht die Akustik verbessern.

Links vom Haupteingang stand eine alte Dampflok, eine zweite – klein und rot-grün – in der Halle. Sie stammte aus dem Jahr 1918 und war von Henschel & Sohn in Kassel gebaut wurden, mit der Nummer 16012. Hardcore-Eisenbahnfans – kommt nach Sofia und hakt sie auf eurer Liste ab!

Wir aßen Pizzastücke in einem kleinen Café, in dem viele Mitarbeiter der bulgarischen Bahnpolizei saßen, und bestiegen den 18.40-Uhr-Nachtzug nach Istanbul. Natürlich hatte Danny seine „Überschuss"-Plastiktüte dabei, die er in Paris eingeführt hatte, nachdem er eingesehen hatte, dass sein Rucksack viel zu klein war.

Der Zug war weiß mit roten und blauen Streifen und wurde von der Staatsbahn der Türkischen Republik (TCDD) betrieben. Halbmonde mit Sternen aus dem Logo zierten die Fenster. Wir fanden unser fliederfarbenes Schlafabteil in Wagen 485, das wir mit Hugo und Roxanne teilten, einem fröhlichen jungen Pärchen aus Grenoble in Frankreich.

Wir begannen sofort eine Unterhaltung.

Das Paar war bemerkenswert offen und gesprächig, wir auch, nachdem wir auf vorherigen Fahrten untereinander genug über die ideale Welt philosophiert hatten und ein paar neue Impulse zur Wiederherstellung der Weltordnung brauchen konnten.

Wir sprachen über unsere Berufe.

„An meinem ersten Tag als Anwältin habe ich gleich wieder gekündigt", sagte Roxanne, die jetzt überlegte, wie es weitergehen sollte, daher auch die Interrail-Reise.

Bisher waren sie von Grenoble nach Zürich gefahren, dann mit dem Schweizer „Bernina Express" durch die Alpen nach Tirano, weiter nach Venedig, Triest, Ljubljana, Wien, Zagreb, Split, Dubrovnik, Belgrad und Sofia – auf den Fahrten in Kroatien und nach Serbien hatten sie auf Busse ausweichen müssen, nachdem es für die Strecken keine Zugverbindung gab. „Und jetzt sind wir hier", sagte Roxanne und sah aus dem Fenster, vor dem verfallene Fabriken und mit Graffiti beschmierte Getreidesilos vorbeizogen.

Roxanne hatte sich drei Jahre auf Straf- und Familienrecht spezialisiert und fragte sich nun, was ihr das noch nützen könnte. „Alles ist möglich", meinte sie.

Hugo sagte: „Ich bin Bauer, habe aber keinen Bauernhof. Ich bin ausgebildeter Ingenieur." Zu seiner Arbeit gehörte die Maximierung von Ernteerträgen, wozu genverändertes Saatgut und auch Pestizide in vertretbaren Mengen nötig waren. Davor hatte er als Produktingenieur für Decathlon gearbeitet, die französische Sportartikel- und Outdoor-Kette, hatte dann aber auf Landwirtschaft umgesattelt. „Wir sind aus dem gleichen Holz geschnitzt", sagte er, und er und Roxanne strahlten sich verliebt an. Beide schienen radikale Berufswechsel zu mögen. *Wirf alles hin und mach was anderes!*

Die beiden reisten mit schmalem Budget, übernachteten vielleicht sogar noch günstiger als David, unser deutscher Sparfuchs. Sie waren bei Couchsurfing angemeldet, einer Plattform, auf der man bei Leuten umsonst auf deren Sofas oder im Gästezimmer schlafen konnte.

„Manche wollen einfach nur Gesellschaft. Andere wollen einem helfen", erklärte Hugo. „In Belgrad hatten wir riesiges Glück und ein großes Zimmer mit einem Kingsize-Bett und wunderschönem Parkett. In Zagreb unterhielten wir uns mit dem Host – die meisten Anbieter sind Typen in den Dreißigern –, und er gab uns ein Bier, dann gingen wir alle in die Uni-Mensa, wo das Essen nur einen Euro gekostet hat."

Für die Fahrt nach Istanbul hatten sie eine bessere Kategorie gebucht als im Zug von Timişoara nach Bukarest, ebenso wie wir, wie uns jetzt erst klar wurde. Unser Abteil hatte zwei Stockbetten auf jeder Seite, die gerade weggeklappt waren, da die vier Sitze, auf denen wir momentan saßen, den Raum beanspruchten.

Hugo erzählte eine Weile von seiner Arbeit. „Programmieren oder Mikrotechnik, das ist die Zukunft", sagte er. „Ich bin ein intellektueller Typ, der gern mit den Händen arbeitet. Bei der Landwirtschaft geht es immer darum, etwas zu verbessern. Als Ingenieur sehe ich, dass es gut ist, genmodifizierten Reis anzubauen, der mehr Vitamin A enthält. Bei Auberginen dasselbe. Das kann auf verträgliche Art umgesetzt werden, und ich finde, dass man da weiterforschen muss. Genauso bei Pestiziden. Der Präsident von Sri Lanka hat gesagt, Landwirtschaft sollte ohne Pestizide betrieben werden, und was passiert, wenn das Gesetz wird? Sie werden ein Viertel ihrer Erträge verlieren. Sie wollten das erste Land mit ökologischem Anbau werden. Aber die Erträge waren sehr schlecht. Die Teebauern haben verlangt, dass die Vorschrift aufgehoben wird, und so kam es auch. Wenn die Regierung in Zukunft wieder auf ökologischen Anbau umschwenken will, werden die Teebauern das ignorieren."

Wir sprachen noch eine Weile über Gentechnik in der Landwirtschaft, dann über die aktuellen Streiks in Frankreich. Hugo hatte auch hier eine deutliche Meinung: „Politik in Frankreich ist völlig verrückt."

Roxanne nickte und wartete. Man sah Hugo an, dass es sein Lieblingsthema war.

„Ich bin überzeugter Linker", sagte er. „Ich freue mich [über die Proteste in Frankreich]. Ich hätte nicht erwartet, dass die Franzosen auf die Straße gehen. Macron ist ein Mitte-Rechts-Politiker, kein Linker. Die Leute wollen seine Politik reformieren. Die Franzosen haben entschieden: *Das ist zu viel.* Jetzt kommen die Gewerkschaften ins Spiel. Die waren früher in Frankreich superstark, dann ging es abwärts, und jetzt sind sie zurück. Macron hat kürzlich einer Kinderzeitschrift ein Interview gegeben. *What the *****, ernsthaft? Bei den ganzen Problemen? Und seine Ministerin [die an den Rentenverhandlungen beteiligt ist] gibt dem *Playboy* ein Interview. Auch hier: *What the ****?* Ich dachte, das sei ein Aprilscherz."

An der Stelle konnte ich nicht mehr ganz folgen. Danny und Hugo sprachen noch weiter über Macron und die Streiks und das ministerielle Softporno-Debakel, während Roxanne mir eine Funktion in der Eurail-App zeigte, die uns bisher noch gar nicht aufgefallen war.

Unter „Statistik" konnte man sich anzeigen lassen, wie viele Länder man besucht hatte, wie viele Kilometer man gefahren war und wie viele Züge man genommen hatte. Roxanne und Hugo waren 2.416 Kilometer mit 27 Zügen gefahren, was zusammengerechnet einen Tag, achtzehn Stunden und achtundvierzig Minuten gedauert hatte. Dabei hatten sie neunzig Prozent weniger Kohlendioxid als beim Fliegen verbraucht, eine Angabe für die umweltbewussten Nutzer der App. Ich schaute nach, was Danny und ich bisher zusammengetragen hatten. Die Zahlen waren recht ähnlich und interessant, doch ich wollte erst am Ende der Reise wieder in die Statistik blicken, denn uns ging es schließlich um etwas anderes. Roxanne wies mich auch auf eine Kartenfunktion hin, bei der unsere Route angezeigt wurde. Auch die hatten Danny und ich völlig übersehen.

Es lag nahe, dass Roxanne, als Französin, von Jean-Paul Sartre sprach. In Italien hatte sie sich eines der tiefgründigen Bücher des französischen Philosophen mit dem etwas unschönen Titel *Der Ekel* gekauft. „Es war das einzige Buch, das ich in Italien auf Französisch finden konnte", sagte sie. „Es ist so gut geschrieben. Man liest einen Satz und ist total drin. Es ist so klar. Es sieht so einfach aus ..."

Während sie die Klarheit von Jean-Paul Sartres distanziertem, aber sehr beobachtendem Schreibstil und seine Einstellung zum Leben im Allgemeinen pries, steckte der Zugbegleiter seinen Kopf durch die Tür und unterbrach den politischen und literarischen Salon auf Schienen. Ein Erste-Klasse-Liegewagen-Abteil nebenan stand leer, ob Danny und ich es haben wollten?

Unverhofft hatten wir ein Upgrade von der Staatsbahn der türkischen Republik erhalten.

Wir unterbrachen Roxannes Monolog über Jean-Paul Sartre, verabschiedeten uns von ihr und Hugo und ließen uns nebenan nieder, wo wir sofort zwei Dosen bulgarisches Lagerbier aufmachten, zu weniger gehobenen Gesprächsthemen zurückkehrten und die Natriumdampflampen Südwest-Bulgariens vorbeiziehen sahen. Es war dunkel geworden, und außer der Straßenbeleuchtung waren nur flackernde Fernsehbildschirme in den Häusern in der Nähe der Gleise zu sehen. Regen setzte ein, der in Rinnsalen an den Fenstern hinunterlief. Nach einiger Zeit hielten wir am menschenleeren, senffarbenen und mit Stuck verzierten Bahnhof Plowdiw, etwa auf halber Strecke zur türkischen Grenze.

Die Zugbegleiter aßen Bohnen, Kohl und Schinken in einem Abteil am Ende von Wagen 485. Einen Speisewagen gab es nicht, sonst wären Danny und ich dorthin gegangen. Wir machten unsere Betten und legten uns hin. Es gab keine Leselampe, was ich bemängelte.

„Warum schreibst du nicht der türkischen Bahn und beschwerst dich? Mal sehen, was das bringt", sagte Danny. Haha, sehr witzig.

Schweigend lauschten wir dem prasselnden Regen über uns. Um fünfzehn Minuten vor Mitternacht ertönte eine Durchsage: „Passkontrolle! Passkontrolle!"

Wir hatten in Swilengrad angehalten. Ein trostloser Ort. In Neonlicht getauchte Höfe waren mit Stacheldraht abgesperrt, sonst gab es kaum etwas zu sehen. Zigarettengeruch wehte durch den Gang.

Um 00.25 Uhr nahm ein finster dreinblickender, massiger bulgarischer Grenzbeamter unsere Pässe entgegen und kam ein paar Minuten später zurück. Er fragte: „Daniel? Thomas?"

Wir nickten. Er schien zufrieden, dass wir unsere eigenen Namen erkannt hatten, warf uns noch einen finsteren Blick zu und verschwand wieder.

Um halb eins fuhr der Zug knarzend wieder los, an noch mehr Stacheldrahtzaun vorbei in ein Niemandsland, auf dem überall Müll verstreut lag. Wir überquerten den Fluss Mariza, etwa einen Kilometer von dem Punkt entfernt, an dem laut Google Maps Bulgarien, Griechenland und die Türkei aufeinandertrafen. Zum ersten Mal seit Kent befanden wir uns wieder außerhalb der EU. Wir fuhren an einem riesigen Platz voller Lkw vorbei.

Um Viertel vor eins erreichten wir Kapıkule, und der Zugbegleiter lief durch den Gang, wobei er in einem Singsang „Pass, Gepäck, Pass, Gepäck" wiederholte.

Wir hievten unser Gepäck aus Wagen 485 und gingen über den düsteren Bahnsteig zu einem unfreundlich wirkenden hellbrauen Gebäude mit rissigem Granitboden, flackernden Lampen und ein paar Streunerkatzen. Der Einreiseschalter befand sich in einer Ecke. Danny trat vor mir an das Fenster und hielt sich deutlich länger dort auf als die Reisenden vor ihm. Dann brachte er sein Gepäck zum Durchleuchten. Ich trat hinter ihm an den Schalter, an dem ein junger Grenzbeamter saß, der trotz der nächtlichen Stunde putzmunter zu sein schien. Er blätterte durch meinen Pass. Davor war mir ein wenig mulmig gewesen. Seit dem Brexit stempelten die meisten europäischen Länder Reisepässe wieder ab, statt nur einen Blick hineinzuwerfen und den dazugehörigen britischen Inhaber weiterzuwinken. Großbritannien war für die EU zu einem „Drittland" geworden. Was bedeutete, dass mein Pass bis auf eine halbe Seite vollgestempelt war. Vor der Abreise hatte ich noch einen neuen beantragen wollen, auch wenn dieser hier noch zwei Jahre gültig war, für alle Fälle, hatte es aber nicht mehr geschafft.

Der eifrige junge Grenzbeamte wirkte ungeheuer zufrieden, dass mein Pass nicht den Vorschriften entsprach. Für die Einreise in die Türkei benötigte man eine komplett ungestempelte Seite, sagte er. Er könnte mir die Einreise verwehren. Der junge Mann spannte mich auf die Folter, blätterte durch den Pass, betrachtete erst eingehend die Stempel aus dem Sudan, Iran und Libyen, dann mich. Nur um sich daraufhin offenbar zu denken: *Ach, was soll's, darum kümmere ich mich jetzt nicht.*

„Der Pass ist voll, besorgen Sie sich einen neuen", sagte er nur und winkte mich weiter.

Ich stellte mich zu Danny in die Schlange beim Durchleuchten.

„Der Typ hat mein Gesicht mit der Liste gesuchter Verbrecher auf seinem Handy abgeglichen, ganz sicher", sagte er.

Zwei Hindernisse hatten wir also erfolgreich umschifft: Einreise verweigert wegen ungültiger Ausweisdokumente sowie Festnahme wegen Identitätsverwechselung durch Interpol.

In der Schlange standen auch drei Britinnen: Alice, die als Bahnhofsaufsicht in der U-Bahn-Station Morden in London arbeitete, ihre Tochter Stephanie, Assistentin für Erwachsene mit Lernbehinderung, sowie Alice' Freundin Christine, eine pensionierte Standesbeamtin.

Sie waren aus London angereist, um fünf Tage in Istanbul zu verbringen, von wo aus sie nach Italien fliegen und mit dem Zug über die Schweiz zurück nach England fahren wollten. Fast dieselbe Route wie meine, nur dass ich nicht fliegen würde.

Christine sagte, die Eurail-App sei „benutzerfreundlich" und dass es ihnen am besten in Weliko Tarnowo gefallen habe, einer früheren Hauptstadt von Bulgarien, die „sehr malerisch" sei und eine „angenehme Atmosphäre" habe. Die Strecke zwischen Stuttgart und Budapest hätte ihr allerdings nicht gefallen, wegen der „unterschiedlichen Standards" und „zu vieler Industriegebiete".

Stephanie sagte, ihr Abteil im Zug nach Istanbul sei „stickig gewesen", man hätte das Fenster nicht öffnen können. Alice beschwerte sich, dass der Wagen „zwei unterschiedliche Toiletten" gehabt hätte, die schlechtere sei an ihrem Ende des Wagens gewesen. Bukarest sei „schäbig und grau und deprimierend" gewesen. Christine sagte, „dauernd seien Bettler beim Supermarkt gewesen", und sie hätte „keine Ahnung, wie sie [die Rumänen] sich Schokoladenaufstrich und Ananas leisten könnten", was in der rumänischen Hauptstadt besonders teuer gewesen sei. Abgesehen davon hatten die drei ihre Reise bisher aber sehr genossen.

Eine Polin in den Dreißigern, Aleksandra, hatte uns zugehört. Ich erkannte sie vom Bahnsteig in Russe wieder. Sie trug einen hellbraunen Regenmantel über einer dünnen roten Daunenjacke und gab sich leicht amüsiert, als würde sie ein großes Geheimnis hüten. Oder – sehr viel wahrscheinlicher – sie fand uns fünf irgendwie komisch, während wir uns in der glorreichen Tradition britischer Reisender seit den Tagen des Empire (und sicher auch schon davor) über kleinere und größere Unannehmlichkeiten beklagten. Danny und ich hatten Stephanie, Alice und Christine ein paar unserer nicht ganz so schönen Erlebnisse erzählt, vor allem von den Bahnstreiks, aber auch dem Hostel mit den Ohrstöpseln in Bratislava, den Bukarester Vertretern von Massagesalons und von mysteriöserweise eingestellten Bahnverbindungen in Serbien. Wir stöhnten alle ausgiebig.

Aleksandra war auch per Interrail unterwegs und schon in ganz Rumänien gewesen, in Braşov, Timişoara, Bukarest („Mag ich nicht so"), Cluj-Napoca, Sibiu und Sinaia.

„Bisher war alles ziemlich entspannt", sagte sie. „Man muss sich nicht besonders um die Logistik der Züge kümmern." Ich ging davon aus, dass sie die Fahrpläne und die Zugverbindungen meinte. „In diesem Teil von Europa sind die Städte gut angebunden."

Sie hatte einen Monatspass, den sie bei der „großen Promoaktion" zum fünfzigsten Jubiläum von Interrail gekauft hatte. „Ich interessiere mich für die Länder Ex-Jugoslawiens, die Konflikte, die Geschichte." Dorthin würde sie als Nächstes fahren.

„Letztes Jahr habe ich meinen Job gekündigt", erzählte sie. Sie hatte in Warschau bei einer Bank im Bereich Garantiefonds gearbeitet. „Es hat mir gereicht, und ich musste mein Leben ändern. Es war ein typischer Bürojob. Ich brauchte ein Abenteuer."

Zuerst war sie von Polen auf dem Jakobsweg nach Santiago de Compostela gepilgert. „Das waren ungefähr fünftausend Kilometer, und ich habe viele Menschen kennengelernt."

Sie schwieg einen Moment. „Ich bin verrückt", sagte sie dann, als wäre das eine ganz normale Information in einem Gespräch, auch wenn sie nicht so aussah.

„Vielleicht nur ein bisschen", fügte sie nach kurzem Nachdenken hinzu.

„Meine Freunde, meine Eltern, alle sind sehr stolz auf mich, vor allem, weil ich allein reise. Sie sagen zu mir: *Ich könnte das nicht*. Und ich kann ihnen nicht erklären, warum ich es so gern mache."

Ich schlug vor, dass wir uns ins Istanbul treffen könnten, und gab ihr meine E-Mail-Adresse. Lächelnd sagte sie: „Okay, klar." Danach hörte ich allerdings nie wieder von ihr.

Die Schlangen am Bahnhof von Kapıkule waren erstaunlich gesellig. Vielleicht wegen der generellen Euphorie, es mit dem Zug bis in die Türkei geschafft zu haben. Der Orient-Express war es zwar nicht, sein Geist lebte aber irgendwie im Sofia-Istanbul Express weiter, wie der Nachtzug offiziell hieß.

Nach dem Durchleuchten des Gepäcks hatte sich eine weitere Schlange gebildet, diesmal am Duty-Free-Laden, in dem sich Marlboro-Stangen und Flaschen mit karamellfarbener Flüssigkeit stapelten. In der Nähe gab es ein Café mit einem Kühlschrank voller Wasser, Bier und 12 Jahre altem Chivas-Regal-Whisky. Im Sofia-Istanbul Express waren sicher schon legendäre Partys gefeiert worden.

Um halb drei Uhr morgens stiegen wir wieder ein, und der Zug fuhr Richtung Istanbul weiter.

Abendessen in Sirkeci
Istanbul

Unter einem fliedergrauen Morgenhimmel ratterte Wagen 485 in einen Vorort voller Wohnblöcke, die ganz nach Ceauşescus Geschmack gewesen wären.

Eine Müllkippe ... Güterwaggons ... ein langer, einsamer Bahnsteig ... der Bahnhof Halkalı ... 6.34 Uhr.

Mit müden Augen stiegen wir, die Passagiere von Wagen 485, aus und versuchten herauszufinden, wie wir Tickets für die Marmaray-Linie von diesem Vorort nach Sirkeci in der Stadtmitte Istanbuls kaufen konnten. Sirkeci war der Endhalt der früheren Orient-Express-Züge gewesen und somit ein angemessener Zwischenstopp für uns. Die Marmaray-Linie war nicht im Interrail-Pass enthalten.

Die rätselhafte Polin, das fröhliche französische Pärchen, die drei Britinnen, Danny und ich tippten auf Tasten an einem Automaten, bekamen irgendwann unsere Tickets und enterten einen breiten Zug mit hellblauen Sitzen und einem offenen Gang durch die zahlreichen Wagen.

Wir verteilten uns; es war zu früh, um sich zu unterhalten. Der Zug fuhr ab und füllte sich nach und nach mit Pendlern, die in Mini-Manhattans mit identischen Wohnblöcken zustiegen. Etwa eine halbe Stunde später, nachdem wir in einen langen Tunnel eingefahren waren, hielt der Zug in Sirkeci.

Jedoch leider nicht am Originalbahnhof von damals. Der U-Bahnhof der Marmaray-Linie befand sich tief unter dem Goldenen Horn. Der Meeresarm mündete ins Marmara-Meer und war Richtung Südwesten mit der Ägäis verbunden sowie mit dem Bosporus, der sich nach Norden zum Schwarzen Meer erstreckte. Über uns befand sich also richtig viel Wasser.

Um zum „echten" Bahnhof Sirkeci zu gelangen, musste man viele glänzende Granitgänge entlanglaufen und einige Rolltreppen hinauffahren.

Auf dem Weg lernten wir einen grauhaarigen Mann kennen, der wohl schon ein paar frühmorgendliche Erfrischungsgetränke zu sich genommen hatte (wir hatten anscheinend ein Händchen dafür, solche Gestalten anzuziehen). Der Mann drehte sich zu uns um und verkündete fast schon opernhaft: „Ich liebe Erdoğan! ICH LIEBE ERDOĞAN! ICH LIIIIEBE ERRDOOĞAN!"

Immer höher wurde seine Stimme, um seine Begeisterung für den kontroversen türkischen Präsidenten kundzutun, Recep Tayyip Erdoğan, der die Türkei mit eiserner Hand seit 2014 regierte (und dabei die Pressefreiheit beschnitt und Wahlen mit unheimlicher Leichtigkeit gewann).

„ICH LIIIIEBE ERDOĞAN! ICH LIIIIBE ERRDOĞAN!", wiederholte er nach einer kurzen Pause, um unserer willen sogar noch lauter, wobei er sich umsah, ob auch die anderen Passanten in dem Durchgang seine Darbietung goutierten. Seine Worte hallten unter der Mündung wider, und ich fragte mich, was wohl die Fische über uns davon hielten. Vielleicht hoffte unsere neue Bekanntschaft, dass seine Botschaft von vorübereilenden Geheimdienstleuten oder irgendeinem Prominenten gehört wurde. Könnte es für eine so übertriebene Loyalitätsbekundung vielleicht irgendeine Auszeichnung von der Regierung geben?

„ICH LIIIIIEBE ERRDOOOOĞAN!", trällerte er, verbeugte sich nach diesem Höhepunkt seiner Performance theatralisch und ging davon.

Wir sahen ihm verblüfft nach.

„Ich weiß nicht, ob er das ironisch oder wirklich ernst gemeint hat", kommentierte Danny.

Damit fuhren wir die Rolltreppe hinauf in den alten, „echten" Bahnhof Sirkeci.

In der Nähe eines kleinen Eisenbahnmuseums, dem Eingang zum Orient Express Restaurant und einem Denkmal von Mustafa Kemal Atatürk, der 1923 die türkische Republik gegründet hatte, blieben wir stehen.

Der Bahnhof Sirkeci wirkte wie ein Wallfahrtsort für Bahnliebhaber. Wir machten Fotos von dem glatten Bahnsteig aus Kalkstein, auf dem die reichen und berühmten Orient-Express-Passagiere im goldenen Zeitalter der Eisenbahn ausgestiegen waren, darunter natürlich auch Agatha Christie.

Große, wagenradförmige Buntglasfenster warfen mandarinen- und cranberryfarbenes Licht auf die friedliche, verlassene Bahnhofshalle. Stahlsäulen reihten sich ordentlich entlang der ungenutzten Gleise auf. Seit 2013 die schnellere und besser angebundene Marmaray-Linie in Betrieb genommen wurde, waren die Gleise stillgelegt. Das einladend aussehende Orient Express Restaurant neben dem Bahnsteig war ebenfalls geschlossen, doch es würde später am Tag öffnen. Wir nahmen uns vor, dorthin zurückkehren.

Die Euphorie, die wir in Kapıkule verspürt hatten, erreichte hier ganz neue Höhen. Und warum auch nicht?

Unsere Parkbankträume waren wahr geworden.

~

Istanbul war berauschend, egal auf welchem Weg man die Stadt erreichte, aber noch mehr nach den vielen hart erkämpften Kilometern auf den Schienen. Wir hatten 3.312 Kilometer hinter uns gebracht, wenn die Eurail-App und unsere Berechnungen stimmten.

Unser Gepäck ließen wir in einem perfekten kleinen (sehr günstigen) Business-Hotel um die Ecke vom Bahnhof zurück und tranken Kaffee in einem Café, in dem leise Saitenmusik spielte. Eine Weile saßen wir einfach nur da und konnten es kaum glauben, dass wir in Istanbul waren. Dann durchbrach Danny das Schweigen. Er war mal wieder nachdenklicher Stimmung. „Ich bin Clare wirklich sehr dankbar", sagte er und sah auf die Straße, wo Trambahnen vorbeirollten. Schließlich hatte sie an der Familienfront in einer herausfordernden Zeit die Stellung gehalten, während ihr Mann im mittleren Alter mit seinem Kumpel für über zwei Wochen verschwunden war. Wir hoben unsere Tassen mit starkem schwarzem türkischem Kaffee und tranken auf Clare. Dann verhielten wir uns eine Weile wie richtige Touristen.

Wir zogen zu Fuß los, vorbei an den Minaretten mit den Goldspitzen der Neuen Moschee, über die Galata-Brücke und um das Goldene Horn. Der perfekte Ort, um ein spätes Frühstück zu uns zu nehmen – Chicken Kebap (warum auch nicht? Uns war danach) –, während Boote vorbeitrieben und Gebetsrufe von den Minaretten erklangen.

„Also, da wären wir: Asien", sagte Danny.

Was nicht ganz korrekt war. Asien begann auf der anderen Seite des Bosporus.

Wieder verfielen wir in träumerische Stimmung. Am Wasser war es so friedlich.

Danach nahmen wir eine rote Tram – die Trambahnen in Istanbul waren hervorragend, solange man ihnen nicht als Fußgänger ausweichen musste – zur Hagia Sophia.

Von 1935 bis 2020 war das riesige Bauwerk aus dem sechsten Jahrhundert mit seinen Minaretten und der monumentalen Kuppel ein Museum gewesen. Unter Erdoğan jedoch, der sich die Unterstützung der islamischen Fraktionen in der Türkei sichern wollte, war es wieder eine Moschee geworden.

Na dann, wieder mal ein bisschen Politik.

Wir zogen die Schuhe aus und schlossen uns den anderen Touristen an, die auf weichen Teppichen das goldglänzende Innere mit den hohen Bögen, Säulen und Kronleuchtern bewunderten. In der Mitte des Hauptraums reichte mir eine freundliche Frau an einem Stand einige Broschüren über den Islam, darunter *Die wahre Botschaft Jesu Christi im Koran und in der Bibel,* in der Jesus als „frommer Gesandter" bezeichnet wird, der „bemüht war, die Menschen zur Wahrheit" zu führen, obwohl „viele Menschen ihrem Begehren folgten und sich weit von den prophetischen Lehren entfernten".

Eine weitere Broschüre mit dem Titel *Prophet Mohammed (Friede sei mit ihm) Diesen Mann sollten Sie kennen!* erzählte von Mohammeds Barmherzigkeit, Toleranz und Sanftmut, seiner Versöhnlichkeit und dass für ihn alle Menschen einander ebenbürtig waren. *Was sagt der Islam über Atheismus?* zitierte auf der Vorderseite eine Zeile aus dem Koran: „Wir (Gott) werden ihnen Unsere Zeichen am Gesichtskreis und in ihnen selbst zeigen, bis es ihnen klar wird, dass es die Wahrheit ist."

Kaum ist man eine Weile mit dem Zug gefahren, kann man schon zum Propheten Mohammed konvertieren.

Die Frau sagte: „Bitte lesen. Bitte lesen."

Das tat ich. Danny war schon weitergegangen.

Eine andere (besonders kuriose) Broschüre trug den Titel *Muslimische Errungenschaften, die die Welt verändert haben* und zählte einiges auf: Kaffee, Seife, Füllfederhalter, Mathematik, das Fliegen, Impfungen, Architektur, Windmühlen und die Druckerpresse. Unterhaltsame Geschichten sollten diese Behauptungen untermauern.

Als Beleg für den Beitrag zum Fliegen wurde auf Abbas ibn Firnas verwiesen, einen Dichter, Astronomen und Ingenieur, der angeblich im Jahr 852 einen mit Holzstäben verstärkten Umhang verwendet haben sollte, um damit von einem Minarett im spanischen Córdoba zu springen. Der Umhang soll eher wie ein Fallschirm funktioniert haben – „der vermutlich erste Fallschirm der Welt" (also hatte er wohl auch diesen Beitrag zur Weltgeschichte für sich verbucht). Abbas ibn Firnas habe „nur leichte Verletzungen davongetragen". Später, im Alter von siebzig Jahren, baute der waghalsige Dichter, Astronom und Ingenieur eine Apparatur aus Adlerfedern und Seide, mit der er angeblich zehn Minuten in der

Luft blieb, obwohl bei dieser Gelegenheit „die Landung nicht gut verlief". Die Schwere der Verletzungen wurde in der Broschüre nicht angegeben.

Die alten Ägypter und Römer hatten bereits eine Art Seife genutzt, die aber „eher eine Pomade" gewesen war. Die Araber waren mit einer Mischung aus „Pflanzenöl und Natronlauge" weit fortgeschrittener. Sie waren so reinlich, dass die Kreuzfahrer im Mittelalter „den Ruf von ‚streng riechenden Eindringlingen' erlangten, da sie nicht regelmäßig badeten".

Nach der Hagia Sophia gingen wir zum Großen Basar. Dieser lag auf einer kleinen Anhöhe und war nicht so überwältigend wie die Moschee in ihrer ganzen goldglänzenden Pracht, aber auf andere Weise faszinierend.

Durch einen schmalen Durchgang gelangte man zum unscheinbaren Eingang, an dem überhaupt nichts „prächtig" war. „Prächtig" war allerdings das Labyrinth aus Gassen dahinter. Überall blinkten Neonlichter und glitzerten Dekorationen, die die Besucher verzaubern sollten, und plötzlich wurde man von dem unausweichlichen Drang überwältigt, zu *kaufen, kaufen, kaufen!* Natürlich konnte man nicht *kaufen, kaufen, kaufen,* wenn man schon bald mit einem Rucksack voller Bücher eine lange Heimreise mit diversen Zügen zurück nach England antreten würde.

Die Versuchungen waren vielfältig: glänzende Teppiche, T-Shirts von Givenchy und Christian Dior, Unterwäsche von Calvin Klein, Pyjamas von Gucci, Jacketts von Prada, Handtaschen von Tom Ford, Trikots von Lionel Messi, Messer, Schachspiele, Eselsmilchseife, Kissenbezüge, Koffer von Louis Vuitton, Rolex-Uhren, Air-Jordan-Sneakers, Ketten, Perlen, Burberry-Taschen, Lederjacken und „einzigartiger edler Schmuck".

Überall waren Überwachungskameras. Stimmen hallten um uns herum. Verkäufer und Käufer gestikulierten.

„Kommen Sie rein. Schauen kostet nichts!", sagten die Verkäufer (Verkäuferinnen sahen wir nicht).

„Darf ich die Gelegenheit ergreifen und Ihnen einen Teppich zeigen, Sir?" Oder, direkter: „Teppich? Sir! Teppich!" Und: „Entschuldigung, Sir: Sonnenbrille? Sir! Sonnenbrillen!" Unaufhörlich und ohne Pause.

Man konnte nur vermuten, wie viel von dem Angebot tatsächlich echte Markenware war. Trotzdem sah alles echt aus. Danny kaufte ein paar Sachen. Warum auch nicht? Er flog schließlich am nächsten Tag nach Hause.

Wir kehrten in unser kleines Business-Hotel zurück und gingen von dort aus zum Orient Express Restaurant.

~

Allein schon beim Wort „Orient-Express" werden die Herzen echter Eisenbahnfans weich. Warum sonst würden wohl Menschen bis heute 17.500 Pfund für eine Fahrt mit dem „Venice Simplon-Orient-Express" hinblättern?

Der Zauber, die Romantik und das Mystische der goldenen Jahre der Bahnfahrt hatten sich irgendwie bewahrt. Und gerade das Rätselhafte, Geheimnisvolle mit seiner Aura von Gefahr scheint auch heute noch den Reiz auszumachen, fast anderthalb Jahrhunderte später.

Tatsächlich war das Bahnfahren in den 1880er- und 1890er-Jahren nicht ungefährlich und durchaus ein Wagnis. Wie bereits erwähnt, führten einige der ersten Fahrgäste wegen potenzieller Raubüberfälle in Teilen Rumäniens, Bulgariens und der Türkei Waffen mit. Vielleicht zu Recht. 1891, als der Orient-Express noch in den Kinderschuhen steckte, wurde er von einer Gruppe Banditen/Freiheitskämpfer 96 Kilometer außerhalb Istanbuls überfallen. Diese hatten die Strecke sabotiert, sodass der Zug nicht weiterfahren konnte und Zugführer und Heizer von der Lok springen mussten, um sich in Sicherheit zu bringen. Glücklicherweise löste sich die Lok von den Luxuswaggons, sodass diese aufrecht stehen und die Reisenden unverletzt blieben.

Doch die Banditen/Freiheitskämpfer erleichterten sie um ihre Wertsachen und nahmen fünf deutsche Geschäftsreisende als Geiseln. Der Raub war minutiös durchgeplant und gilt als einer der waghalsigsten Zugüberfälle der Geschichte. Die Bande wurde nie gefasst und verschwand mit der Beute sowie 8.000 Pfund in Gold als Lösegeld für die freigelassenen Deutschen (heute über eine Million Pfund).

Man fürchtete, dass es nicht weit her war mit Recht und Ordnung in entlegenen Gegenden, in denen das Osmanische Reich keinen Einfluss mehr ausübte, über den Schutz von Österreich-Ungarn hinaus. Wie der Überfall beweist, war die Angst durchaus gerechtfertigt.

Dann waren da noch die Beinahe-Katastrophen in der Anfangszeit. Die berühmteste war der Einsturz einer Brücke in der Türkei im Jahr 1899, bei dem alle Reisenden wie durch ein Wunder überlebten, obwohl mit dramatischen Worten von dem Vorfall berichtet wurde, untermalt von Bildern der im Fluss liegenden Lokomotive sowie der fast schon lässig am Ufer posierenden Passagiere.

Außerdem hatte der Orient-Express noch eine verruchte Seite: Aufgrund der Gerüchte (und vielleicht der Wahrheit) von wohlhabenden Geschäftsmännern, die sich Geliebte an Bahnhöfen auf der Strecke kommen ließen, rätselten viele, was genau an Bord der ersten Orient-Express-Züge vor sich ging. 1898 wurde der Zug daher sogar Thema einer gewagten Inszenierung in einem Theater im Montmartre in Paris. Die Plakate zeigten einen Querschnitt durch verschiedene Abteile. In einem wird eine etwas beschwipst wirkende Frau in Unterkleidung von einem Offizier umarmt, der seine Mütze nach hinten geschoben hat und vielleicht auch nicht mehr nüchtern ist. In einem anderen Abteil sieht ein elegant gekleideter Herr einer Frau, die ein kurzes Kleid und Schuhe mit hohen Absätzen trägt, in die Augen, als würde er ihr seine unsterbliche Liebe erklären. Im Nachbarabteil sind einige Frauen in Unterkleidung mit den Betten beschäftigt, eine steht mit in die Hüften gestemmten Armen in der Mitte. Oh la la!

Man beachte auch die Berichte von Reisen durch geheimnisvolle neue Tunnel, die man durch die Alpen gegraben hatte und die die geistige Karte Europas (sowie die Fahrzeiten) veränderten und die kollektive Fantasie beflügelten. 1906 war der wichtige

Simplontunnel eröffnet worden, der die Schweiz mit Italien verband. Noch später berichteten Reporter in schwärmerischen Worten von den kürzlich entdeckten Pharaonengräbern, als der Zug über Istanbul hinaus bis nach Kairo und Bagdad fuhr. Und es gab die Spionage-Geschichten. Der Orient-Express wurde zum bevorzugten Transportmittel für diejenigen, die im Auftrag von Regierungen wachsam die globalen Geschehnisse in den unsicheren Jahren vor den beiden Weltkriegen im Auge haben sollten. Zum Beispiel ein gewisser Robert Baden-Powell, der spätere Gründer der Pfadfinderbewegung, der als „Adjutant" reiste, aber überraschend regelmäßig zur „Schmetterlingsbeobachtung" beurlaubt war (die Zeichnungen von Schmetterlingsflügeln in Skizzenblöcken enthielten geschickt versteckte farbcodierte Botschaften).

Die berühmteste Spionin im Orient-Express war jedoch die niederländische Tänzerin und Femme fatale Mata Hari. Ihre vielen Reisen mit dem Zug unternahm sie in Begleitung oder auf dem Weg zu ihrem Kreis wohlhabender Liebhaber, zu denen Geschäftsleute und Staatsminister zählten, unter anderem Baron von Krohn, ein hohes Tier im deutschen Geheimdienst. Wegen ihrer vermeintlichen Spionagetätigkeit (man ist sich nicht sicher, ob sie wirklich Informationen weitergegeben hat) wurde sie schließlich verhaftet und 1917 in Frankreich zum Tod durch Erschießen verurteilt.

Außerdem stehen noch einige andere große Namen in Verbindung mit dem berühmten Expresszug: der Maharadscha von Koch Bihar (der in seinem Abteil Divane mit goldenen Decken verlangte), Marlene Dietrich, Lew Tolstoi, Lawrence von Arabien, Graham Greene, Ernest Hemingway und Ian Fleming, der Szenen für den James-Bond-Film *Liebesgrüße aus Moskau* im Orient-Express gedreht hat ... und noch viele andere mehr.

Dazu nehme man Mahagoni- und Teakholz-getäfelte Abteile mit exquisiten Einlegearbeiten, mit Jugendstil- und Art-déco-Elementen, Kronleuchter, Badezimmer in Marmor und Onyx, italienische Glasarmaturen, Samtvorhänge, Seidenbettwäsche (die natürlich täglich gewechselt wurde), Zugbegleiter in adretten Uniformen mit Messingknöpfen und Schirmmützen, dazu noch feinstes Essen mit den besten Weinen, serviert auf frischen weißen Tischdecken mit Silberbesteck und Abendgarderobe ... Dem Orient-Express fehlte es sicherlich nicht an Glamour. Dafür hatte Nagelmackers gesorgt und seine ersten Gäste mit Gourmetessen und Flaschen aus seinem Weinkeller verwöhnt, hatte Galadinner mit Musik und Tanz an Bahnhöfen auf der Strecke organisiert und sogar einen Besuch beim Königspaar in Bukarest. Alles in allem war es eine aufregende Mischung. Kein Wunder, dass Agatha Christie sich zu insgesamt drei Krimis über den Orient-Express inspirieren ließ. Im Winter 1928/29 war ein Zug einmal fünf Tage lang in der Türkei eingeschneit, was zentraler Bestandteil der Handlung von *Mord im Orient-Express* werden sollte.

Nicht zu vergessen die deutsche Kapitulation gegenüber Marschall Foch und den Alliierten am Ende des Ersten Weltkriegs, die in einem Wagen der Compagnie Internationale des Wagons-Lits (Nummer 2419) stattfand, genauer gesagt am 11. November 1918, als in Compiègne in Frankreich das Waffenstillstandsabkommen unterzeichnet wurde. Adolf Hitler nahm 1940 an derselben Stelle im selben Wagen die Kapitulation Frankreichs vor Deutschland entgegen. Im Orient-Express wurde Geschichte geschrieben und wahrscheinlich noch viel mehr, während der geheimen Missionen der vielen Spione. Als es auf dem Kontinent brodelte und vor Spionen nur so wimmelte, sprachen manche sogar vom „Spionage-Express".

Und das Ziel der ganzen Intrigen, von Glamour, Romantik und Sex, von Betrug und Versteckspiel? Die größte Stadt der Türkei, in der Europa und Asien am Bosporus aufeinandertreffen. Genauer gesagt: der Bahnhof Sirkeci, der 1890 nach seiner Eröffnung im Jahr 1872 für den Orient-Express umgebaut wurde.

Danny und ich betraten das Restaurant.

Es war einfach wunderbar. Auch wenn man nicht zu den wirklich wohlhabenden Menschen gehörte, die sich heute eine Fahrt mit dem Orient-Express leisten konnten, konnte man hier wenigstens den Geist vergangener Zeiten atmen.

Sanftes Spätnachmittagslicht fiel durch die runden Buntglasfenster mit wagenradähnlichen Motiven auf gerahmte Ausschnitte aus Zeitungen und Zeitschriften an den makellos weiß getünchten Wänden, neben Bildern von Dampflokomotiven, Fotografien von Agatha Christie und Schauspielern aus *Mord im Orient-Express* und dem Alfred-Hitchcock-Thriller *Eine Dame verschwindet.* Stimmungsvolle alte Plakate der Compagnie Internationale des Wagons-Lits schmückten ebenfalls die Wände. Einige bewarben den „Golden Arrow"-Zug von London nach Dover, Calais und Paris, einen Zubringer zum Orient-Express, andere die Hauptstrecke nach Istanbul. Das auffälligste zeigte eine elegante Frau in Rot mit Perlenkette, die einen Reiseführer in der Hand hielt: Reklame für die Route London–Dover–Calais–Paris–Lausanne–Mailand–Belgrad–Istanbul. Neben dem Plakat und einem Bild von Atatürk war ein Getränkewagen in Form eines Orient-Express-Zuges abgestellt. Tropische Pflanzen in Töpfen standen zwischen Tischen mit frischen weißen Tischdecken (wie damals im Orient-Express).

In dieser Umgebung schwelgten wir im vollen Henri-Opper-de-Blowitz-Modus.

Bald wurde uns ein Gericht nach dem anderen serviert: große Berge Hirtensalat, kleine Schüsseln mit eingelegtem Thunfisch und Oliven, herzhaft gefüllte Fleischbällchen, zarte, mit Butter bestrichene Garnelen, Teller mit dampfenden Frühlingsrollen, brutzelnde Hähnchenspieße und Pasta mit Bolognese (Letzteres vielleicht eine Nummer zu groß, aber wen kümmerte das schon). Wir spülten alles mit reichlich Rotwein hinunter und lockerten unsere Gürtel. Wir lobten die Gerichte, sobald sie gebracht wurden. Wir bestellten mehr. Der Kellner notierte alles fein säuberlich auf einem Block, wozu er einen Kugelschreiber aus seiner Westentasche zog. Bei jeder Bestellung nickte er ernst und huschte davon, um alles weiterzugeben. Wie das restliche Personal war er ständig in Bewegung.

Durch den Raum hallte vielfach das Klirren von Besteck. Wir waren nicht die Einzigen im Blowitz-Modus.

Danny sagte: „Ich mochte die Türken schon als Kind."

Wir erhoben die Gläser, um auf unsere 3.312 Kilometer lange Reise nach Istanbul anzustoßen. Dann bestellten wir mehr Wein, ließen die Gläser klingen, tauschten wieder einmal Ideen zur Weltverbesserung aus, stießen wieder an, gingen zur Sicherheit noch ein paar weiteren hochtrabenden Ideen nach, bestellten noch mehr Wein und kehrten schließlich gesättigt und zufrieden in unser günstiges kleines Business-Hotel zurück.

Ein wirklich ausgezeichnetes Mahl. Das beste auf unserer Reise.

Möge das Orient Express Restaurant am Bahnhof Sirkeci noch lange weiterbestehen.

Fast ein Duffill
Von Istanbul und Sirkeci nach Halkalı

Am Morgen nahm Danny ein Taxi zum Flughafen. Trotz – oder vielleicht wegen – seiner Eigenheiten war er ein wunderbarer Reisegefährte gewesen, und noch wichtiger (für uns): Wir hatten erreicht, was wir uns auf unserer Parkbank vorgenommen hatten. Das konnte uns niemand nehmen. Der vorbeischlendernde Mann im violetten Samtanzug hätte uns bestimmt mit einem weiteren grollenden „Yeah, Mann" gratuliert. Was für eine Freude es war, sich ein Ziel vorzunehmen, alle nötigen Karten und Tickets zu kaufen und sich dann wirklich auf den Weg zu machen. Wir waren zwei Männer mittleren Alters, die ihren Worten Taten hatten folgen lassen.

Mir stand auf meiner Reise hingegen nun ein neuer Abschnitt bevor.

Ich ging zum Bahnhof Sirkeci und suchte den Schalter für den internationalen Ticketverkauf.

Die Halle des alten Teils war so leer wie immer, ein merkwürdiger Hohlraum in einer geschäftigen Stadt mit fünfzehn Millionen Einwohnern. Logisch, da hier keine Züge mehr abfuhren.

Die Wirkung war gespenstisch, man glaubte geradezu, Reisende von früher mit ihren Lederkoffern und -taschen, mit Gepäckträgern, die sich durch die Menge drängten, sowie dampfende Lokomotiven zu sehen, den Geruch nach Schwefel und Rauch in der Luft zu riechen, während sich Spione und mondäne Frauen in Rot mit Perlenketten in das Durcheinander am Rand Asiens stürzten.

Am Schalter war keine Schlange, dafür eine Angestellte, die nur wenig Englisch sprach, während ich nahezu gar kein Türkisch konnte. Nach einiger Internetrecherche war aber klar, dass an diesem Tag keine passenden Fähren nach Griechenland abfuhren. Offenbar war die einzige vernünftige Route, über Plowdiw nach Sofia zu fahren und dort einen Zug nach Kulata an der bulgarisch-griechischen Grenze zu nehmen.

Kulata war ein unspektakulärer, aber praktischer Anlaufpunkt, wenn man nach Thessaloniki wollte, Griechenlands zweitgrößter Stadt. Der Haken war nur, dass dort zwar Züge hielten, man dann aber für die restlichen hundertzwölf Kilometer nach Süden in einen Bus umsteigen musste. Ich beschloss, mich dann vor Ort darum zu kümmern, und buchte einen Platz im Nachtzug, der um 20.00 Uhr von Halkalı abfahren und um 5.40 Uhr in Plowdiw ankommen würde.

Um 6.26 Uhr würde der Anschlusszug nach Sofia fahren, mit Ankunft um 9.30 Uhr. Um 12.30 Uhr würde ich dann einen Zug nach Blagoevgrad nehmen und dort um 14.40 Uhr ankommen. Um 14.50 Uhr würde ich weiter nach General Todorow fahren und dort um 16.19 Uhr ankommen, erneut umsteigen und schließlich um 16.49 Uhr Kulata erreichen. Einfacher ging es kaum, oder? Zweiundzwanzig der nächsten vierundzwanzig Stunden würde ich unterwegs sein. Immerhin ein paar Stunden davon konnte ich sicher mit Schlaf überbrücken, und schon wäre ich Griechenland und der Fähre nach Italien, die ich in ein paar Tagen nehmen wollte, ein gutes Stück näher.

Für den Nachtzug nach Plowdiw konnte mir die Angestellte einen Platz buchen, aber nicht weiter. Sie tippte etwas in ihre Übersetzungs-App und zeigte mir das Display: *Unser System erlaubt keine Buchungen für die Strecke Plowdiw-Sofia.*

Ich bedankte mich, schob das Ticket für den Nachtzug in meine Tasche und überlegte, wie ich den Tag in Istanbul verbringen wollte.

Drei Dinge hatte ich mir vorgenommen: 1. Das Eisenbahnmuseum besichtigen. Das war einfach, es befand sich nur ein paar Schritte entfernt. 2. Das vielgerühmte Pera Palace Hotel besuchen, das 1895 von der Compagnie Internationale des Grands Hôtels eröffnet wurde, einer Schwestergesellschaft, damit die betuchten Fahrgäste des Orient-Express genauso luxuriös nächtigen konnten wie im Zug. 3. Vor der Abfahrt ein frühes Abendessen im Orient Express Restaurant zu mir nehmen.

Das Eisenbahnmuseum war wie Aladins Höhle, nur mit Zügen. Man trat durch einen Türbogen und stand vor einer alten roten Tram. Laut der Erklärung auf einer Tafel wurde August Jasmund, ein renommierter preußischer Architekt, von Sultan Abdülhamid II. mit dem Entwurf des Bahnhofs Sirkeci beauftragt, den er im „orientalischen Stil" anlegte, um die Atmosphäre des Ostens, der auf den Westen trifft, einzufangen, die zu Zeiten des Osmanischen Reiches noch beeindruckender gewesen sein musste.

Steinportale, roter byzantinischer Backstein und Sternmuster in Buntglasfenstern – all das sollte an die Architektur des seldschukischen turko-persischen Reiches (1037 bis 1194) erinnern. Klassischer Orientalismus also, eine westliche Interpretation dessen, was als morgenländisch galt und was sich die Passagiere des Orient-Express wohl beim Gedanken an den „Osten" vorstellten. Drei große Restaurants und ein „großer Biergarten", nicht aus der Zeit der Seldschuken, aber für die bahnreisenden Abenteurer als notwendig erachtet, waren ebenfalls vertreten. Nach dem Essen oder dem Biertrinken konnten die Passagiere des Orient-Express den ganzen Überfluss auf gepflegten Anlagen am träge schwappenden Wasser des Goldenen Horns ablaufen.

Und natürlich gab es im Eisenbahnmuseum jede Menge weitere Ausstellungsstücke: alte Bahnhofsuhren, Hörner, die früher von Zugbegleitern verwendet wurden, Fahrkartenzangen, Wartezimmeröfen, Schirmmützen von Bahnhofsvorstehern, silberne

Servierplatten und Sektkühler. In einer Ecke hingen stimmungs-volle Fotos von den ersten Gastarbeitern, die in Sirkeci neben ihren Koffern saßen und im Rahmen des Anwerbeabkommens zwischen der Bundesrepublik Deutschland und der Türkei im Jahr 1961 auf dem Weg nach Deutschland waren. Sechzig Jahre später lebten mehr als drei Millionen Menschen mit türkischen Wurzeln in Deutschland.

Angefangen hatte alles in Sirkeci.

~

Ich nahm eine Tram durch Karaköy und über die Galatabrücke, am Galataturm vorbei, der aus dem Mittelalter stammte und ursprüng-lich ein Wachturm war, eine enge Straße hinauf, dann war ich beim Pera Palace Hotel.

Eine weitere Zugpilgerfahrt an einen Ort, an dem so viele gla-mouröse Passagiere des Orient-Express gewohnt hatten. Das Ju-gendstilgebäude hätte auch gut auf die Champs-Élysées in Paris ge-passt, wo ja viele Gäste ihre Reise begonnen hatten. Durch die Drehtür aus glänzendem Teakholz trat man in die prachtvolle, ge-flieste Lobby, in der Kristallkronleuchter und Messingbeschläge glitzerten und glänzten. Marmortreppen führten zu einem Ballsaal, der als Lounge diente und ganz im orientalischen Stil eingerichtet war, mit Oberlichtern, als wäre man gerade in einen Hamam getre-ten. Steinmauern, Bögen, erlesene Teppiche und Wandschirme mit geometrischen Mustern vervollständigten den Look.

Leise Geigen- und Cellomusik spielte im Hintergrund. In einem kleinen Seitenraum mit goldgerahmten Spiegeln, weinroten Wänden und Bücherregalen, in denen die gesammelten Werke von *Sherlock Holmes* und Bücher mit Titeln wie *Luxury Trains: From the Orient Express to the TGV* von George Behrend standen, diskutier-ten amerikanische Geschäftsleute auf burgunderroten Samtsofas.

„An dem Tag haben sie wirklich verrückte Sachen gemacht", sagte der eine, als ich gerade vorbeiging, und bezog sich damit auf irgendeinen Businessdeal.

„Klingt nach uns", meinte der andere träge.

Beide lachten und tranken von ihren rosafarbenen Cocktails. Sie hätten genauso gut Figuren aus einem Buch von Agatha Christie oder Graham Greene sein können.

Auf Mahagonitischen standen altmodische Globen. Ein lackierter Flügel wartete in einer Ecke auf die Cocktailstunde (die Amerikaner hatten früh angefangen). Hohe Kerzen flackerten in Kerzenhaltern. Die Zeit schien im Pera Palace Hotel stillzustehen – es dürfte sich seit der Eröffnung 1892 zur Glanzzeit der Dampfeisenbahnen kaum verändert haben.

Von der Bibliothek aus gelangte man in eine weitere Lounge mit rosafarbenen Samtsesseln, fließenden gemusterten Vorhängen, hohen Fenstern und einer langen verspiegelten Bar mit einem umfassenden Angebot an Spirituosen. Was für ein Ort, um hier nach einer langen Zugfahrt durch Europa einzuchecken (Danny und ich hatten uns die Preise angesehen und waren schnell zu unserem üblichen kleinen Business-Hotel-Niveau zurückgekehrt).

Nachdem ich am Empfang danach gefragt hatte, zeigte mir Mr. Eris, ein Mitarbeiter im langen schwarzen Mantel und mit zurückgegelten Haaren, freundlicherweise den ersten elektrischen Aufzug in Istanbul (ein Metallkäfig, der nur noch zu besonderen Anlässen in Betrieb war) und das Zimmer 101, in dem Atatürk zwischen 1915 und 1917 viele Male übernachtet hatte. Hier hatte man ein kleines Museum für den Gründer und Modernisierer der türkischen Republik eingerichtet. Eine Wachsfigur von Atatürk in Militärkleidung und mit einem hohen schwarzen Hut stand in der Mitte der mit Teppich ausgelegten Suite neben einem Teakholzbett und einem Schreibtisch, beide an ihren ursprünglichen Plätzen. Eine gerahmte Titelseite des *Time Magazine* vom 21. Februar 1927 hing an einer Wand und zeigte Atatürk mit nachdenklich gerunzelter Stirn.

Dann führte Mr. Eris mich eine Marmortreppe hinunter zum Agatha Restaurant. Die Autorin hatte oft im Pera Palace Hotel gewohnt, normalerweise in Zimmer 411, ihrem Lieblingszimmer, in dem sie angeblich einige Teile von *Mord im Orient-Express* geschrieben hat. Nach der Überprüfung ihrer Reisedaten sind sich einige Historiker da allerdings unsicher.

Zum ersten Mal war Agatha Christie Gast im Pera Palace Hotel gewesen, als sie 1928 nach dem Scheitern ihrer Ehe mit Archie Christie eine spontane Reise mit dem Orient-Express unternommen hatte. Von Istanbul aus war sie mit dem Taurus-Express durch Syrien nach Bagdad im Irak gefahren, wo sie ihren zweiten Ehemann, den vierzehn Jahre jüngeren Archäologen Max Mallowan, bei einer archäologischen Ausgrabung kennenlernte.

Zimmer 411 war belegt, sodass ich es nicht besichtigen konnte, doch das Art-déco-Restaurant schien die Zeit widerzuspiegeln, die die berühmte Autorin so großartig in ihren Krimis eingefangen hatte.

Für diejenigen, die sich (wie ich) für große Namen interessierten, hingen an der hinteren Wand des Restaurants gerahmte Bilder berühmter Gäste: Agatha Christie natürlich, Alfred Hitchcock, Sir Edward Elgar, Greta Garbo, Ian Fleming, Jacqueline Kennedy, Ernest Hemingway (der 1922 als junger Kriegsreporter hier übernachtet hatte), Sarah Bernhardt und Giorgio Armani. Außerdem die unglückselige Mata Hari, König Edward VIII., Königin Elisabeth II., Josip Tito, Zsa Zsa Gabor und Kaiser Franz Joseph I.

Bevor nach dem Zweiten Weltkrieg Düsenflugzeuge aufkamen und Reisende, darunter auch Christie, sich für die neuartigen de Havilland DH.106 Comets und Boeing 707 entschieden, war der Orient-Express *das* Verkehrsmittel der Wahl gewesen, um schnell und stilvoll ferne Orte zu sehen. Die privaten Abteile waren der Schlüssel zum Erfolg und mussten oft Wochen im Voraus gebucht werden. Filmstars, Aristokraten, Diplomaten und Mitglieder des Königshauses genossen die Sieben-Gänge-Menüs in Abendgarderobe und das Gefühl, über einen Kontinent zu reisen, der damals an vielen Orten noch bitterarm war, während sie den Luxus in vollen Zügen zelebrierten. Der Orient-Express stand damals für das Zeitalter der Maschinen und der einsetzenden Industrialisierung: der Inbegriff eleganten Lebens und ein stolzes

Symbol des „Fortschritts". Wahrlich das goldene Zeitalter der Eisenbahn, wenn auch für die meisten unerschwinglich. Durch die Möglichkeit, mit Flugzeugen zu reisen, änderte sich alles sehr schnell.

Laut dem Eisenbahnhistoriker George Behrend kostete Anfang der 1960er-Jahre eine Hin- und Rückfahrt mit dem Orient-Express von Paris nach Bukarest hundertzwölf Pfund in einem Einzelabteil oder dreiundachtzig Pfund in einem Doppelabteil, Hin- und Rückflug von London nach Rumänien allerdings nur siebzig Pfund. Zu dem Zeitpunkt war der Zug schon weit von seiner früheren Beliebtheit entfernt. Vor dem Zweiten Weltkrieg, schätzt der niederländische Eisenbahnfan Arjan den Boer in seiner *Orient Express History,* kosteten Hin- und Rückfahrt von Paris nach Istanbul ein Viertel des Jahreseinkommens eines durchschnittlichen Franzosen. So exklusiv war die Reise damals. Der Eisenbahnhistoriker Christian Wolmar hat allerdings in separaten Berechnungen herausgefunden, dass ein Hin- und Rückfahrtticket von sechshundert Francs etwa dem Monatslohn eines Arbeiters zu dieser Zeit entsprach. Nicht ganz ein Viertel des Jahreseinkommens, aber dennoch eine große Summe.

In den letzten Jahren, bevor die Verbindung im Jahr 1977 ganz eingestellt wurde, war dieses Gefühl der Exklusivität (und der Überlegenheit) jedoch längst nicht mehr gegeben.

In dieser Zeit fuhr der Reiseschriftsteller Paul Theroux mit dem Zug nach Istanbul und merkte ironisch an, dass „der Orient-Express wirklich mörderisch ist". Die Fahrt fand im Rahmen seiner epischen Reise von London Victoria Station bis nach Japan statt, die er in seinem Buch *Abenteuer Eisenbahn – auf Schienen um die halbe Welt* (1975) beschreibt. Auf dieser Reise war Theroux zunächst überrascht, dass er sich ein beengtes Abteil mit einem anderen Reisenden teilen musste. Sein neuer Reisegefährte war ein neugieriger, chaotischer älterer Mann namens Duffill, der entschuldigend ins Abteil kam und sich vage zu seinem Hintergrund äußerte. Er sagte nicht einmal, ob er beruflich oder zum Vergnügen unterwegs war – ein rätselhafter, verwahrloster Mann und weit entfernt von der Eleganz der Frau in Rot mit ihrer Perlenkette.

Nach einer Nacht im Zug strandete Duffill an einem Bahnhof in Italien, nachdem er während eines Halts schnell in einen Laden gegangen war, um sich etwas zu essen zu kaufen. Der Orient-Express hatte in den 1970er-Jahren keinen Speisewagen und war nur ein Schatten seines früheren Glanzes. Die Reisenden waren gezwungen, in ihren Abteilen zu picknicken. Theroux sah Duffill nie wieder und kreierte ein Wort nach ihm: „duffilled", also „am Bahnhof zurückgelassen werden".

Heutzutage fühlte sich jedoch der gesamte Orient-Express irgendwie wie ein Duffill an.

Mr. Eris wies auf die verschiedenen Fotos an den Restaurantwänden hin und erzählte mir dann, dass Netflix kürzlich eine achtteilige Serie über das Pera Palace Hotel ausgestrahlt hatte. Er war darin allerdings nicht zu sehen.

„Bei Touristen waren wir schon immer bekannt", sagte er. „Jetzt kommen auch die Türken zu uns, nachdem sie Netflix geschaut haben."

Ich bedankte mich bei Mr. Eris, ging an den Anglern auf der Galatabrücke vorbei zu Fuß nach Sirkeci und aß im Orient Express Restaurant mit Blick auf das Goldene Horn Kebapspieße. Dann sah ich auf die Uhr. Langsam wurde die Zeit knapp. Ich wollte kein Duffill sein, bevor sich der Zug überhaupt in Bewegung gesetzt hatte. Daher fuhr ich rasch mit der Marmaray-Linie zum Bahnhof Halkalı, wo ich gerade noch den 20.00-Uhr-Zug nach Plowdiw erwischte. In meinem Abteil saß ein kleiner älterer Türke mit einem Schnurrbart, zusammengekniffenen Augen und einer olivgrünen wasserdichten Wanderhose samt dazu passender Jagdweste, der über meine Anwesenheit alles andere als erfreut wirkte.

Er hatte offenbar nicht damit gerechnet, dass in letzter Minute noch jemand zusteigen würde. Die Pfeife zur Abfahrt ertönte, als ich meinen Rucksack absetzte. Das war wirklich knapp gewesen. Der Zugbegleiter kontrollierte die Tickets. Ich fragte, ob es einen Speisewagen gab. Nein, den gab es nicht. Ich fragte, ob ich irgendwo Bier kaufen könnte, und er antwortete: „Es ist Ramadan, kein Alkohol. Tee, türkischer Kaffee." Ich bestellte einen türkischen Kaffee. Während er das notierte, sah ich auf seiner Passagierliste, dass in diesem Wagen Reisende aus Deutschland, Bulgarien, der Türkei und Russland mitfuhren. Vielleicht waren auch jetzt noch, nach all den Jahren, Spione an Bord.

Langsam fuhren wir in die türkische Nacht und steuerten Richtung Nordwesten auf Bulgarien zu.

6

Schläfer, Spieler, Trucker und Heilige

Von Istanbul nach Thessaloniki,
über Kulata

Für Theroux hatte das Alleinreisen seine Vorteile. „Allein zu sein, autark und anonym", war seiner Meinung nach der „sicherste Weg ... Erfahrungen zu sammeln." Echtes Reisen erforderte „absolutes Eintauchen", und wenn ich die Wahrheit entdecken wollte, müsse ich mich laut Theroux der Bewegung ergeben und einfach berichten, was ich sah.

Seiner Meinung nach tat man das am besten allein, doch Danny und ich hatten auf der Reise auch ein paar Wahrheiten entdeckt. Zum Beispiel, dass man französischen und deutschen Zügen nicht zu sehr vertrauen sollte, wenn die Gewerkschaften Ärger machten. Man sollte darauf achten, dass man in Wien am richtigen Bahnhof ausstieg, sich als Mensch im mittleren Alter mit einer Abneigung gegen Ohrenstöpsel von Hostels fernhielt und nicht zu viel trank, bevor man sich in einem Nachtzug schlafen legte (weil man sonst nachts nach unten klettern und aufs Klo tapsen musste). Man musste immer nett zu Grenzbeamten sein, durfte Vertreter von Massagesalons in Bukarest nicht ermutigen, sollte sein Gepäck immer am Bahnhof einschließen, damit man es nicht den ganzen Tag mitschleppen musste (auch wenn diese Aufbewahrungsanlagen oft kompliziert zu bedienen waren), und am besten in billigen kleinen Business-Hotels übernachten. Vor allem sollte man immer seiner Eurail-App vertrauen, auch wenn man am Anfang der Reise noch misstrauisch gewesen war.

Zugegeben, das waren alles keine besonders weltbewegenden Erkenntnisse.

Ich war also mehr als bereit für Theroux' *Prozess des Verschwindens auf einer dünnen geographischen Linie, die ins Vergessen führt,* was auch immer das heißen mochte. Ich war vorbereitet und freute mich sehr darauf, mich auf das Unbekannte einzulassen, ohne meinen Sidekick, der nach Lokalen mit Alkohollizenz, gern auch mit Dartscheiben und Premier League im Fernsehen, nach obskuren Karaokeschuppen und Bukowski-Bars suchte.

Aber damit war er ja nicht allein gewesen, das gebe ich offen zu und bekenne mich schuldig.

Dreiundvierzig Kilometer die Stunde
Von Istanbul/Plowdiw nach Kulata

Der ältere Mann mit dem Schnurrbart und der olivgrünen wasserdichten Wanderhose verließ das Abteil für eine Weile. Bei seiner Rückkehr kniff er die Augen zusammen und sagte etwas auf Türkisch. Ich reimte mir zusammen, dass er auf ein leeres Bett im Nachbarabteil umziehen würde. Er sammelte seine Sachen ein, kniff noch ein letztes Mal die Augen zusammen und verschwand. Ich sah mich um.

Das Abteil war nichts Besonderes: ein kleiner Kühlschrank, ein ausziehbarer Tisch, Spiegel, recht breite waldgrüne Sitze mit Armlehnen, ein Waschbecken mit Seifenspender, Kleiderhaken, Verdunkelungsjalousien und beigefarbene Vorhänge. Trotzdem war ich überglücklich. Der Zugbegleiter kam vorbei und brachte eine Packung Laugenknabberstangen, ein Tetrapack Wasser, einen Multifruchtsaft und einen Schokoriegel. Auch darüber war ich überglücklich. Wieder schien ich unwissentlich ein Ticket für einen hochklassigeren Nachtzug erworben zu haben als den von Timișoara nach Bukarest, sogar noch hochklassiger als der von Sofia nach Istanbul, der ziemlich gut gewesen war. Ich betrachtete das Ticket. Es war für die zweite Klasse, mein Abteil war in Wagen 484. Die Reservierung hatte neun Pfund gekostet. Das war sehr, sehr günstig (und hätte Dannys Zustimmung gefunden).

Der Zugbegleiter kam mit einem Becher Kaffee zurück und legte Erfrischungstücher mit Zitronenduft in den Kühlschrank. Wie viel Luxus gab es hier denn noch? Ich dankte dem Mann überschwänglich, und er musterte mich seltsam. Ich schob die Abteiltür zu. Draußen war es dunkel geworden. Wir hielten in Çerkezköy, in der Nähe des Ortes, in dem der Orient-Express fünf Tage eingeschneit gewesen war und damit die Idee zu *Mord im Orient-Express* geliefert hatte. Auf dem Gang waren Stimmen zu hören. Plötzlich fuhren wir sehr schnell, dann plötzlich wieder sehr langsam. Das wiederholte sich. Jemand ging mit klirrenden Schlüsseln vorbei, als wäre gleich Einschluss wie im Gefängnis. Ich bereitete mein Bett vor, zog die Jalousie herunter und schlief ein zum Knirschen und Knarzen des Zuges, das klang, als stünde die Federung unter großer Belastung. Die Wagen schwankten hin und her, was sehr förderlich für wirre Träume war. Ich hatte Theroux' *Vergessen* gefunden.

Vorübergehend. Um 1.15 Uhr klopfte der Zugbegleiter an meine Tür.

„Passkontrolle, in zwanzig Minuten", sagte er.

Die Passagiere mussten aussteigen und durch einen Tunnel zu einem anderen Bahnsteig gehen, an dem sich verschiedene Büros befanden – für die Bahnhofsleitung, den Streckenkoordinator, den Rangiermeister und noch andere wichtige Leute. Der Rangiermeister schnarchte sanft auf seinem Drehstuhl, eine Decke bis zum Hals hochgezogen. Die Passkontrolle befand sich dahinter, und wieder war ich nervös wegen der vielen Stempel, doch der Grenzbeamte ignorierte sie.

Wir stiegen wieder ein und rollten aus dem Bahnhof Kapıkule nach Bulgarien, wo zwei Grenzbeamte in blauen Uniformen an die Tür klopften und mit der Taschenlampe unter mein Bett leuchteten, als hofften sie, dort eine Leiche zu finden. Es war zehn vor drei. Wir waren in Swilengrad. Die Beamten nahmen meinen Pass mit, brachten ihn kurz darauf zurück, und der Zug fuhr weiter. Ich schlief wieder ein, und schon waren wir in Plowdiw. Es war 5.40 Uhr.

Der Bahnhof lag einsam und verlassen da. Man sollte wohl eine Weile im Licht der gedämpften Bahnhofsbeleuchtung herumlaufen und etwas zu essen suchen (unmöglich ohne bulgarische Lew, da Karten in den Läden, die zu dieser frühen Uhrzeit schon geöffnet hatten, nirgends genommen wurden), bevor man nach dem Anschlusszug suchte, nur um zu erkennen, dass es am Bahnhof von Plowdiw nur einen Zug gab. In den stieg man dann ein und stellte fest, dass man sich für den Rest der Fahrt mit einem abgewetzten Zweite-Klasse-Abteil zufriedengeben musste.

Männer klopften die Räder des Wagens mit Hämmern ab und überprüften sie auf Risse. Eine Frau in einer gelben Jacke, gelben Schuhen und mit großen gelben Kopfhörern kam in mein Abteil, das acht Sitze hatte. Die Fenster waren mit Schmetterlings- und Bambusaufklebern verschönert. Um 6.26 Uhr fuhren wir Richtung Sofia ab, wo wir um 9.30 ankommen sollten. Die Morgendämmerung zog herauf, der Horizont färbte sich sanft bleigrau und zitronengelb, während der Zug an alten Fabrikruinen vorbeifuhr. Rechts erhob sich ein gezackter Bergrücken wie ein Krokodil. Verschlafen starrte ich darauf, während der Himmel allmählich orangerote Strahlen auf meinen Zweite-Klasse-Wagen warf.

Rauch stieg aus den Schornsteinen in den Tälern auf. Wir fuhren durch Birkenwälder, dann durch Ackerland, in der Ferne waren Hügel mit sanft verschneiten Ausläufern zu sehen. Ich bot der Frau in Gelb einen Kaugummi an.

„Nein, danke", antwortete sie und schwieg für den Rest der Fahrt.

Häuserruinen, die vielleicht bewohnt waren, vielleicht auch nicht, zogen vorbei, Reifenstapel und „FÜTTERT DIE TAUBEN"-Graffiti. Das gefiel mir irgendwie (auch wenn man Tauben nicht füttern sollte, da sie einem ganz schön auf die Nerven gehen konnten).

Kurz darauf erreichten wir Sofia.

Ich machte mich auf die Suche nach einer Wechselstube, um Geld in türkische Lira einzutauschen. Dabei kam ich zu einem Busbahnhof, von dem Touren nach Thessaloniki für fünfzehn Euro starteten. Statt mit dem Zug nach Kulata im Niemandsland zwischen Bulgarien und Griechenland zu fahren, wo ich ein Zimmer im ägyptisch angehauchten Hotel Finix Casino gebucht hatte, könnte ich Thessaloniki in wenigen Stunden auf der Straße erreichen. Es wäre billiger. Der „Fortschritt" größer. Doch darum ging es nicht. Das war kein Rennen durch Europa. Ich wollte eine Nacht in einer kleinen Grenzstadt bleiben, in der vor allem Lastwagenfahrer hielten, auf ihrem Weg von Bulgarien Richtung Süden nach Griechenland.

Ich wollte von der Karte verschwinden.

Ich stieg in den Zug auf Gleis zwei, der um 12.30 Uhr nach Blagoewgrad fahren sollte. Von außen sah er aus wie ein weiterer, mit Graffiti verschmierter Zug der bulgarischen Staatsbahn, das Innere war jedoch sauber, die Sitze lilafarben mit dem flügelförmigen BDZ-Logo. Der Zug rollte aus dem Bahnhof, und zur Linken zog eine lange Reihe Plattenbauten an uns vorbei, hinter denen sich die tintenschwarzen Ausläufer des Witoscha erhoben.

Die Fahrt nach Süden begann.

Viele kleine aprikosen- und ockerfarbene Bahnhöfe mit Namen wie Zaharna Fabrika, Batanowzi und Dupniza kamen und gingen. Passagiere stiegen zu und wieder aus. Die meisten trugen Schwarz und hielten Plastiktüten umklammert. In Dragichevo, einem ungeplanten Halt, drosselte der Zug die Geschwindigkeit weit genug, um einen jungen Mann, wohl ein Freund des Zugführers, abspringen zu lassen. Mehr hässliche Wohnblöcke, Flüsse voller Müll und Lagerhäuser mit eingeschlagenen Fenstern folgten. Die Umgebung war düster und deprimierend, doch dann fuhren wir durch eine angenehm weite Landschaft, die nur durch gelegentliche Steinbrüche getrübt wurde.

Ein paar Teenager stiegen in Pernik zu und setzten sich in den Vierersitz auf der anderen Gangseite. Wenn die Jungs nicht gerade auf ihre Handys starrten, sahen sie träge zu mir, als versuchten sie einzuschätzen, ob ich ihnen irgendwie nützlich sein könnte. Manchmal ertönte Musik, und sie beugten sich alle über das Display ihres Kumpels und schauten sich etwas an. Ich könnte spekulieren, was genau sie da so fesselte. Aber wenigstens ließen sie mich in Ruhe.

In Blagoewgrad wurde durchgesagt, dass Fahrgäste bis General Todorow sitzen bleiben sollten. „Umsteigen" hieß also, einfach gar nichts tun.

Die Teenager stiegen aus. Eine ältere Frau mit rosa Haaren und einem kleinen Hund kam in den Wagen sowie eine Frau Mitte dreißig in einer so modisch zerfetzten Jeans, dass sie aussah, als hätte sie einen Tornado überlebt. Die beiden nickten mir zu und kümmerten sich dann um ihre eigenen Angelegenheiten. Nach zehn Minuten setzte sich der Zug knarzend in Bewegung und fuhr durch eine sonnenbeschienene Schlucht, die sich zwischen schroffen Bergen hindurchwand, auf denen hier und da grüne Frühlingsknospen und kleine gelbe Wildblumen verstreut waren. Granitspitzen ragten wie Kirchtürme in die Höhe. Raubvögel schwebten am Himmel auf der Suche nach Mittagessen. Eine einsame, wilde Landschaft.

Diese verführerische, dramatische Szenerie wurde jedoch schon bald von Ebenen voller Wein und Weiden mit Kühen abgelöst. Hier herrschte eine ruhigere, sanfte Atmosphäre. Die Straße, die der Bus aus Sofia entlanggefahren wäre, kam in Sicht, ebenso wie eine Tankstelle mit einem Restaurant namens „HAPPY". Und genau so musste man sich in dieser Gegend, weitab von allem und ohne jede Verpflichtungen, auch fühlen. Glücklich.

Dann wandelte sich die Landschaft wieder, mit Büschen bewachsene niedrige Hügel erstreckten sich zu beiden Seiten, als wäre der Zug in ein völlig anderes Mikroklima gefahren. Wir durchquerten einen Tunnel und waren in General Todorow. Ein trostloser Bahnhof mit mehreren Bahnsteigen, auf denen Maler gerade die Schwarz-Weiß-Muster an den Kanten auffrischten. Sonst war niemand zu sehen.

Die Lok, die den Zug von Blagoewgrad gezogen hatte, wurde ans andere Ende der Wagen rangiert, um nach Blagoewgrad zurückzufahren, und die wenigen Passagiere, die nach Kulata wollten, stiegen in einen anderen Zug. Dessen Fenster waren wie der Plowdiw-Zug mit Schmetterlingen und Bambusblättern beklebt. Von General Todorow fuhr man vierzehn Minuten nach Kulata, und wieder wandelte sich die Landschaft von sanften Hügeln zu scharfen Bergketten.

Von Kulata nach Istanbul waren es 471 Kilometer Luftlinie. Mit der Bahn waren es 963 Kilometer.

Dafür brauchte man über 22 Stunden bei einer Durchschnittsgeschwindigkeit von 43 km/h.

Echte Bummelzüge also.

Low Roller
Kulata

Hühner gackerten auf einem Hof beim Bahnsteig. An einer Wand
hingen Nachrufe auf kürzlich Verstorbene. Ein Polizist in einem
Streifenwagen beobachtete den einzigen Touristen, der in Kulata
ausstieg (mich). Ich ging eine staubige Straße entlang Richtung
Hotel Finix Casino, an dem Streifenwagen vorbei, und die zwei
schnauzbärtigen Polizisten drehten den Kopf, um dem einzigen
Touristen nachzublicken, der von General Todorow kommend in
ihrem Ort ausgestiegen war. *Will der hier etwa Urlaub machen?*,
schienen ihre Blicke zu sagen. *Ja, will ich,* hätte ich ihnen mitteilen
können, wenn sie das Fenster heruntergekurbelt und mich gefragt
hätten.

Storche hatten ihre Nester auf Strommasten gebaut. Sonst
bestand Kulata aus einem Platz und einem Lebensmittelladen,
baufälligen Holzhäusern und Hunden an Ketten, die einen anbell-
ten und aussahen, als würden sie einem liebend gern alle Gliedma-
ßen abreißen, auch wenn sie mit dem Schwanz wedelten. Die Straßen der „Stadt" waren menschenleer, doch auf der Landstraße zur
Grenze hin, wo etwa hundert Fahrzeuge auf die Durchfahrt nach
Griechenland warteten, gab es provisorische Duty-Free-Läden,
die „NON-STOP: TABAK, ALKOHOL, ESSEN, 24/7" anboten
sowie braun-gelbe Tontöpfe, Oliven und Olivenöl, Waschmittel
und kitschige Porzellandekoartikel für den Garten. Das alles
kaufte man anscheinend als Grenzgänger nach Griechenland, auch
wenn nur wenige Leute die Auslagen betrachteten.

Das Hotel Finix Casino war ein gedrungenes, lagerhallenähn-
liches Gebäude mit schmutziger Fassade, das (extrem entfernt) an
den Tempel von Karnak in Luxor erinnern sollte. Der Eingang
durchbrach die Lagerhallenoptik mit einer kleinen Pyramide mit

abgeflachter Spitze und Neonlichtern, die die Worte FINIX CASINO bildeten, flankiert von zwei Pharaonen mit vor der Brust gekreuzten Armen. Ein riesiger Türsteher bedeutete mir, durch eine verrauchte, schwach beleuchtete Lobby mit Teppich und piepsenden Einarmigen Banditen sowie Blackjack- und Roulettetischen mit grünem Filzbezug zur Rezeption zu gehen.

Dort sprach mich eine adrett gekleidete unecht blonde Hotelmitarbeiterin an: „Thomas?"

Ich musste der einzige Gast des Tages ein. Es war sechs Uhr abends.

Da Kulata die Endstation der Bahnlinie darstellte und ich mich schon damit abgefunden hatte, für die 112 Kilometer nach Thessaloniki einen Bus zu nehmen, fragte ich die Rezeptionistin danach. Sie wirkte beunruhigt und rief einen schwarz gekleideten Mann mit zurückgegelten Haaren zu uns, der sich meine Frage anhörte und dann sagte: „Taxi, Taxi."

Was denn mit dem Bus wäre, fragte ich.

„Kein Bus. Taxi, Taxi", wiederholte er und ging davon.

Es stellte sich heraus, dass der Bus nach Thessaloniki nicht in Kulata hielt. Der letzte Halt in Bulgarien war in Blagoewgrad, wohin ich morgen mit dem Zug zurückfahren müsste. Das wollte ich nicht. Mit einem teuren Taxi wollte ich aber auch nicht fahren. So saß ich in einem Kasino mit altägyptischem Design in einer entlegenen bulgarischen Grenzstadt fest. Ich ging in mein kleines, eher industriell eingerichtetes Zimmer, in dem man das Pharaonenkonzept aus irgendeinem Grund nicht umgesetzt hatte, und überlegte, was ich machen sollte, während ich ein paar Kleidungsstücke auswusch.

Auf einer langen Backpacker-Reise durch Europa lässt es sich nicht vermeiden, hin und wieder – in meinem Fall alle drei Tage – Wäsche zu waschen. Schließlich hat man nicht genug frische Kleidung für einen Monat dabei. Dafür bräuchte man schon einen sehr großen, sehr schweren Koffer. Deshalb muss man zwischendurch waschen, was sehr nervig ist. Ich erwähne das nur, weil das Hotel Finix Casino exzellente Handtuchwärmer in den Zimmern hatte, auf denen meine Sachen besonders schnell trockneten. Manche wuschen Geld in Kasinos, ich den Inhalt meines Rucksacks. Dann zog ich los, um das Nachtleben von Kulata zu erkunden. Dazu musste ich das weitläufige Hotel Finix Casino durchqueren, das nahezu keine Gäste hatte.

Auf meinem Weg durch das Kasino wurde ich die ganze Zeit von adrett gekleideten Angestellten beobachtet, die nicht aufdringlich, aber doch ständig in der Nähe waren. „Mighty Ramses"-Spielautomaten blinkten und klimperten. Ein paar Gestalten saßen gebückt davor und verpassten den Maschinen gezielte, sorgfältig bemessene Schläge, als würden diese irgendwie den Computer in „Mighty Ramses" aufwecken, der dann entscheiden würde: *Jetzt ist es an der Zeit, die vier Tutanchamuns in einer Reihe erscheinen zu lassen, jetzt zahle ich den großen Jackpot aus, worauf habe ich eigentlich gewartet, dieser Spieler hat den großen Jackpot verdient, weil er den Spezialschlag beherrscht.*

Ein Bild der Sphinx von Gizeh hing über den leeren Plätzen an der Cocktailbar. Ich ging zum Stud-Poker-Tisch, an dem niemand spielte. In den fünf Sekunden, in denen ich stehen blieb und mir Gedanken über das Spiel machte, fragte mich ein adrett gekleideter Croupier, ob ich ein paar Chips kaufen und spielen wolle. Ich lehnte ab und ging rasch weiter, mit dem Gefühl, ein „Low Roller" oder eher „No Roller" zu sein und das Hotel Finix Casino damit zu enttäuschen.

Der allgegenwärtige Zigarettenrauch brannte in meinen Augen, weshalb ich schnell zur Tür ging, wo mir ein weiterer riesiger Türsteher zunickte. Ich trat hinaus auf den „Strip" von Kulata.

Es war ein schöner Abend. Im Süden fiel warmer Sonnenschein auf die griechischen Berge und ihre Hänge, auf denen Windparks wie weit entfernte Disteln verteilt waren. Der „Strip" von Kulata war mit nur einem Kasino und den paar provisorischen Läden nicht ganz so wie der berühmte Namensvetter in Las Vegas.

Auf der anderen Straßenseite war ein Truckercafé namens „CKAPA". Neonlicht wurde von beigefarbenen Tischen mit Glasplatten zurückgeworfen. Drei Lkw-Fahrer mit Kapuzenpullover und Jacken aßen Teller voll Fleisch und Pommes. Sie sahen aus, als ob es ihnen schmeckte. In einem Pellet-Ofen in der Ecke brannte ein Feuer und verbreitete einen orangefarbenen Schein. Zwei Frauen nahmen am Tresen meine Bestellung auf, Fleisch mit irgendeiner Füllung, gehacktem Kohl und Karotten, Tomatenscheiben, einem Brötchen und einem Heineken-Bier. Das Ganze kostete einen sehr guten Low-Roller-Preis: 4,83 Pfund. Ein Lkw-Fahrer mit Kapuzenpullover und Jacke kam an den Tresen, während ich bezahlte, und fragte erst auf Bulgarisch, dann auf Englisch: „Bist du ein Trucker?" Dabei machte er Handbewegungen, als würde er ein Auto lenken. Ich verneinte, und er wirkte enttäuscht.

Ich saß mit meiner Mahlzeit an einem beigefarbenen Tisch, wobei ich mich fragte, was für Fleisch ich da eigentlich aß. Außerdem versuchte ich herauszufinden, wie ich Thessaloniki ohne Zug oder Bus halbwegs günstig erreichen konnte. Und kam zu einem schrecklichen Schluss: Nachdem ein Taxi für die weite Entfernung nicht infrage kam (und auf eine Fahrt mit BlaBlaCar hatte ich keine Lust), musste ich vielleicht zum ersten Mal in meinem Leben per Anhalter fahren.

Ich schrieb einem Freund, der schon oft durch Europa getrampt war, und erklärte, dass die erste Stadt mit Busanschluss 24 Kilometer hinter Kulata in Griechenland lag. Was ich zur Not auch laufen könnte, wenn ich früh genug aufstand.

Er antwortete umgehend mit dem Ratschlag: „Fürs Trampen habe ich noch nie etwas bezahlt! Ehrlich, du musst nichts bezahlen. Aber wenn du verzweifelt bist, frag, wie viel es kosten soll, dich nach xy mitzunehmen. Wenn möglich, mal dir ein Schild. Und vermeide die Parkplätze, wo sich Leute zum Sex treffen. Ich kann es nicht glauben, dass du noch nie getrampt bist. Sieh den Leuten in die Augen, wenn sie heranfahren, achte darauf, dass du in der Nähe eines guten Haltepunkts stehst, wo sie dich aufsammeln können, steh nicht in einer Kurve (da sehen die Fahrer nicht, ob sie am Rand halten können). Bewahr deinen Pass am Körper auf, nicht im Rucksack. Lächle. Wenn du an der Grenze bist, bei einem Grenzposten, wo die Autos Schlange stehen, wird dich dort bestimmt jemand erhören." Dann fügte er hinzu: „24 Kilometer sind nicht viel. Die könntest du wirklich laufen." Er war nicht nur ein Hardcore-Tramper, sondern auch ein Hardcore-Wanderer.

Das half mir weiter. Trampen schien mein Ausweg aus dieser Sackgasse zu sein. Direkt an der Grenze gab es wahrscheinlich keine Sex-Treffpunkte, weshalb ich mich genau dorthin stellen wollte. Zurück in meinem Zimmer schrieb ich mit einem Kugelschreiber auf ein Blatt DIN A4-Papier: „THESSALONIKI – Bitte!" Daneben malte ich einen hochgestreckten Daumen – das universelle Tramperzeichen.

Keine Eurail-App morgen.

Dieses Blatt Papier aus dem Hotel Finix Casino war mein neues Ticket geworden.

Mini-Odyssee
Von Kulata nach Thessaloniki

Um vom Hotel Finix Casino nach Griechenland zu kommen, ging man über den Parkplatz und etwa dreißig Meter eine Straße entlang, an einer bulgarischen Passkontrolle ohne Kontrolleur vorbei, betrat einen Grenzstreifen in Form einer kurzen Brücke über den Fluss Pirinska Bistriza und beachtete einen Stein auf der Brücke, der halb in den Farben der bulgarischen Flagge und halb in der blauweißen Griechenlands gestrichen war. An diesem Punkt verlief die Grenze.

Es war sieben Uhr morgens. Schafe blökten in einem Transportlaster, der nach Griechenland wollte, die Fahrzeugschlange bewegte sich schrittweise auf den Grenzübergang zu. Der griechische Passkontrolleur winkte mich durch, und ich ging zu einem Café neben einem unbesetzten Infostand für ukrainische Geflüchtete, wo eine Frau sagte, ein Bus nach Thessaloniki käme um „zehn oder elf". Und wo?, fragte ich. „Hier", sagte sie und deutete vor das Café. Ich trank eine Tasse Tee, hörte „How Deep Is Your Love" von den Bee Gees, „Liberian Girl" von Michael Jackson und „Englishman In New York" von Sting – auch wenn ich kein „illegaler

Fremder" wie in dem Song war, fühlte ich mich wie einer mit meinem bekritzelten Stück Papier.

Vor dem Café konnten Fahrzeuge halten, in einer Kurve lag es auch nicht, mein Pass steckte in meiner Jackentasche, und ich lächelte den Fahrern zu, die nach Griechenland kamen, wobei ich versuchte, Blickkontakt herzustellen. Ein Mann in einem großen silbernen Mercedes musterte mich verächtlich und raste davon, ein Paar in einem Audi schien zu überlegen, dann hielt ein weißer Lkw mit bulgarischem Kennzeichen an, und der Fahrer, ein Mann in den Dreißigern mit Glatze und einem Oberteil mit Kapuze, winkte mich zu sich. *Passiert das wirklich?*, dachte ich. Ich wartete doch erst seit ein paar Minuten.

Es passierte wirklich. Rosco war ein bulgarischer Exporteur von Obst und Blumen aus Kresna, das knapp fünfzig Kilometer nördlich von Kulata lag. Er zeigte mir ein Foto seiner momentanen Ladung, die aus knotigen Bäumen und kleinen Pflanzen mit rot-gelben Blüten bestand. Jede Woche fuhr er nach Griechenland und lieferte dort seine Waren aus. Seit acht Jahren hatte er einen kleinen Supermarkt in Kresna – „ein kleines Business" – und brachte aus Griechenland immer Olivenöl extra vergine mit, „weil wir keine Oliven haben". Mit „wir" meinte er Bulgarien. Das Olivenöl in den kleinen Läden in Kulata musste für Bulgaren gewesen sein.

Sein Lkw hatte keine funktionierenden Sitzgurte. Um die Beifahrertür, die keinen Innengriff hatte, zu schließen, musste man sie zuschlagen und einen Riegel tief in der Türverkleidung umlegen. Der Ausblick aus der Höhe auf die leere Straße, die sich zwischen den Bergen entlangschlängelte, und die immer karger werdende Landschaft war schön. Rosco sagte, er könnte mich an einer Auffahrt am Stadtrand von Thessaloniki absetzen, von wo ich dann für die restliche kurze Strecke einen Bus nehmen konnte.

„1913", sagte er und schrieb mir die Zahl auf. Er konnte ein wenig Englisch.

Was ist mit 1913?, fragte ich ihn.

„Krieg Bulgarien–Griechenland", antwortete er.

Er bezog sich auf den Zweiten Balkankrieg, als Bulgarien griechische und serbische Truppen angegriffen hatte, um das Land zu erobern, das es nach dem Ersten Balkankrieg gegen das Osmanische Reich für sich beanspruchte. Damals hatten Griechenland und Serbien, die Verbündete gegen die Osmanen gewesen waren, aus bulgarischer Sicht unrechtmäßig Gebiete zugesprochen bekommen. Das Ergebnis war eine unkluge Offensive, auf die rasch eine demütigende Wende des Schicksals folgte, als Griechenland und Serbien die Bulgaren niederschlugen und nach Sofia vorrückten, als wollten sie Bulgarien endgültig vernichten. Die Osmanen und Rumänen schlossen sich dem Vormarsch an, und Bulgarien sah sich von allen Seiten angegriffen. Hastig schloss man Waffenstillstandsabkommen und unterzeichnete Verträge zur Anerkennung neuer offizieller Grenzen, die die Nachbarländer zufriedenstellten. Nicht gerade der stolzeste Moment in der bulgarischen Geschichte.

Etwas abrupt wechselte Rosco zum Fußball (wie es wohl überall in Europa jederzeit passieren konnte).

In der Premier League war er Fan von Arsenal, in der bulgarischen Liga von Lewski Sofia. Er fragte nach meinem Lieblingsverein.

„Ah, Chelsea!", sagte er. „*Come on Chelsea! Come on Chelsea!*", stimmte er einen Fangesang an.

Dann sagte er: „Viel Glück nächste Woche." Chelsea würde in der Champions League gegen Real Madrid spielen.

Wir fuhren an einem Straßenschild von Sidirokastro vorbei, wohin ich wahrscheinlich gelaufen wäre, wenn mich niemand mitgenommen hätte.

„Ich habe zwei Jahre in Athen gelebt", erzählte Rosco. Er hatte eine offene, einnehmende Art, ein breites Grinsen und Bartstoppeln so lang wie die Stoppeln auf seinem Kopf. Er schien gern Gesellschaft zu haben. Mit Mitfahrern war die Fahrt nicht so einsam.

„O ja, ich mochte Athen", sagte er. „Ich habe am Meer gewohnt. Ein wunderschönes Leben. Gute Arbeit. Schönes Meer.

Schöne Frauen. Disco." Er bewegte die Arme wie in einem Club. Der Lkw schwankte beunruhigend, und er griff wieder nach dem Lenkrad.

Ein Streifenwagen tauchte vor uns am Straßenrand auf. „Gurt!", sagte Rosco. „Gurt!" Wir zogen die Sitzgurte um uns, als wären sie neben uns eingerastet. Der Streifenwagen nahm keine Verfolgung auf. „Puh!", sagte Rosco.

Wir redeten über Russlands Einmarsch in die Ukraine. „Die Wahrheit! Die Wahrheit, Tommy! Vereinigte Staaten! Das ist die NATO gegen Russland, Tommy!" So nannte er mich mittlerweile. Mit einer Hand zeigte er auf sein Auge, wobei der Lkw wieder leicht schwankte. „Die Vereinigten Staaten! NATO! Ich sehe es!"

Dann wechselte er zum türkischen Präsidenten Erdoğan: „Die Hagia Sophia ist jetzt eine Moschee, weißt du? Nicht gut. Sie ist Geschichte, Tommy. Erdoğan tötet Geschichte!" Rosco schüttelte den Kopf. „Erdoğan ist sehr mächtig. Er geht auf keinen Fall."

Dann kam er auf sein eigenes Leben zu sprechen. Er war 36. „Ich bin sehr jung. Ich habe keine Familie. Ich will eine Familie." Er zeigte mir auf seinem Handy ein Foto einer hübschen Frau mit langen braunen Haaren. „Klassische Schönheit, Tommy. Sie heißt Varnia."

Ich fragte, was sie beruflich machte.

„Nägel, Nägel!" Er deutete auf seine Fingernägel, der Lkw schlingerte wieder leicht. „Finger. Schrubbt Finger!" Er zeigte mir wieder das Foto. „Oh, Bulgarien!" Er stieß die Faust mehrmals in die Luft, der Lkw schlingerte stark. „Ja! Für immer!"

Er schaltete das Radio ein. „Bulgarische Musik!" Die Geigen und Trommeln klangen melancholisch und doch fröhlich. Er zeigte mir ein Foto von sich beim Schachspielen. „Hier auf dem Balkan: normal. Auch normal: Spielkarten. Leben hier: einfach. Kein Verkehr. Langsam, einfach, einfach, langsam. Das ist normal. Rakija [der Schnaps] zum Frühstück, Bier, Wein: kein Problem!"

Ich fragte ihn, was passierte, wenn die Polizei Fahrer pusten ließ, die Rakija zum Frühstück getrunken hatten.

„Aaach." Er legte den Kopf nach hinten, als wäre das sehr unwahrscheinlich, und mit der Frage würde er sich erst befassen, sollte es jemals so weit kommen. Er empfahl mir griechisches Alfa-Bier und Ouzo. „Ein guter Drink, Tommy." Sein Lieblingswhisky war Bowmore Single Malt.

Ich fragte ihn, ob man mit dem Import/Export von Alkohol und Zigaretten Geld verdienen konnte. „Sehr gefährliches Business, Tommy", sagte er. „Gefängnis ganz schlimm in Griechenland. O ja! Mein Freund in Griechenland war für drei Monate im Gefängnis. Er ist gestorben, Tommy. Ein Bulgare. Tot." Aufgewühlt schwieg er einen Moment, dann fuhr er fort: „Auf dem Balkan sind wir ein Volk, ein Herz!" Er hämmerte mit dem Daumen gegen seine Brust. Der Lkw schlingerte. „Ein Herz! Verschiedene Sprachen: Griechisch, Bulgarisch, Rumänisch. In der Geschichte waren wir manchmal keine Freunde. Aber die Menschen, Tommy, kein Problem."

Er schien damit sagen zu wollen, dass das Schicksal seines Freundes in dem griechischen Gefängnis nichts Persönliches gewesen sei.

Wir kamen an einen Zollposten, und Rosco sagte *yassou* (Hallo) und *kaliméra* (Guten Morgen) zu dem Beamten.

Rosco fragte mich, ob ich schon mal in Griechenland gewesen war, und ich erzählte kurz von einem schönen Urlaub auf Ithaka. *„Die Odyssee,* Tommy", sagte er. „Kennst du?"

Ja, ich kannte sie.

„Homer?"

Ich nickte, und er wirkte zufrieden. Ithaka war die legendäre Inselheimat des sagenhaften Odysseus, des Helden von Homers Epos aus dem achten Jahrhundert [v. Chr.], in dem der griechische Dichter von Odysseus' wilden Abenteuern im Mittelmeer erzählte. Rosco schien Odysseus und wofür er stand zu mögen, was man vereinfacht als *große Gefahren meistern und nach Hause zurückkehren* zusammenfassen konnte.

Er kannte sich mit altgriechischen Epen aus. Er hatte die gegenwärtige geopolitische Lage im Blick. Er machte sich Gedanken über die moderne Geschichte seines Landes und dessen Verhältnis zu seinen Nachbarn. Er kannte sich mit der Premier League aus. Er konnte sich über all das in einer fremden Sprache unterhalten, während er in einem leicht klapprigen Lkw voller Obst und Blumen eine Landstraße entlangfuhr. Vermutlich war er nicht wie die anderen Lkw-Fahrer, denen man beim Trampen begegnete, aber was wusste ich schon? Das war schließlich mein erster Versuch.

Rosco setzte mich an der Auffahrt ab, wollte kein Benzingeld, stieß ein paarmal die Faust in die Luft, begleitet von: „Bulgarien!" Dann fuhr er davon, um seine Bäumchen und Blumen an die griechischen Kunden auszuliefern.

Das Trampen hatte Spaß gemacht. Es war Viertel vor neun und ich kurz vor meinem Tagesziel. Ich ging die Straße entlang und nahm einen Bus ins Zentrum von Thessaloniki.

Züge, Tragödien und alte Geschichte
Thessaloniki

Griechische Züge waren in einem katastrophalen Zustand, und vor kaum fünf Wochen (am 28. Februar 2023) war es zum schwersten Zugunglück des Landes gekommen, als zwei Züge auf der Strecke Thessaloniki-Athen in der Nähe von Tempi, etwa 210 Kilometer nördlich von Athen, frontal zusammengestoßen waren. 57 Menschen wurden getötet, Dutzende verletzt.

Der griechische Präsident ordnete eine dreitägige Staatstrauer an, während man den Hergang der Tragödie zu rekonstruieren versuchte. Zuerst wurde der Zusammenstoß als „menschlicher Fehler" deklariert, nachdem der zuständige Bahnhofsmitarbeiter von Larissa, in der Nähe von Tempi, übersehen hatte, dass sich zwei Züge auf demselben Gleis befanden.

Dann trat jedoch der griechische Verkehrsminister Kostas Karamanlis zurück, der in einem leidenschaftlichen Statement sagte, das Eisenbahnnetz des Landes sei hoffnungslos veraltet.

Eisenbahngewerkschaftsführer reagierten rasch auf diese gegensätzlichen Ansätze, mit der Verantwortung umzugehen – der

Premierminister richtete den Fokus auf den Fehler eines Bahnangestellten, während sein Verkehrsminister verkündete, die Bahn sei in einem so „schlechten Zustand", dass ein solches Unglück nur eine Frage der Zeit gewesen sei. Die Gewerkschaften sagten klipp und klar, das nicht funktionierende elektronische Sicherheitssystem sei schuld an dem Unglück, was dem Bahnhofspersonal zusätzliche Verantwortung aufbürdete, indem sie selbst alle Zugbewegungen auf den Strecken überprüfen mussten – was ihnen normalerweise das System hätte abnehmen sollen.

Dieser elektronische Rückhalt funktionierte seit Jahren nicht, und Kostas Genidounias, Vorsitzender der griechischen Lokführergewerkschaft, sagte, das Unglück „hätte vermieden werden können, wenn die Sicherheitssysteme funktioniert hätten". Schuld war die erforderliche persönliche Überwachung der wichtigen Strecke von Athen nach Thessaloniki: „Wir fahren mit Funk von einem Streckenabschnitt zum nächsten, genau wie früher. Die Stationsleiter geben uns dann grünes Licht." Dadurch standen die Kollegen an den Bahnhöfen unter großem Druck. Eine der großen Eisenbahngewerkschaften meldete, dass es laut einer jüngst erstellten Studie in Griechenland 2100 Bahnmitarbeiter geben müsste, nicht 750 wie zum Zeitpunkt des Unglücks. Die chronische Unterbesetzung hatte zu den Bedingungen beigetragen, unter denen so eine Katastrophe geschehen konnte.

Nach dem Unglück riefen die Gewerkschaften in Griechenland zum Streik auf: Beamte, Ärzte, Busfahrer, Fährarbeiter und Lehrer schlossen sich solidarisch mit den Bahnmitarbeitern zusammen. Eisenbahngewerkschaften hatten schon seit vielen Jahren die mangelnden Investitionen in die Sicherheit sowie die Unterbesetzung angeprangert. Jetzt sah man, wozu der Sparkurs geführt hatte.

Wütende Demonstranten zogen durch Athen, vierzigtausend Menschen waren auf der Straße, vor dem Parlament wurden Molotowcocktails geworfen. Auf Bannern standen Parolen wie „DAS WAR KEIN UNFALL, SONDERN EIN VERBRECHEN ... JEDER VON UNS HÄTTE IN DEM ZUG SITZEN KÖNNEN".

Die Polizei setzte Tränengas ein, um die Mengen zu zerstreuen, ebenso bei Steine werfenden Demonstranten vor dem Bahnhof von Thessaloniki, wo ein Lieferwagen in Brand gesetzt wurde. Anarchisten in beiden Städten mischten sich unter die Demonstranten und führten die gewalttätigen Zusammenstöße mit der Polizei oft an.

Premierminister Mitsotakis ruderte angesichts der Wucht der Proteste zurück und sagte, „es sollte nicht möglich sein, dass zwei Züge auf demselben Gleis direkt aufeinander zufahren und das niemand bemerkt". Der Stationsleiter in Larissa hatte wegen ferienbedingter Unterbesetzung allein gearbeitet. Mitsotakis verkündete: „Wir können, werden und dürfen uns nicht hinter einem menschlichen Fehler verstecken." Außerdem: „Wir alle wissen, dass unsere Züge ein großes Problem darstellen. Sie sind vielleicht die extreme Verkörperung eines Griechenlands, das uns nicht ansteht und das wir hinter uns lassen wollen."

Kurz gesagt, das Unglück hatte eine nationale Krise des Vertrauens in den Staat ausgelöst.

~

So weit der Hintergrund in Sachen Bahnfahren in Griechenland, als ich mit dem Bus vor dem Bahnhof von Thessaloniki ankam, siebzehn Tage, nachdem der Zugverkehr nach dreiwöchigem Stillstand im gesamten Land wiederaufgenommen worden war. Die 304 Kilometer lange Strecke Athen–Thessaloniki wurde seit einer Woche wieder befahren, und erst in drei Tagen würde das komplette griechische Bahnnetz wieder in Betrieb sein. Mitten in dieser ausgewachsenen Bahnkrise wollte ich mit dem Zug durch das Land reisen.

Auf dem Bahnhofsgebäude waren immer noch Parolen zu lesen. „IHR REICHTUM, UNSER BLUT, UNSER EWIGER STREIT, WIR MÜSSEN KÄMPFEN!", lautete eine in roter Farbe neben einem roten Kommunistenstern, „RACHE NEHMEN AN DEN MÖRDERN, GERECHTIGKEIT FÜR DIE

TOTEN, KRAFT UND UNTERSTÜTZUNG FÜR DIE FAMILIEN" eine andere, zusammen mit dem Anarchie-Symbol. Die Betonfassade allein war schon hässlich, auch ohne die hingeschmierten Botschaften. Immerhin stand vor dem Gebäude eine kleine, sehr alte Dampflok auf einem verrosteten Gleisstück. Irgendwo in Griechenlands zweitgrößter Stadt musste es also den einen oder anderen Bahnliebhaber geben.

Der Bahnhof selbst war menschenleer, meine Schritte hallten durch den hohen Raum, es herrschte eine gedrückte Atmosphäre. Nach dem Unglück kehrten die Fahrgäste nur zögerlich zurück, und am Infoschalter stand nicht ein Mensch an. Ich erkundigte mich nach einer Zugverbindung nach Drama, das etwa 160 Kilometer nordöstlich lag und wohin ich gern einen Abstecher machen wollte. Die freundliche Bahnmitarbeiterin sagte jedoch: „Keine Züge nach Drama. Nehmen Sie den Bus." Daher reservierte ich (kostenlos) einen Platz in dem Zug, der am nächsten Tag um 10.00 Uhr nach Athen abfahren würde.

An einer Seite der schachtelartigen Schalterhalle befand sich eine kleine griechisch-orthodoxe Kapelle. In den Nischen brannten dünne Kerzen in Behältern mit Sand. Auf einer Marmortafel stand sowohl auf Griechisch als auch auf Englisch: „Die heilige Metropolis von Neapolis und Stavroupoli wünscht Ihnen eine gute Reise." Kurz blieb ich vor der Kapelle stehen, in der ein Messingtor zu einem Gebetsraum führte, und dachte an die Toten auf der Strecke, die ich am nächsten Tag fahren würde.

Mein kleines Business-Hotel, in dem auch Touristen gern abstiegen, hieß Telioni Hotel und befand sich gleich beim Bahnhof, die perfekte Kombination für mich.

Ich ging an einfachen Betonwohnblöcken vorbei, die man hastig nach dem Erdbeben im Jahr 1978 hochgezogen hatte. Der freundliche Mitarbeiter am Empfang, ein junger Mann namens Nick mit außergewöhnlich dichten Augenbrauen, empfahl mir einige Sehenswürdigkeiten und kommentierte das griechische Zugproblem: „Die Sicherheitsbestimmungen werden jetzt maximal eingehalten, doch nicht viele Leute nehmen den Zug. Aber

Menschen sind wie Goldfische, sie vergessen und fahren bald wieder Zug. Oder sie denken, dass so bald nach dem Unglück ganz besonders auf Sicherheit geachtet wird." Er überlegte kurz und sagte dann: „Jede Münze hat zwei Seiten."

Ich machte mich auf, Thessaloniki zu erkunden.

Zuerst kam ich an einem Restaurant vorbei, in dessen Fenster eine ganze Ziege am Spieß gegrillt wurde, und war schon bald bei der Demetriosbasilika, einem prächtigen frühbyzantinischen Bau mit offenem Dachstuhl unter der hohen Decke, mit Arkaden und einer Krypta. Überall roch es lieblich nach Bienenwachskerzen, die zu Ehren des heiligen Demetrios (270–306) angezündet wurden.

Der Heilige war am Standort der Kirche gefoltert worden, nachdem man ihn in der Krypta gefangen gehalten hatte, die damals noch Teil eines römischen Bads gewesen war. Dann hatte man ihn auf Befehl des blutrünstigen römischen Kaisers und Christenverfolgers Galerius mit Speeren durchbohrt. Demetrios hatte den Kaiser gegen sich aufgebracht, weil er einen Christen namens Nestor gesegnet hatte, der vor den Römern in einer Arena kämpfen sollte. Statt die versammelten Würdenträger durch seinen grausamen Tod zu erfreuen, hatte Nestor gewonnen. Demetrios hatte ein Wunder gewirkt.

Im Lauf der Jahrhunderte wurde er in der griechisch-orthodoxen Kirche immer bedeutender und zum Schutzpatron von Kindern und Kranken ernannt. In der Basilika konnte man gegen ein kleines Entgelt Kerzen anzünden und Nachrichten mit den Namen von Menschen in einen Kasten einwerfen, denen man Gesundheit wünschte. Ich zündete eine Kerze für fünfzig Cent an, es gab aber auch welche, die anderthalb Meter lang waren und fünfzehn Euro kosteten. Religiöse Hingabe ließ sich anscheinend in Bienenwachs messen.

In einer Ecke befand sich Demetrios' Grab, das angeblich nach Myrrhe riechen sollte, ein Zeichen für seine besondere Heiligkeit. Ich will nicht behaupten, dass es mir aufgefallen wäre, vielleicht war der Geruch der Kerzen auch einfach zu stark. Lange

Schlangen von Pilgern hatten sich am Grab und der Krypta gebildet. Laut dem Mann im Souvenirshop reisten orthodoxe Christen regelmäßig aus Russland, Lettland und Bulgarien an.

Die Basilika befand sich an einer langen, geraden Straße, die nach dem Heiligen benannt war. Eine Weile beobachtete ich einen Mann, der mit sich selbst sprach, während die Autos ihm ausweichen mussten, als wäre er ein sich langsam bewegender, sehr gesprächiger Absperrkegel (niemand hupte, man schien ihn auf der Straße zu kennen). Schwarz gekleidete Männer saßen vor den unzähligen Cafés und diskutierten mit tiefer Stimme wichtige Dinge. Viele ließen braune Gebetsperlen durch die Finger gleiten. Das sah so entspannend aus, dass ich mich fragte, warum Gebetsperlen nicht verbreiteter auf der Welt waren. Bei den vielen Dingen, über die man sich sorgen musste, waren sie das aber vielleicht bald.

Kurz darauf erreichte ich das Atatürk-Museum, das Haus, in dem Mustafa Kemal Atatürk 1881 geboren wurde und die ersten Jahre seiner Kindheit verbrachte. Es stammte aus der Zeit des Osmanischen Reiches, hatte Fensterläden und weiß gekalkte Wände und stand unter schwerem Polizeischutz, da sich auch das türkische Konsulat im Gebäude befand.

Atatürks Familie war 1912 aus Thessaloniki geflohen, als die Stadt im Ersten Balkankrieg Teil von Griechenland wurde. Erst trat man durch einen Scanner, dann in einen Hof mit Stufen zu dem alten Haus, in dem man in der Ausstellung über Atatürks Kindheit lesen konnte. Der Modernisierer der Türkei musste vorzeitig erwachsen werden, nachdem er seinen Vater 1888 mit sieben Jahren verloren hatte. Er wollte Soldat werden, weil er die Disziplin und die Uniformen bewunderte. An der militärischen Mittelschule zeichnete er sich durch sein großes Talent für Mathematik aus, und er forderte seinen Lehrer immer wieder mit Fragen heraus, die über den Lehrplan hinausgingen. Da es wohl noch einen anderen Schüler namens Mustafa in der Klasse gab, nannte der Lehrer den zukünftigen türkischen Präsidenten Mustafa Kemal (*kemal* ist Arabisch und bedeutet „Vollkommenheit"), um Verwechslungen zu vermeiden.

Den Namen behielt er, und mit 39 – nachdem er zum General aufgestiegen war, den Türkischen Unabhängigkeitskrieg gegen die Sultane gestartet und im Juli 1923 nach dem Zusammenbruch des Osmanischen Sultanats den Vertrag von Lausanne verhandelt hatte – wurde Atatürk im Oktober 1923 zum ersten Präsidenten der Türkischen Republik, ein raketenartiger Aufstieg.

Thessaloniki stand bei alldem im Mittelpunkt. Im Vorfeld des Sturzes der Sultane war die Stadt das brodelnde Zentrum der antiosmanisch eingestellten sogenannten „Jungtürken", deren Unterstützer Atatürk gewesen sein soll.

Nach und nach fügten sich die Teile dieser komplexen Region zusammen, wenn man viel mit dem Zug auf dem Balkan unterwegs war.

Unter einem Kirschblütenbaum aß ich leckere gegrillte Sardinen mit Zitrone und blickte auf die steinerne Rotunde, ein Monument aus der Römerzeit (erbaut zu Beginn des vierten Jahrhunderts von dem grausamen Kaiser Galerius). Nach dem Essen besichtigte ich den großen, leeren Raum mit der beeindruckenden Kuppel. Ich sah mir auch den Galeriusbogen an, dessen Steinfriese gegeneinander kämpfende Soldaten zeigten (Galerius war wirklich ein brutaler Mann). Dann ging ich ins archäologische Museum, das sich in einem niedrigen Gebäude befand und in dem Büsten von Göttern und Philosophen ausgestellt waren, außerdem Grabsteine, Grabpfeiler, Reliefs und alte Tonscherben aus dem vierten Jahrhundert v. Chr.

Vor einer Steinplatte mit Schriftzeichen aus dem dritten Jahrhundert v. Chr., die man in der Präfektur Thessaloniki entdeckt hatte, stand ein großer grauhaariger Mann und starrte das Artefakt wie hypnotisiert an.

Ich stellte mich neben ihn und las auf der Infotafel, dass es sich bei der Inschrift um Noten handelte.

„Es ist unglaublich, wie intelligent Menschen sein können, wenn sie nicht dumm sind", sagte der große Mann, der sich als Mark vorstellte und aus den USA kam. „Das ist vermutlich das älteste Stück niedergeschriebene Musik. Die Griechen haben es aufgenommen."

Er sprach leise und wählte seine Worte sorgfältig. „Der Mechanismus von Antikythera – sagt Ihnen der was?", fragte er. Zu meiner Schande musste ich gestehen, dass ich noch nie davon gehört hatte.

„Der Mechanismus von Antikythera war vor zweitausendzweihundert Jahren der erste Computer", sagte Mark leise. Der Mechanismus habe Bewegungen des Mondes und anderer Planeten sowie die Jahreszeiten auf der Erde gemessen, erklärte er. Man hatte ihn 1900 in einem Schiffswrack bei der Insel Antikythera im Ägäischen Meer entdeckt und 1901 geborgen. „Erst vor hundert Jahren. Wenn man verstehen will, wie fortgeschritten und gebildet die alten Griechen wirklich waren, muss man den Mechanismus von Antikythera kennen."

Mark redete noch eine Weile über das Thema und sagte abschließend: „Wir haben sie erst im neunzehnten Jahrhundert eingeholt." Mit „sie" meinte er die alten Griechen. Fast wie zu sich selbst sprach er weiter. „Aristarch schätzte die Abstände zwischen Erde, Mond und Sonne. Eratosthenes maß den Umfang der Erde. Alles vor zweitausend Jahren. Fragen Sie mich nicht, wie sie das gemacht haben. Ich wüsste gar nicht, wo anfangen."

Die ganze Zeit starrte Mark auf die Steintafel mit den uralten Noten.

Neugierig fragte ich ihn nach seinem Beruf. Er klang wie ein Professor oder so. Er antwortete ausweichend.

„Ich bin Ausbilder."

Was für ein Ausbilder?

„Ich bilde Menschen aus", sagte er.

In was?

„Ich bin Lehrer."

Mehr wollte er nicht preisgeben, weshalb ich ihn aus Höflichkeit fragte, aus welchem Teil Amerikas er kam.

„Reicht ‚USA'?"

Ich sagte, ja, okay.

„Ich bin schon vor langer Zeit weggezogen", fügte er hinzu.

Wann genau?

Er schwieg.

Ich fragte, wohin er gezogen war.

„Nach Europa", sagte er. „Reicht das?"

Ich sagte, ja, okay, wir schüttelten uns die Hände, und ich sah mir das restliche Museum an. Dann ging ich hinunter ans Wasser. Das Ägäische Meer war ruhig, die Restaurants voller Menschen, die Ouzo tranken und gegrillte Sardinen aßen neben dem Weißen Turm, eine der größten Touristenattraktionen der Stadt. Die Sonne schien hell, es war über zwanzig Grad warm. Der Schnee und Frost in Passau waren weit weg. Es war herrlich.

Wenn man zu Beginn des Frühlings mit dem Zug durch Europa fuhr, sah man nicht nur viele Orte, sondern erlebte auch verschiedene klimatische Zonen.

Bei einem Ouzo in einer Bar und mit Blick auf die Boote, die auf der Ägäis schaukelten, auf deren Grund noch mehr zweitausend Jahre alte Computer liegen mochten, könnte man sich ein wenig Theroux' *Vergessenheit* hingeben. Eine Weile an nichts denken. Ganz im Moment sein und dem leise ans Ufer schwappenden Wasser zuhören, in einer Stadt, in der Noten in alte Steintafeln gemeißelt waren und Heilige Wunder gewirkt hatten. Dafür lohnte sich das Zugfahren.

7

„Unser Ziel ist ein modernes Eisenbahnnetz."

Von Thessaloniki nach Neapel, über Athen, Patras und Bari

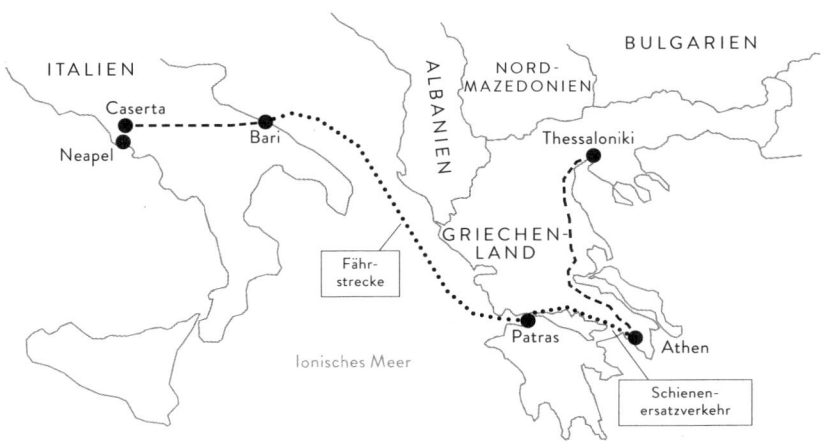

Am Infoschalter im Bahnhof hatte wieder die Frau von gestern Dienst. Sie schien sich zu freuen, dass ein Tourist in Griechenland Zug fahren wollte, als wäre meine Anwesenheit wie die erste Schwalbe im Frühling ein Vorbote eines Reisebooms im ganzen Land.

Ich fragte sie nach der Abfahrtstafel, die sehr verwirrend war und auf der ich den 10.00-Uhr-Zug nach Athen nicht finden konnte.

„Wir können die Tafel nicht aktualisieren", sagte sie, „sie funktioniert nicht. Diese Züge", sie deutete nach oben, „gibt es nicht."

Das waren also Geisterzüge?

„Ja." Sie sah mich einen Moment an, bevor sie fortfuhr. „Heute fahren nur zwei Züge, nicht die da oben."

Ich sollte auf Gleis drei gehen, wo der 10.00-Uhr-Zug nach Athen abfahren sollte (laut Anzeigetafel um 10.08 Uhr).

Das tat ich, nachdem ich noch eine Kerze in der kleinen Bahnhofskapelle zum Gedenken an die Opfer des Unglücks vom 28. Februar angezündet hatte.

Der Zug auf Gleis drei war glänzend blau und modern mit einem willkürlich angebrachten Dreiecksmuster an der Seite und einem „T" mit der Aufschrift „HELLENIC TRAIN, FERROVIE DELLO STATO ITALIANE GROUP, 120-018" daneben. Putzleute reinigten die Siemens-Lok von außen, andere Mitarbeiter überprüften den Zug genau. Etwa hundert Fahrgäste plus ein Hund warteten auf dem Bahnsteig. Manche Züge zwischen Thessaloniki und Athen hatten Platz für sechshundert Passagiere; das Vertrauen ins Schienennetz war wohl noch nicht ganz zurückgekehrt.

Schließlich durften wir einsteigen, und ich fand meinen lavendelfarbenen Sitz in einem makellosen, modernen Wagen mit lavendelfarbenen Vorhängen. Kurz darauf setzte sich ein junger griechischer Soldat mir gegenüber. Er trug eine schwarze Paradeuniform mit glänzenden Goldknöpfen, einer ebensolchen Gürtelschnalle und roten Schulterstücken sowie eine Schirmmütze mit einem blau-weißen Kreuz über einem goldenen Blatt. Christos war achtzehn Jahre alt, glatt rasiert und in seinem ersten Jahr des fünfjährigen Dienstes bei der griechischen Armee, bei der er Zahnmedizin studierte. Sein Rang war Leutnant. Nach der Ausbildung würde er noch zehn Jahre bei der Armee bleiben müssen. Er war gerade auf der Fahrt zu seiner Familie, die in Tithorea lebte, einem Dorf etwa auf drei Viertel der Strecke nach Athen, um sie über Ostern zu besuchen. Dort betrieben seine Eltern ein Restaurant und einige Bars.

Christos hatte dunkle, seelenvolle Augen und wirkte sehr erwachsen – eine junge griechische Version von Atatürk, hundertzwanzig Jahre später.

Wir kamen leicht ins Gespräch, er war ein sehr offener Mensch.

Er erzählte mir, dass das Motto neben einem Eulenmuster an seinem Gürtel in etwa bedeutete: „Man muss alles mit viel Disziplin machen – hier, sehen Sie." Er zog ein kurzes dolchartiges Schwert hervor, das an seinem Gürtel befestigt war. Der Griff war gold-weiß, die Spitze sah tödlich aus, auch wenn die Waffe Teil einer Paradeuniform war.

Ich fragte Christos, ob er gern in der Armee war.

„Ich mag die Disziplin", sagte er. „Ich mag, dass wir Wissenschaftler und Soldaten sind [bei seiner Ausbildung zum Zahnarzt]."

Ich fragte ihn, ob er sich unwohl fühlte, nach dem schrecklichen Unglück in einem der ersten wieder fahrenden Intercity-Züge zu sitzen.

„Geht so." Er hielt inne. „Meine Kommilitonin war in dem Zug. Sie ist gestorben. Sie hat Medizin studiert. Es gab ein Militärbegräbnis."

Ich sprach ihm mein Beileid zum Tod seiner Freundin aus.

Christos bedankte sich. Im selben Moment sprang er auf, um einer Frau beim Verstauen ihres Gepäcks behilflich zu sein.

Dann setzte er sich wieder, nahm seine Kopfbedeckung ab und legte das Ticket hinein, damit es der Zugbegleiter kontrollieren konnte. „Nach dem Unglück war der Zugverkehr einen Monat lang eingestellt", sagte er. „Ich glaube, so was passiert nur einmal im Leben. Jetzt wird es besser werden. Wir müssen nach vorn schauen."

Er erzählte mir vom Wehrdienst in Griechenland. Männer – Frauen nicht – mussten zwölf Monate dienen, entweder mit achtzehn oder nach Beendigung des Studiums. „Männer müssen. Die meisten wollen sicher nicht, aber sie haben keine Wahl."

Der Zug glitt geschmeidig durch Vororte voller sich gleichender Wohnblöcke mit Balkonen voller Pflanzen und Sonnenschirme. Auf vielen standen Wäscheständer. Wegen strenger neuer Sicherheitsvorkehrungen sollte die Fahrt fünfeinhalb Stunden dauern statt vier wie vor dem Unglück.

Ich fragte Christos nach dem Unterschied zwischen Athen und Thessaloniki. „Thessaloniki ist nicht so chaotisch wie Athen. Es liegt am Meer. Alle aus Athen sagen, Athen sei besser. Sie haben eine U-Bahn, wir nicht. Aber ich finde, der Ausblick ist schöner in Thessaloniki, und es ist ruhiger", antwortete er.

Hatte er Bedenken, als Soldat den Staat zu repräsentieren, wenn sich viele Menschen – wie die Graffiti an den Wänden des Bahnhofs und die gewalttätigen Proteste nach dem Zugunglück bewiesen – anarchistischen Gruppierungen anschlossen?

„Es ist ein bisschen gefährlich, vor allem wenn ich so wie jetzt angezogen bin", sagte er. „Man könnte mich angreifen." Doch das war bisher noch nie passiert.

Er hatte die Gewalt während der Demonstrationen nicht gut gefunden. „Aber jeder darf seine Meinung haben", sagte er. „Nur weil man in der Armee ist, muss man nicht alles gutheißen, was der Staat tut." Er überlegte und fügte hinzu: „Aber man muss Befehlen gehorchen."

Der Zug fuhr an Ackerland mit Traktoren vorbei, an Olivenhainen, Obstgärten und Weinbergen. Hier und da tauchten kleine Gehöfte auf. Christos und ich sahen eine Weile aus dem Fenster. Perlgraue Wolken hüllten niedrige Berge am Horizont ein, und über ihnen hatte sich ein Baldachin aus perfektem Kornblumenblau gebildet. Es würde ein wunderschöner Apriltag werden.

Wir sprachen über Christos' nichtzahnärztliche Pflichten in Thessaloniki, zu denen die Bewachung der Militärakademie bei nächtlichen Patrouillen gehörte.

Was beschäftigte die griechische Armee am meisten?

„Nun, manchmal passiert etwas zwischen uns und der Türkei", antwortete er. „Besonders auf den Inseln herrscht immer Alarmbereitschaft. Auch am Evros. Die Grenze zur Türkei ist nicht weit." Entlang des Flusses, der in der Türkei Meriç heißt, hatten sich die Spannungen zwischen den Ländern kürzlich verschärft, als die Türkei versuchte, syrische Flüchtlinge über die Grenze nach Griechenland zu lassen, indem sie den Zaun an einer Stelle zerstörte.

Christos hatte bald Prüfungen und musste lernen, weshalb ich ihm für das Gespräch dankte, ihm die Hand schüttelte und in die Perfetto Canteen ging. Die hatte das Motto „Train Your Taste" und war ebenfalls lavendelfarben, mit festen Tischen und beweglichen Stühlen, an denen Studenten saßen und auf ihren Laptops tippten. Sonst sah ich noch einen Mann vom Typ „alter Professor" mit wirr abstehenden Haaren, einen „Rocker" in schwarzer Lederkleidung und mit einer Kette an der Hüfte sowie einen griechisch-orthodoxen Priester mit dunkler Hautfarbe, der mit dem Kopf an der Wand fest schlief. In seiner Hand, die auf dem Laptop lag, hielt er das Kabel seines Handyladegeräts.

Wolken zogen über dunkle Berge mit Buschland. Wir fuhren an der Unglücksstelle in der Nähe von Tempi vorbei und hielten in Larissa.

Christos gesellte sich für einen Kaffee zu mir, erhielt aber gleich darauf einen Anruf, und dann noch einen und noch einen. Nach dem letzten Gespräch legte er genervt auf.

„Alle rufen mich an, weil sie Angst wegen des Zuges haben", sagte er. „Mein Vater wollte mich nicht fahren lassen, aber der Zug bringt mich bis ins Dorf – der Bus hält eine Stunde entfernt –, und ich habe keine Angst. Jetzt fährt er langsamer und ist viel sicherer."

Beim Kaffee erzählte er von seiner verstorbenen Freundin und was an dem Tag des Unglücks passiert war.

„Sie hieß Claountia und war einundzwanzig. Sie war mit vielen anderen Studenten im Zug, viele von der Aristoteles-Universität in Thessaloniki. Die meisten sind im Speisewagen gestorben, der völlig zerstört wurde. Meine Freunde waren im vierten Wagen, aber

Claountia wollte sich einen Kaffee holen." Christos sah auf seinen Becher. „Ihr Freund blieb im vierten Wagen, und sie ging, um sich einen Kaffee zu holen. Er wurde bei dem Unglück verletzt, aber nicht schwer."

Er hielt inne. „Ich wäre auch fast in dem Zug gewesen, aber mein Vater hat mich davon abgehalten." Zum Glück hatte Christos an dem Tag auf ihn gehört. „Er hat gesagt, ich würde zu spät kommen, und ich sollte am nächsten Tag den Bus nach Thessaloniki nehmen. Das war in der letzten Minute. Ich hatte schon alles vorbereitet. Ich habe gesagt: ‚Komm schon, Papa, na los.' Doch mein Vater hat gesagt: ‚Wenn du ihn verpasst, verpasst du ihn eben.' Ich bekomme immer noch Gänsehaut. Er hat mich gerettet."

Christos schwieg nachdenklich, und wer könnte es ihm verdenken? Dann fügte er hinzu, sein Vater hätte gesagt, es wäre nicht schlimm, wenn er am nächsten Morgen etwas zu spät zum Unterricht käme – immerhin wäre er dann ausgeschlafen, und das war wichtiger. Als hätte sein Vater einen sechsten Sinn gehabt.

„Ich hatte meinen Freunden schon gesagt, dass ich den Zug nehmen würde. Dann kam das Unglück in den Nachrichten, und alle schrieben: *Geht es dir gut?* Sie dachten, ich wäre im Zug gewesen. Zum Glück habe ich ihn nicht genommen. Das war wirklich so knapp. Jetzt bin ich ein wenig nervös", sagte er. Es war seine erste Zugfahrt seit dem Unglück. „Ich versuche, nicht zu viel darüber nachzudenken."

Christos und ich verabschiedeten uns, als er aussteigen musste. Er ging in seiner strammen Militärhaltung mit seiner Tasche durch die Tür, die Schirmmütze auf dem Kopf, mit glänzenden Goldknöpfen und wippendem Dolch an der Seite.

Hallo, Aristoteles
Athen

Wir fuhren weiter, an felsigen Berghängen vorbei, an hügeligen Ebenen, zerklüfteten Bergrücken, großen Olivenhainen, gewundenen Flüssen und geheimnisvollen Klöstern mit Kuppeln und Bögen hoch oben auf den felsigen Abhängen. Ich sah Wohnblöcke, ganz ähnlich denen am Stadtrand von Thessaloniki. Wir fuhren in einen Tunnel. Ein Pfiff ertönte. Ein Horn ertönte. Der Zug wurde langsamer.

Wir waren in Athen, der Hauptstadt von Griechenland.

Der Priester wachte auf, verstaute seinen schwarzen Laptop, setzte seinen schwarzen Rucksack auf, nahm seinen schwarzen Trolley und stand als Erster an der Tür, nachdem die anderen Fahrgäste diesem „Reservoir Dog" der griechisch-orthodoxen Kirche Platz gemacht hatten. Wir stiegen am Bahnhof Larissa aus, nordwestlich des Zentrums.

Dies war der Hauptbahnhof, aber er war schmutzig und farblos. Am Bahnsteig hing ein Plakat mit der englischen Aufschrift: „WE STRIVE FOR A MODERN RAIL NETWORK" (Unser Ziel ist ein modernes Eisenbahnnetz), als wäre die Fremdsprache der entscheidende Faktor. Das Plakat der Griechischen Eisenbahnorganisation war ein Überbleibsel von 2021, dem europäischen Jahr der Eisenbahn, und zeigte einen unscharfen Zug, der durch einen Bahnhof raste.

Ich ging in Richtung des Viertels Exarchia, wo ich ein Hotelzimmer gebucht hatte, genoss die Wärme – bisher war es auf der Reise noch nie so warm gewesen – und die labyrinthartigen Straßen zwischen drei- und vierstöckigen Wohnblocks und kleinen Geschäften. Wie in Thessaloniki wohnten auch im Stadtzentrum von Athen normale Menschen: Wäsche hing auf den Balkonen, die oft üppig bepflanzt waren. Hübsch war die Gegend nicht – auf jeder freien Fläche waren Graffiti hingekritzelt, doch was ich den oft englischen Botschaften entnehmen konnte, war positiv: „NO ONE IS FREE UNTIL EVERYONE IS FREE", „DON'T WORRY, BE HAPPY" (mit einem Herz-Symbol), „WAKE UP!", vielleicht eher ironisch positiv: „EAT THE RICH, FEED THE POOR", zusammen mit einem Totenschädel, gekreuzten Knochen und Messer und Gabel.

Auf dem Weg zu meiner Unterkunft kam ich an den berühmtesten Museen der Welt vorbei. Da es unhöflich gewesen wäre, einfach weiterzugehen, stieg ich die Treppe zum beeindruckenden Archäologischen Nationalmuseum hinauf, ging zwischen den hohen ionischen Säulen hindurch, verstaute meinen Rucksack in einem Schließfach und betrachtete große schmale Statuen mit langen schmalen Nasen aus der Kykladenkultur um 2.800 v. Chr.

So kann es einem in Griechenland schon mal gehen, selbst wenn man nur ein ungebundener, von Fahrplänen und der Eurail-App besessener Interrailer ist: Man fühlt sich in vergangene Jahrhunderte zurückversetzt, träumt von antiken Zivilisationen und überlegt, ob damals alles besser war (wahrscheinlich nicht, wenn man die regelmäßigen Massaker, endlosen Kriege und die Barbarei à la Kaiser Galerius bedenkt).

Beim Betrachten der Figuren, darunter ein wunderbar eleganter Harfenspieler aus Marmor von der Insel Paros, erfährt man, dass die Kykladenkultur parallel zur Minoischen Kultur existierte und in ihrer Spätphase in der Mykenischen Kultur aufging. Dann betritt man den mykenischen Bereich mit Heinrich Schliemanns Goldfunden aus dem Jahr 1876, darunter goldener oktopus- und schmetterlingsförmiger Schmuck, goldene Krüge und goldene Becher mit goldenen Delphinmustern aus dem sechzehnten Jahrhundert v. Chr. Außerdem gibt es goldene Masken, goldene Stäbe, goldene Armreifen und goldene Siegelringe zu sehen: genug Bling-Bling, um manche B-Promis des frühen einundzwanzigsten Jahrhunderts blass aussehen zu lassen.

Das alles war natürlich erst der Anfang. Größere Marmorstatuen von Frauen aus Herculaneum aus dem Jahr 320 v. Chr. waren in größeren Räumen ausgestellt, außerdem die Bronzeskulptur eines Pferdes mit einem jungen Reiter, die 1971 in einem Schiffswrack vor Kap Artemision bei der Insel Euböa entdeckt wurde, aber aus dem Jahr 140 v. Chr. stammte.

In anderen Sälen des Archäologischen Nationalmuseums sah ich Büsten von Göttern und Kaisern, Priestern, Dichtern, Philosophen, „erwachsenen Frauen", „erwachsenen Männern", „jungen Männern" und sogar einem „mittelalten Mann" von etwa 50 v. Chr., der den Kopf mit dem faltigen, müden Gesicht zur Seite gedreht hatte. Als Mann mittleren Alters möchte man fast sagen: *Komm schon, so schlimm ist es doch nicht.* Aber man weiß schließlich nicht, was dieser Mann in den mittleren Jahren damals, 50 v. Chr., alles durchgemacht hat – wahrscheinlich ziemlich schreckliche Dinge.

Die Abbilder dieser verschiedenen Menschen und meine Gedanken, wie ihr Leben wohl ausgesehen hatte, machten das Archäologische Nationalmuseum für mich zu einem besonderen Erlebnis.

Mit nur einem Besuch konnte man sich gar nicht alles ansehen, so viel gab es zu besichtigen.

Züge wurden natürlich nicht ausgestellt, doch auf ein paar alten Urnen waren Darstellungen von Kriegern auf Streitwagen zu sehen. Immerhin gab es damals schon fahrbare Untersätze.

~

Weiter ging es ins Herz von Exarchia, einem unabhängigen, rebellischen Viertel mit einem hohen Anteil an Anarchisten, Sozialisten, Antifaschisten, Künstlern und Intellektuellen. Plus einem Interrail-Fan, an einem Frühlingstag Anfang April. Das hier war der „alternative" Bezirk der griechischen Hauptstadt, etwa anderthalb Kilometer nördlich des Touristenviertels bei der Akropolis – und praktisch gelegen, um am nächsten Morgen einen Zug nach Patras zu nehmen. Von dort ging am darauffolgenden Tag eine Fähre nach Bari.

Auch auf das Risiko hin, Graffiti-besessen zu wirken – denen man in Exarchia (oder generell in Europa) kaum aus dem Weg gehen konnte –, sind hier einige Beispiele aus den zunehmend verwinkelten und schmutzigen Straßen auf dem Weg zum Fuß des Strefi-Hügels und dem Orion & Dryades Hotel: „PISS ON COPS", „LIBERTÉ, EGALITÉ, FRATERNITÉ", „KILL THE NAZIS", „GET IN THE STREETS", „QUEER-FEMINIST CLASS WAR NOW!" (Queer-feministischer Klassenkampf jetzt!), „FUCK THEM ALL!", „FREE PALESTINE", „TRUMP MUST GO: IN

THE NAME OF HUMANITY WE REFUSE TO ACCEPT A FASCIST AMERICA!" (Trump muss weg: Im Namen der Menschlichkeit weigern wir uns, ein faschistisches Amerika zu akzeptieren!), „THE SYSTEM HAS NO FUTURE FOR THE YOUTH: THE REVOLUTION DOES" (Das System hat keine Zukunft für die Jugend: Die Revolution schon), „THIS SYSTEM CANNOT BE REFORMED: IT MUST BE OVERTHROWN!" (Dieses System kann nicht reformiert werden: Es muss gestürzt werden!), „DRONES DON'T CRY". Und als Tourist vielleicht etwas Furcht einflößend: „TOURIST: STOP FUNDING THE VIOLENCE OF GENTRIFICATION! (Touristen: Gentrifizierung ist Gewalt. Hört auf, sie zu finanzieren!)"

Das alles las ich auf dem kurzen Weg einen Hügel hinauf, vorbei an einer mit Müll übersäten Straße, auf der an diesem Tag ein Markt stattgefunden hatte, und an mehreren unpassend hippen, kleinen Café-Bars, in denen Menschen mit dunklen Brillen und schwarzen Klamotten saßen, die sich entweder angeregt unterhielten oder extrem cool und hipsterhaft an ihren Getränken nippten, während sie die Welt an sich vorbeiziehen ließen.

Das Orion & Dryades Hotel, dessen Name sich auf Sternbilder und altgriechische Baumnymphen bezog, blickte genau auf das Anti-Touristen-Graffito, das wahrscheinlich nicht zufällig dorthin gesprayt wurde. Das Hotel war jedoch nicht nur günstig, das Zimmer war erstklassig und vielleicht das beste der bisherigen Reise. Weiß getünchte Wände, helle moderne Kunst und ein Blick, der über einen irgendwie schönen Betondschungel aus Dächern mit Satellitenschüsseln und Abluftventilatoren bis hin zur Akropolis reichte. Dahinter konnte man gerade noch ein Stück des milchigweißen Saronischen Golfs am Hafen von Piräus erkennen. Was für eine Überraschung das Orion & Dryades Hotel war, noch dazu für den Preis, obwohl ich nicht viel Zeit dort verbrachte.

Am Anti-Touristen-Graffito vorbei und eine steile Treppe hinunter, an der ein großer roter Kommunistenstern prangte, war es ein kurzer Spaziergang zum Exarchia-Platz, wo ich der Athener Bereitschaftspolizei begegnete.

Die Polizisten standen mit Helmen und Schutzausrüstung an einer Ecke in der Sonne, Schild und Schlagstock in der Hand. Sie waren nett, zu mir zumindest. In der Mitte des Platzes zäunten Metallgitter einen Bereich ab, an dem eine neue, umstrittene U-Bahn-Station entstehen sollte. Soweit ich gelesen hatte, wollten die einheimischen Anarchisten und andere verhindern, dass Exarchia an die kapitalistischeren Stadtviertel angebunden war. In meiner Rolle als „Bahnreporter" tat ich allerdings so, als wüsste ich von nichts, und fragte einen der Einsatzpolizisten nach dem Grund ihrer Anwesenheit.

Er hieß Aristoteles, zumindest sagte er das. Nachdem der berühmte Philosoph aus dem vierten Jahrhundert v. Chr. viele seiner einflussreichen Thesen in der Nähe des Exarchia-Platzes aufgestellt hatte, war das nur passend. Aristoteles schüttelte mir freundlich die Hand, in der anderen hielt er einen Becher mit Kaffee. Seine etwa ein Dutzend Kollegen tranken auch Kaffee. Sie hatten wohl gerade Pause.

„Wir bewachen den Platz", sagte er und freute sich sichtlich, mit jemand anderem als seinen Kollegen zu reden, die es nicht zu kümmern schien, dass er sich mit einem Touristen unterhielt. Aristoteles hatte olivgrüne Augen und war glatt rasiert, Anfang zwanzig und das genaue Gegenteil seines zotteligen, vollbärtigen Namensvetters.

Ich fragte ihn, wie lange seine Schicht schon dauerte.

„Vier Stunden", antwortete er und deutete auf die Metallgitter. „Ohne uns würden sie die einreißen."

„Sie" waren die Anarchisten.

„Sie wollen keine U-Bahn. Sie wollen nicht, dass Bäume zu Schaden kommen." Er zeigte zu ein paar Bäumen hinter den Metallgittern. „Aber wenn wir hier sind, machen sie nichts." Die Bereitschaftspolizei war also zur Abschreckung da.

Ich fragte ihn nach den Graffiti überall am Platz, darunter „TOUT LE MONDE DÉTESTE LA POLICE" („Die ganze Welt hasst die Polizei" – unpassenderweise zusammen mit einem Herz), oder: „IN MY EYES, THE POLICE AND THE SYSTEM THEY

REPRESENT COULD BE IMPROVED" („Meiner Ansicht nach haben die Polizei und das System, das sie repräsentiert, durchaus noch Verbesserungspotenzial."). Etwas höflicher als die anderen Slogans, und vermutlich mit einer gewissen Portion Ironie. „Man will uns hier nicht", antwortete Aristoteles vorsichtig. „Man" war die einheimische Bevölkerung.

Das klänge etwas untertrieben, meinte ich, und Aristoteles zuckte nur die Schultern. *Na ja, was kann ich daran ändern?* Dann schüttelten wir uns wieder die Hände. Später begegnete ich ihm noch einmal, als seine Einheit abgelöst wurde, und er winkte mir fröhlich zu.

Ich badete noch ein wenig in der „anarchistischen" Atmosphäre und trank ein Bier in einer schummrigen Bar, von denen es einige am Platz gab. Im Hintergrund spielte leise Technomusik mit Frauengesang. Die Tische waren verkratzt. Die Wände waren verkratzt. Deckenlampen hingen an dicken Tauen, Bierkisten stapelten sich an der engen Bar, die mehr wie ein Kiosk wirkte. Jemand hatte „ANTIFA" über meinem Platz an die Wand geschrieben. Daneben hing eine hübsche gerahmte Schwarz-Weiß-Fotografie, auf der ein älterer Mann und eine Frau mit ausgestreckten Armen in einer alten Bar tanzten (vielleicht ja genau dieser hier). Darunter hatte jemand geschrieben: „LOVE IS THE DRUG".

Ich schlenderte durch die Bar und betrachtete die wild angeklebten Plakate an den Wänden von Organisationen wie Refuse-Fascism.org und Revcom.us. Dann kehrte ich zu meinem Platz und meinem Bier zurück und bemerkte, dass ein Mann mit zerzausten Haaren und buschigem Bart mich von einem Tisch in der Nähe aus beobachtete und dabei immer wieder an einer selbstgedrehten Zigarette zog. Er war ungefähr in meinem Alter und starrte mich ganz offen an. Mit Blicken schien er zu fragen, *wer bist du,* während er gleichzeitig bestätigte, *hey, ich habe dich gesehen.* Er taxierte mich und ließ es mich wissen. Ob ich Undercover-Polizist oder so war? Warum ich mich in dieser Bar aufhielt? Er war nicht aggressiv (na ja, vielleicht ein bisschen *passiv-aggressiv*), aber er beunruhigte mich irgendwie. Andererseits sollte er doch denken, was er wollte.

Ich hatte Jean Paul-Sartres *Der Ekel* dabei, das gleiche Buch, das Roxanne im Zug von Sofia nach Istanbul gelesen hatte. Aus Neugier hatte ich mir in Thessaloniki ein Exemplar gekauft, obwohl mein Rucksack (der aus allen Nähten platzte) schon schwer genug war. Ich ignorierte den aufdringlich starrenden Mann, schlug das Buch auf und verlor mich bald in der Geschichte des Protagonisten, eines jungen Schriftstellers namens Antoine Roquentin, der nach seiner Rückkehr aus Indochina, wieder in Frankreich, immer größeren Ekel vor Menschen und Dingen verspürt und diesen Gefühlen auf den Grund zu gehen versucht.

Der Mann mit dem buschigen Bart schien sich damit zufriedenzugeben, dass ich in mein Buch vertieft war und ihn ignorierte. Für ihn war ich wohl nur ein weiterer Verrückter.

In einem Hipster-Restaurant am Strefi-Hügel, nicht weit entfernt von meinem Hotel, ging ich etwas essen.

Angesichts der Preise war es wohl nur etwas für besserverdienende Anarchisten.

Bei meiner Ankunft rügte mich der Hipster-Oberkellner, weil ich nicht reserviert hatte – besserverdienende Anarchisten reservierten –, dann sagte er nach kurzem Überlegen, es gäbe doch einen freien Tisch, „aber Sie müssen sich beeilen". Der Tisch stand bei einigen Topfpflanzen in der Nähe der lauten Küche, und es dauerte lange, bis mein Essen kam – angebranntes Schweinekotelett mit Couscous. Ich aß vom Kotelett, so viel ich konnte, und wollte zahlen. Nachdem ich zweimal bei anderen Kellnern um die Rechnung gebeten hatte und nichts passiert war, brachte sie schließlich der Hipster-Oberkellner mit der Frage: „Gibt es ein Problem, Sir?"

Ihm war klar, dass ich nicht begeistert von seinem Restaurant war.

„Ich würde gern zahlen, bitte", antwortete ich.

„Oh, ich dachte, es gäbe ein *Problem,* Sir."

So richtig sympathisch war mir der Hipster-Oberkellner nicht.

„Nein, natürlich nicht, wieso auch? Bei diesem reizenden Restaurant", erwiderte ich.

Der Hipster-Oberkellner sah mich einen Moment an. Dann hielt er mir langsam ein Kartenlesegerät hin – besserverdienende Anarchisten nahmen alle gängigen Kreditkarten –, ich bezahlte, und er verschwand wortlos.

Ich machte mich auf den Weg zum Hotel.

Dabei wurde mir bewusst, dass der Polizist Aristoteles der netteste Mensch war, der mir in den letzten Stunden begegnet war. Ein seltsamer Abend in Athen.

„Es fahren keine Züge nach Patras."
Von Athen nach Patras

Bei Zugreisen kann man an Orten landen, die man sonst nie gesehen hätte. Exarchia lag gleich beim Bahnhof, weshalb ich in dem Viertel blieb, auf das ich sowieso neugierig gewesen war. Zum Glück hatte das Archäologische Nationalmuseum auf dem Weg gelegen und mir einen Einblick in die reiche Kultur des Landes und der Stadt ermöglicht, die als „Wiege der Demokratie" galten (während der Demokratie auf der ganzen Welt gerade das Äußerste abverlangt wurde). Doch jetzt war es Zeit für den nächsten Zug. Die anderen Freuden, die Athen zweifellos noch bereithielt, konnte ich ein anderes Mal genießen. Das einzige Problem war nur: *Es fuhren keine Züge nach Patras.*

Das teilte mir die Mitarbeiterin am Bahnhof Larissa mit.

Ich fragte nach dem Grund.

„Ich weiß es nicht", antwortete sie. „Mir sagt niemand etwas. Nach dem Unglück war einen Monat lang der gesamte Zugverkehr eingestellt. Im ganzen Land. Es fahren noch nicht wieder alle Züge. Ich weiß nicht, warum."

Es gab einen Ersatzbus, in dem ich einen Platz buchte (kostenlos für Inhaber des Interrail-Passes). Dann setzte ich mich auf einen Plastiksitz in der kleinen, schmutzigen Schalterhalle und wartete.

Währenddessen kam eine Frau in Dienstuniform vorbei. Sie schien die Bahnhofsleiterin oder so etwas zu sein, weshalb ich sie fragte, was mit der Verbindung Athen–Patras passiert war. Wie sich herausstellte, war nicht das Unglück der Grund.

„In der Zeit, als der Zugverkehr eingestellt war, wurde das Kupfer aus den Stromtrassen gestohlen. Jetzt muss alles repariert werden. Aber das nur unter uns, offiziell ist das nicht bekannt." Tatsächlich, davon war bisher nichts zu lesen gewesen.

Sie sprach weiter: „Niemand weiß, wann die Züge wieder fahren. Die Schäden müssen unbedingt repariert werden, die Leute müssen zur Arbeit. Die Fahrt mit dem Bus dauert lange. Wegen des Unglücks gab es Streiks und Demonstrationen. Jetzt fahren die Züge nach Thessaloniki langsamer als früher."

Ich fragte sie, warum die griechische Bahn in einem so desolaten Zustand war.

„Warum? Warum?", erwiderte sie aufgebracht. „Das meiste Geld wird von den Leuten eingesteckt, die die Bahn betreiben: das Geld für Reparaturen, die Infrastruktur. Deshalb! Das ist der Grund für das archaische Bahnsystem. Die Dienstleister stecken das Geld ein, erledigen aber die Arbeit nicht."

Sie zuckte die Schultern. Ihren Namen wollte sie mir nicht nennen und bat mich auch, ihr Äußeres nicht zu beschreiben. Sie war nicht die Stationsleitung, sagte sie, nur „eine normale Mitarbeiterin". Dann verabschiedete sie sich und ging davon.

Ich stieg in den Ersatzbus nach Patras, der um 12.30 Uhr abfuhr und um 15.30 Uhr ankommen sollte. Mein Fenstersitz war kaputt, die Rückenlehne ließ sich nicht mehr aufrichten, weshalb ich mir einen anderen Platz suchte. Der Fahrer bremste gern sehr abrupt. Werbetafeln und Tankstellen zogen vor dem Fenster vorüber, und ganz anders als im Zug hatte ich das Gefühl, als wäre der Horizont auf die Fläche der Straße geschrumpft.

Die Fahrt war rundum ereignislos.

Um 15.10 Uhr erreichte der Bus Patras und hielt bei einem Café am Hafen.

Das sehr günstige Hotel El Greco, meine Unterkunft für die Nacht, befand sich auf einer lauten Straße mit einschlägigen Clubs, die mit „Live Acts" warben (Patras war immerhin eine Hafenstadt), zwischen etwas seriöseren Unternehmen in einem hohen, schmalen Gebäude. Es hatte nicht ganz das Niveau des Pera Palace Hotel in Istanbul und war weder von außen noch von innen bemerkenswert, doch mir gefiel sein schlichter (wenn auch etwas abgenutzter) Stil, der sich in den letzten ein oder zwei Jahrzehnten nicht wesentlich verändert haben dürfte. Die rothaarige Dame an der Rezeption sagte in singendem Tonfall, sie wisse nicht, warum das Hotel El Greco hieß. „Ich denke, es liegt am Namen." Was nicht besonders aufschlussreich war. Der Maler der Spätrenaissance, der auf Kreta geboren wurde und nach Spanien zog, hatte allerdings ganz sicher nie dort gewohnt, denn er war schon ein paar Jahrhunderte tot.

„Fragen Sie den Chef", sagte sie. „Er kommt um sieben."

Doch im gleichen Moment erschien schon ein Mann, bei dem es sich wohl um den Chef handelte. Mit den zurückgegelten Haaren, dem blauen Pullover mit V-Ausschnitt und den Jeans ähnelte er ein wenig dem Schauspieler James Gandolfini aus *Die Sopranos*.

Zur Sicherheit fragte ich ihn, ob er der Chef wäre.

„So in der Art", antwortete er. „Leider."

Ich erkundigte mich nach El Greco. „Das Hotel gibt es seit den Sechzigern", erklärte er. „Es ist nur ein Name. Ich habe es mit dem Namen gekauft."

Dann ging ich nach draußen auf die Straße mit den Nachtclubs. Mofas rasten vorbei, und bullige Security-Typen standen vor den Eingängen. Ich kam zu einer verkehrsberuhigten Straße mit Cafés und Modeläden und vielen jungen Menschen. Patras war die drittgrößte Stadt Griechenlands und hatte eine Universität. Der Hafen bot zwei Hauptsehenswürdigkeiten: ein römisches Amphitheater (wegen Renovierung geschlossen) und Agios Andreas, die Kathedrale (geöffnet), an dem Ort, an dem der Legende nach der heilige Andreas, einer der zwölf Apostel, zu Tode gefoltert worden war.

Sie war ein wahres Schloss aus Kuppeln und goldenen Kreuzen und stammte aus dem Jahr 1974. Eine ältere Kirche aus dem fünften Jahrhundert befand sich an der Seite, wo der Apostel Andreas um 60 n. Chr. gekreuzigt worden war, angeblich auf Befehl des damaligen römischen Kaisers Nero – ein weiterer blutrünstiger Kaiser, der auch seine eigene Mutter und zwei Ehefrauen ermordete. Laut einer Broschüre war der Kaiser wütend darüber, dass der römische Konsul in Patras, Lesvius, von Andreas von einer scheinbar unheilbaren Krankheit geheilt und zum Christentum bekehrt worden war. Nero hatte Aegeates, den Statthalter von Patras, angewiesen, den Befehl auszuführen.

Aegeates hegte einen persönlichen Groll gegen Andreas, der auch seine Frau Maximilla von einer schrecklichen Krankheit geheilt hatte. Aegeates hatte Andreas eine Bezahlung angeboten, was dieser jedoch mit der Begründung abgelehnt hatte, Gott würde ihn entlohnen. Diese heilige Standhaftigkeit hatte Aegeates erzürnt, vor allem, als sowohl seine Frau als auch sein Bruder Stratokles zum Christentum konvertierten. Das brachte das Fass zum Überlaufen. Er folterte Andreas „mit großer Wut und Brutalität", wie es in der Broschüre heißt, und ließ ihn an einem X-förmigen Kreuz aufhängen. Der Überlieferung nach wollte Andreas selbst ein solches Kreuz, da er glaubte, die traditionelle Form sei allein Jesus angemessen und er selbst dieses Vergleichs nicht würdig. Das Andreaskreuz in der schottischen Flagge ist eine Referenz auf die Kreuzigung und Andreas der Schutzheilige von Schottland.

Zu den Reliquien in der Kathedrale in Patras gehörten ein Stück des Schädels des heiligen Andreas, das erst in Istanbul, danach viele Jahre im Vatikan in Rom aufbewahrt und erst 1964 wieder nach Patras zurückgebracht worden war.

Das ist die (sehr knappe) Kurzfassung der Geschichte von Andreas und Patras, soweit ich sie aus dem Infomaterial vor Ort verstanden habe.

Was Fakt und was Überlieferung war, ließ sich nicht genau sagen, aber letztendlich war das auch nicht so wichtig.

Ehrlicherweise gab es in Patras nicht so viel zu tun, nachdem ich die prächtige Kathedrale und die Kirche abgehakt hatte.

„Patras ist nicht gerade berühmt als Touristenstadt", gab der Kellner im Restaurant Páprika zu, wo ich am frühen Abend etwas aß. „Die Leute kommen her, um dann woandershin zu fahren."

Eine Frau im mittleren Alter, die am Nebentisch Ouzo trank und uns zuhörte, stimmte ihm zu. „Das ist richtig", sagte sie. „Ja, wir haben Andreas. Aber er ist nicht Peter und auch nicht Paul." Sie schien damit sagen zu wollen, dass ein berühmterer toter Jesusjünger mehr Touristen anlocken würde. „Das ist richtig", wiederholte sie, als müsse sie sich der simplen Logik dieser Tatsache geschlagen geben. „Die Leute fahren immer nur durch Patras durch."

Vor dem Páprika (das Kebap war hervorragend) drängten sich plötzlich Einheimische auf den Straßen.

Panathinaikos spielte gegen Olympiakos, erfuhr ich, und Fangruppen in grünen oder weiß-rot gestreiften Fußballtrikots gestikulierten vor Fernsehern, die man vor die Bars gerollt und dazu extra Stühle und Tische aufgestellt hatte. Ich gesellte mich eine Weile dazu. Es wurde viel gebrüllt und gestöhnt, dann wieder so angespannt das Geschehen verfolgt, dass die Fans völlig vergaßen, zu brüllen und zu stöhnen.

Die Bars befanden sich alle in der Nähe meines Hotels, und in der Halbzeit beschloss ich, früh ins Bett zu gehen.

Der Chef stand immer noch an der Rezeption.

„Derby", erklärte er. „Heute findet das Lokalderby statt."

Panathinaikos war aus Athen, Olympiakos aus Piräus, dem Hafen von Athen. Es ging übrigens zwei zu null für Panathinaikos aus – ein Hoch auf die Grünen!

Auf einer Fähre, Bari-Blues
Von Patras nach Bari

Vor der Überfahrt nach Italien noch ein paar Hintergrundinformationen zu Interrail.

Einer der Vorteile von Interrail-Pässen war, dass man auch andere Verkehrsmittel wie Busse, Autos (über Mietwagenfirmen) und Fähren entweder zu ermäßigten Preisen oder kostenlos nutzen konnte. Etwa ein Dutzend Fährgesellschaften, darunter Hellenic Seaways, die zwischen Patras und Bari verkehrte, nahm daran teil. Man konnte mit den Fähren zwischen den griechischen Inseln fahren, von Spanien nach Marokko, zwischen Finnland, Deutschland und Schweden, von Wales nach Irland und über den Ärmelkanal zwischen dem europäischen Festland und Großbritannien. Ich wollte von Hoek van Holland mit der Stena Line zu einem ermäßigten Preis nach Harwich in Essex übersetzen. Man konnte in manchen Hostels billiger übernachten und in bestimmten Restaurants essen (zum Beispiel der beliebten Hard-Rock-Cafe-Kette). Alle waren praktischerweise in der Eurail-App unter „Benefits" aufgeführt.

~

Die Überfahrt nach Italien dauerte etwa fünfzehn Stunden. Die Fähre legte am Nachmittag bei dunstigem Wetter ab, um den Golf herum erhoben sich Berge, die man sonst kaum bemerkte, wenn man sich im Zentrum von Griechenlands drittgrößter Stadt befand. Am nächsten Tag um neun Uhr morgens sollten wir in Bari ankommen. Die Fähre hieß *Ariadne,* nach der Tochter des legendären Königs Minos von Kreta, und fasste 1.845 Passagiere. Auf meiner Fahrt war sie bis auf ein paar Backpacker und Lastwagenfahrer weitgehend leer.

Die *Ariadne* war nichts Besonderes: eine moderne Fähre mit Spielautomaten, einem Duty-Free-Shop, Bars und Restaurants. Man suchte sich einen Liegesessel und blieb dort, weil man sein Gepäck, selbst wenn es keinerlei Wertsachen enthielt, nicht stehen lassen wollte, um sich an Bord umzusehen.

Ich lernte Jannick kennen, einen 21-jährigen deutschen Backpacker, der gerade seinen Abschluss in Psychologie an der Universität Nürnberg gemacht hatte. Er war überall in Europa gewesen, hatte hauptsächlich gecampt oder in größeren Städten in Hostels übernachtet. Am Tag zuvor war er aus Kreta nach Patras gekommen. Per Interrail ging seine Reise von Nürnberg nach Zürich, dann weiter nach Bern, Lausanne, zum Comer See, nach Mailand, Venedig, Budapest, Ljubljana, Zagreb, Split, Montenegro (wo er mangels öffentlicher Verkehrsmittel trampen musste), Belgrad,

Sofia, Istanbul, zurück nach Sofia, Thessaloniki, Athen, Piräus und Kreta, über ein paar andere griechische Inseln.

Jannick war seit zwei Monaten unterwegs und Vegetarier, oft lebte er nur von „Tortillas und Nutella". Er war schlank und athletisch (er spielte als Innenverteidiger in einer Fußballmannschaft), hatte lange blonde Haare und einen hellen Bart. Auf der Fähre trug er seine Baseballkappe entweder mit dem Schirm nach vorn oder nach hinten, je nachdem, ob er eher seine Ruhe wollte oder nicht.

Jannick hatte eine bewundernswerte Einstellung zu Interrail und war quasi eine wandelnde Reklame für junge Menschen auf „Selbstfindungstrip".

„Ich hatte noch nicht viel von Europa gesehen und wollte das nachholen", erzählte er. „Mit Interrail kann man sich einen guten ersten Eindruck von den Ländern und Großstädten verschaffen, weshalb ich mir gesagt habe: ‚Hey, ich habe ein bisschen Zeit, ich mache Interrail.' Wenn die Hostels in einer Stadt zu teuer sind, nehme ich einfach einen Zug in die Vororte, campe dort und fahre am nächsten Morgen zurück in die Stadt." Was allerdings, wie er zugab, „ein bisschen ermüdend" sein konnte.

Er wollte „spontan" sein und befolgte oft die Empfehlungen anderer Backpacker: „Wenn ich Leute kennenlerne, und die sagen *los, fahren wir dahin,* dann komme ich manchmal mit." Sein bisher schlimmstes Erlebnis auf der Reise war ein „beschissener" Bus von Istanbul nach Athen gewesen, seine beste Erfahrung ein Volleyballcamp in Kreta. Deutsche Züge mochte er nicht, sie „waren nie pünktlich", und „alle machen nur Witze über sie". Er ärgerte sich über die Security auf der Fähre, die seine Gasflasche für den Campingkocher konfisziert hatte. Nach seiner Rückkehr nach Deutschland würde er eine Ausbildung zum psychologischen Psychotherapeuten machen, was etwa acht bis zehn Jahre dauern würde. Sein Interesse galt der kognitiven Verhaltenstherapie: „KVT, nicht Freud ...", über die er eine Weile sachkundig sprach.

Nach unserem Gespräch trank ich Rotwein auf dem Achterdeck und ließ meine Gedanken durch die pechschwarze Nacht ziehen wie die brave Fähre *Ariadne.* Zwei Lastwagenfahrer tranken schweigsam Tee an einem Tisch in der Nähe (vernünftig, angesichts ihres Berufs), und ich versuchte mich zu erinnern, wie ich mit 21 gewesen war. Nicht so selbstsicher und „spontan" wie Jannick (ich war damals nicht mit Interrail unterwegs). Auch nicht so gut organisiert und so weit in die Zukunft denkend. Wie wäre es wohl, noch mal 21 zu sein, voller Energie und Vorsätze?

Darauf gab es keine Antwort, aber es war nett, bei zwei kleinen Flaschen griechischem Rotwein (na gut, es waren drei) allein auf dem Meer seinen Gedanken nachzuhängen.

Die Nacht im Liegesessel war unruhig – vielleicht auch wegen der spontanen Weinorgie (die ja eigentlich hätte helfen sollen) –, und am Morgen wachte ich in Schal und Jacke auf, weil mir kalt gewesen war, und einem T-Shirt über den Augen gegen die Kabinenbeleuchtung. Einen Moment fragte ich mich erst, wo ich war, und dann, als ich mich erinnert hatte, wo sich die Fähre befand. Die Antwort war: Bari.

Um ganz ehrlich zu sein: Ich mochte Bari nicht.

Wahrscheinlich, weil die Hauptstadt der italienischen Region Apulien, die früher einmal ein wichtiger byzantinischer Hafen gewesen war, und ich auf falschem Fuß miteinander Bekanntschaft schlossen, und es dauerte eine ganze Weile, bis wir auf dem richtigen ankamen.

Oder vielleicht war ich auch einfach nur müde von der Überfahrt, hatte einen leichten Kater und stand generell ein bisschen neben mir.

Bei der Ankunft merkte ich, dass ich das Datenvolumen auf meinem Handy aufgebraucht hatte, was ich bisher noch nie geschafft hatte. Mir war auch nicht ganz klar, wie mir das jetzt gelungen war.

Ich brauchte die Kartenfunktion auf meinem Handy – oder hatte zumindest das Gefühl, sie zu brauchen –, um den Weg vom Hafen zum Bahnhof von Bari zu finden. Nach der Passkontrolle ging ich eine staubige Straße entlang und wollte in einen Bus einsteigen, den ich für einen Shuttle ins Zentrum hielt, doch man teilte mir mit, es handele sich um einen „Privatbus". Ich ging weiter die staubige

Straße entlang, bog erst falsch ab, dann richtig, steuerte endlich auf das Zentrum zu und kam an einem kleinen Platz mit einer Kirche aus dem zwölften Jahrhundert heraus. In einem Café neben ein paar Kindern, die einen Fußball gegen die Kirchenmauer kickten, loggte ich mich ins WLAN ein. Nach einer Weile fand ich heraus, wo sich der Bahnhof und meine Unterkunft befanden. Dann sah ich mir die riesige wie karge Kathedrale St. Sabinus an und fand ein langes, flaches lachsrosa Gebäude hinter einer langweiligen Fußgänger-straße und einem Park, in dem übereifrige Polizisten versuchten, auf E-Scootern vorbeiflitzende Kinder zur Ordnung zu rufen.

Das lachsrosa Gebäude entpuppte sich als der Bahnhof von Bari, und um ihn zu betreten, musste man sich todesmutig über den Zebrastreifen an einer belebten Kreuzung wagen, den die Autofahrer geflissentlich ignorierten. An den Ticketschaltern war eine lange Schlange, und ein paar Teenager schoben mich grinsend zur Seite, als ich noch zögerte, ob ein Schalter frei war. An einem anderen Schalter sagte mir die Mitarbeiterin, dass der einzige Zug nach Neapel mit freien Sitzplätzen am nächsten Tag um 16.05 Uhr abfahren würde. Das erschien mir zum einen zu spät, zum anderen schlug die Eurail-App einige frühere Züge vor. Konnten die wirk-lich alle ausgebucht sein? Ich trat vom Schalter zurück, um noch einmal einen Blick auf die App zu werfen. Ein paar andere grinsen-de Teenager bemerkten meine Unschlüssigkeit und drängten sich an mir vorbei an meinen Schalter. Ich wartete und fragte sie ge-dämpft, als sie sich wieder an mir vorbeischoben, ob sie „VIPs" sei-en. Das verstanden sie, und einer von ihnen antwortete auf Italie-nisch und Englisch: „Sì, ja, VIPs!" Lachend gingen sie davon. Dann trat ich wieder an den Schalter, wo mittlerweile eine andere Mit-arbeiterin saß, ihre Kollegin war vielleicht in die Pause gegangen. Diese sagte, es gäbe noch einen freien Platz im Zug, der am nächs-ten Morgen um 6.10 Uhr nach Neapel fahren würde, über Caserta, mit Ankunft um 9.48 Uhr. Warum hatte ihre Kollegin gesagt, der einzige freie Zug ginge am Nachmittag?

„Das weiß ich nicht", erwiderte die Frau. „Vielleicht hat sie es nicht gesehen."

Ich buchte meinen Platz und ging in den gleißenden Sonnenschein hinaus. In einem Restaurant am Platz aß ich einen Teller teure, nicht sehr gute Pasta und spazierte eine Straße mit vielen Modeläden entlang. Die anderen Passanten flanierten in eng anliegenden Kleidern an mir vorbei, und ich fühlte mich wie ein Obdachloser mit meinem großen Rucksack und den zerknitterten Klamotten, in denen ich die Nacht auf der Fähre verbracht hatte. Die Männer trugen Schuhe mit glänzenden goldenen Schnallen, Ray-Ban-Sonnenbrillen, weiße Hosen und pastellfarbene Hemden, die fast bis zum Bauchnabel aufgeknöpft waren. Die Frauen bevorzugten oft enge braune Lederhosen, Matrosenjacken, Ray-Bans und Seidenblusen. Das schien der aktuelle Modetrend in Bari zu sein.

Alle waren elegant und cool und blasiert. Ich schleppte meinen Rucksack herum und wartete, dass ich um drei Uhr in meine Unterkunft konnte, und fühlte mich überhaupt nicht elegant und cool und blasiert. Ich sah mir die Basilika San Nicola an, ebenfalls aus dem zwölften Jahrhundert, die erbaut wurde, um die Reliquien des heiligen Nikolaus aufzubewahren. Diese befanden sich in einer Krypta unter einem silbernen, dem Heiligen geweihten Altar, vor den Gläubige Münzen, zerknitterte Fünf-Euro-Scheine und gefaltete Zettel, vermutlich mit Gebeten, Hoffnungen und Wünschen, warfen. Die Leute schoben und drängelten sich vor seinem Bildnis, ein bisschen wie kurz zuvor am Bahnhof.

Dann besichtigte ich ein altes Schloss mit einem Museum, in dem alte Töpfe und Vasen ausgestellt waren. Außerdem gab es eine Multimedia-Präsentation mit gewichtiger, deprimierender Musik.

Ich verließ das Schloss bald wieder und ging die Strada Arco Basso entlang, wo angeblich Frauen Pasta in Form von Ohren herstellten, sogenannte Orechiette, eine lokale Spezialität. Die meisten Stände in dieser winzigen Kopfsteinpflasterstraße vor den Häusern mit zugezogenen Gardinen waren unbesetzt. Die Besitzer der Stände, an denen die safrangelben, lilafarbenen, grünen und teigfarbenen Waren auf Tabletts auf einfachen Tischen auslagen, hielten sich hinter den Vorhängen auf und konnten die

Passanten sehen, ohne selbst gesehen zu werden. Die wenigen Verkäufer, die sich im Freien aufhielten, arrangierten ihre ohrenförmige Pasta ansprechender und ignorierten die Vorbeischlendernden, als sei das Anordnen der Ware eine ernste Angelegenheit, die keine Ablenkung duldete. Kurz überlegte ich, mir Orechiette zu kaufen, falls meine Unterkunft über eine Küche verfügte. Nach einem kurzen Online-Check – nein, keine Küche – entschied ich mich dagegen.

Stattdessen suchte ich lange nach einem Supermarkt, um mir einen einfachen Salat und ein Sandwich zu kaufen. Doch das erwies sich im Zentrum von Bari als schwieriger als gedacht, weshalb ich schließlich im Bahnhof zu dem kleinen SPAR-Supermarkt ging, den ich zuvor gesehen hatte. Der Mann an der Kasse sagte, nachdem er meine Nationalität herausgefunden hatte, dass er in drei Tagen nach Camden in den Urlaub fahren würde. Ich erklärte ihm, dass nicht viele Menschen nach Camden in den Urlaub fahren würden. Er überging den Hinweis und fragte mich, was man in Camden alles machen könne. Ich empfahl ihm, den Markt zu besuchen, und er bedankte sich überschwänglich.

Das war mein bedeutungsvollster Austausch mit einem anderen Menschen in Bari.

Ich suchte meine Unterkunft auf, tippte an der Tür einen Code ein (es gab keine Rezeption), aß an einem runden Tisch in einem düsteren Zimmer meinen Salat und das Sandwich und las weiter Jean-Paul Sartre.

Der Protagonist, der junge Schriftsteller Roquentin, befindet sich in einer existenziellen Krise: „Zum ersten Mal langweilt es mich, allein zu sein. Ich würde gern mit jemandem über das, was mit mir geschieht, sprechen, bevor es zu spät ist." Es ist so schlimm, dass er ein Stück Papier auf dem Boden, das er sich gern näher anschauen würde, nicht aufheben kann. Dann überlegt er diverse Tagebuchseiten lang, warum er es nicht über sich bringt. In seinem Lieblingscafé stellt Roquentin dann später fest, dass man sich manchmal anderen anschließen müsse, um zu existieren, oder man sei unfähig zum Handeln.

Nach einem Tag in Bari schien ich meine eigene existenzielle Krise zu durchleben. Zumindest leistete mir der Meister des Existenzialismus Gesellschaft und hielt mich bei Laune – zusätzlich zu der hervorragenden Aussicht auf einige wunderbare Zugfahrten durch die Schweizer Alpen.

Wie schon gesagt: Bari konnte mich nicht begeistern.

Spontan bei Sonnenaufgang
Von Bari nach Neapel

Um 6.10 Uhr saß ich im Zug nach Caserta, wo ich um 8.54 Uhr ankommen sollte. Um 9.07 Uhr sollte der Anschlusszug nach Neapel abfahren, mit Ankunft am Hauptbahnhof um 9.48 Uhr. Es waren viele Sitze frei. Sehr viele. Ganze Reihen. Keine Ahnung, was die erste Mitarbeiterin am Schalter in Bari da für Informationen gehabt hatte. Vielleicht hatten auch viele die Reise nicht angetreten, aber wohl eher nicht die Hälfte der Fahrgäste.

Die Wagen waren silbern und rot mit weißen und grünen Streifen, und an den Seiten stand „FRECCIARGENTO", was „Silberpfeil" hieß. Kein langsamer, sondern ein Hochgeschwindigkeitszug. Aber ein Zug. Nach dem Trampen, dem Ersatzbus und der Fähre wollte ich davon bis Hoek van Holland auch nicht mehr abweichen.

Eine vornehme englische Frauenstimme verkündete über die Lautsprecher: „Diejenigen, die nicht mit uns mitfahren möchten, bitte jetzt raus."

Die Person, die die Durchsage eingesprochen hatte, schien sich einen Spaß daraus gemacht zu haben, vornehm zu klingen, dabei aber einfache Worte zu verwenden. Kein: *Bitte verlassen Sie jetzt den Zug.* Oder *Bitte begeben Sie sich auf den Bahnsteig,* was dem gewählten Tonfall entsprochen hätte. *Bitte jetzt raus* schien ein versteckter Witz zu sein.

Der Zug fuhr pünktlich um 6.10 Uhr ab, an einem Street-Art-Mural mit einer Figur vorbei, die eine Pride-Flagge schwenkte. Dann ertönte eine weitere amüsante Durchsage: „Falls Sie eine Beschwerde einreichen möchten ...", gefolgt von einer E-Mail-Adresse, ebenfalls im genäselten Tonfall einer Gutsherrin. Womit das auch erledigt wäre, wenn auch sechzig Sekunden nach Abfahrt vielleicht ein bisschen früh. Es war mir ein Rätsel, wie man diese Lautsprecherstimme hatte auswählen können.

Unter einem rubinroten Himmel raste der Frecciargento durch Vororte und die Landschaft. Die aufgehende Sonne tauchte alles in orangefarbenes Licht. Aus dem Fenster auf Olivenhaine zu schauen, war ein herrlicher Tagesbeginn.

Wir hielten in Barletta und Foggia, wo jeweils einige Leute zustiegen, doch es blieben immer noch viele Sitze leer. Der Zug fuhr durch bergiges Gelände, folgte einem steinigen Fluss und durchquerte eine Reihe von Tunneln. Im Speisewagen kaufte ich mir einen günstigen Kaffee. Hier schienen sich hauptsächlich die zahlreichen Zugbegleiter aufzuhalten. Sie waren in ein lebhaftes Gespräch vertieft und hatten es sich bequem gemacht, auch wenn sie noch die Tickets kontrollieren mussten. Ich kehrte zu meinem Platz zurück. Der Zug fuhr mittlerweile durch ein üppiges Weinanbaugebiet und ließ das Horn ertönen, als wolle er einen Bauern grüßen, der gerade sein Feld pflügte. Dann kamen die ersten Häuser in Sicht, und der Zug wurde langsamer, bevor er in Caserta hielt, in der Provinz Kampanien. Die vornehme englische Frauenstimme sagte: „Wir bedanken uns für Ihre Fahrt mit Trenitalia und hoffen, Sie bald wieder an Bord unserer Züge begrüßen zu dürfen."

Als wären wir demnächst zu einer weiteren Dinnerparty eingeladen.

Tatsächlich war auch der Anschluss nach Neapel ein Trenitalia-Zug. Während ich bei einem Bahnmitarbeiter versuchte, das richtige Gleis herauszufinden, trat eine Amerikanerin zu uns, die dieselbe Frage hatte. Nachdem wir unsere Antwort erhalten hatten, gingen wir gemeinsam zum Bahnsteig und warteten dort.

So lernte ich Keli kennen. Sie hatte blonde Haare und leuchtend blaue Augen, war braungebrannt und sprach schnell und lebhaft. Sie war ein sehr enthusiastischer Mensch, aus dem amerikanischen Bundesstaat Washington und auf einem Tagesausflug nach

Pompeji. Sie wohnte in Puglia in der Nähe von Bari in einem Apartment, während sie ihre Wohnung in Washington State vermietet hatte (in Idaho hatte sie auch eine Wohnung), um damit ihren sechsmonatigen Aufenthalt in Italien zu finanzieren.

„Die Miete ist mein Reisebudget!", erklärte sie.

Sie hatte zwei Kinder, die kurz vor dem Collegeabschluss standen, war geschieden und etwa Mitte fünfzig. Das alles erfuhr ich in etwa dreißig Sekunden.

Ich sagte, ich hätte auch daran gedacht, Pompeji zu besuchen.

„Dann fahren wir doch gemeinsam!", antwortete sie prompt.

Meine existenzialistische Jean-Paul-Sartre-Phase hatte ein abruptes Ende gefunden.

Wir recherchierten, wie wir von Neapel aus nach Pompeji kamen, was einfach aussah. Wir mussten nur einen Circumvesuviana-Zug nehmen, der an der Küste entlang bis zu der römischen Stadt fuhr, die im Jahr 79 v. Chr. beim Ausbruch des Vesuv verschüttet wurde. Nach dreißig Sekunden hatten wir einen Plan. Wie Jannick, mein Bekannter von der Fähre, war ich spontan. Wir fuhren nach Pompeji.

8

Auf dem Weg in die Alpen

Von Neapel nach Visp,
über Mailand, Tirano, Chur und Zermatt

Auf dem Weg von Caserta nach Neapel erzählte mir Keli ihre Lebensgeschichte (oder zumindest einen Teil davon). Dies tat sie recht episodenhaft, und ich hakte nicht nach. Ihre Geschichten waren wie die an uns vorbeiziehenden Landschaften, die Vororte, Bauernhöfe, trägen Flüsse und die weiten Hügel. Hier und da waren luxuriöse Landhäuser zu sehen, die Adeligen oder anderen sehr wohlhabenden Menschen gehören konnten, die ihren Reichtum gern zur Schau stellten, Weinberge und Felder mit langen, dünnen Getreidepflanzen.

Keli hatte, wie ich schon bald erfuhr, „in der Vermögensverwaltung einer Bank" gearbeitet, bevor man ihr vor der Corona-Pandemie aus betrieblichen Gründen gekündigt und sie eine Abfindung erhalten hatte. Der weltweite Lockdown hatte ihre Pläne, ein Jahr auf „Missionsreise" nach Afrika zu gehen, zunichte gemacht. Stattdessen hatte sie abgewartet, bis alles vorbei war, und dann einen Monat in einem Dorf in Kenia verbracht und dort gearbeitet. In diesem Jahr wollte sie noch nach Südafrika fliegen. In der Zwischenzeit war sie für sechs Monate in Italien. Nach einiger Zeit in Florenz wohnte sie jetzt in Polignano an der Ostküste, südlich von Bari. Von dem langen Tagesausflug nach Pompeji würde sie um Mitternacht herum zurück sein.

„Ich mag das Bahnfahren hier", sagte Keli und sah aus dem Fenster.

Sie hatte schon viele solcher Ausflüge in Italien gemacht. „Ich fahre auch zu Hause in den USA Zug, einmal sogar zwölf Stunden von Oakland nach Los Angeles."

Eine Strecke von etwa 650 Kilometern. Der Zug hatte sehr viel Verspätung gehabt.

„Das war ein Amtrak-Zug. Ich bin mit den Kindern Amtrak gefahren. Einmal."

Sie betonte das letzte Wort, auch wenn die Kinder Spaß gehabt hatten. „Sie haben es geliebt. Es war ein Nachtzug. Ihnen hat die Verspätung nichts ausgemacht."

„Du magst also Züge?", fragte ich.

„O ja!", bestätigte Keli.

Da war ich wohl auf eine amerikanische Zugliebhaberin gestoßen – oder eine *foamer,* wie sie sich dort nannten, weil ihnen angeblich der Schaum vor dem Mund stand, wenn sie einen Zug sahen, den sie besonders toll fanden. Keli fuhr einfach nur gerne Zug, egal welchen. Sie war kein *foamer,* obwohl sie mir begeistert von der Verbindung von San Diego nach Los Angeles mit dem Pacific Surfliner erzählte, eine ihrer Lieblingsstrecken, die am Strand und dem Meer entlangführte. Davon erzählte sie eine ganze Weile. Mit ihrer Gesprächigkeit und ihrer amerikanischen Stehauf-Mentalität vertrieb Keli nachdrücklich meine Existenzkrise aus Bari.

Keli hatte auch zwanzig Jahre eine eigene Firma für den Handel mit festverzinslichen Wertpapieren gehabt. „Kommunalanleihen mit festem jährlichem Zins, aber man kann sie verkaufen und den in dem Jahr geltenden Wert erzielen", erklärte sie, wobei ich ihr nicht richtig folgen konnte. Dann hatte sie für eine andere Firma gearbeitet.

„Ich musste den Kunden beibringen, sich an die Geschäftszeiten zu halten", sagte sie. „Sonst hätten sie die ganze Zeit angerufen, auch am Wochenende, am Abend. Sonst waren sie aber respektvoll."

In ihrem letzten Job hatte sie zwei Jahre gearbeitet, dann kam die Abfindung. „Ich wusste nicht mal, dass ich darauf ein Anrecht habe." Sie hatte auch nicht gewusst, dass man ihr kündigen würde. „Willkommen in der Bankwelt!", sagte sie. „Meine Stelle haben sie erst eingerichtet und kurz darauf wegrationalisiert. Genau so haben sie es formuliert: *rationalisiert.*"

Dadurch war auch sie „wegrationalisiert" worden, doch das hatte sich als Glücksfall erwiesen, denn so konnte sie durch die Welt reisen und von ihrer vermieteten Wohnung leben und hier und da mit dem Zug fahren, wenn es sich ergab. Sie erzählte ausführlich von der Beantragung von Leistungen in den Vereinigten Staaten und einem komplizierten „Am selben Tag zurück"-System, bei dem man Steuerunterlagen blitzschnell einreichen musste, was quasi unmöglich war, wenn man die Welt bereiste, in kenianischen Dörfern arbeitete und mit dem Zug nach Pompeji fuhr. Das beschäftigte sie eindeutig.

Dann erzählte sie mir von einer Reise mit einer Freundin, die inkognito als Hotelkritikerin für eine große internationale Zeitschrift arbeitete. Keli hatte sie kürzlich auf einem Trip von Istanbul nach Malta, Budapest und Paris begleitet, ohne zusätzliche Kosten für sie. Das Problem war, dass ihre Freundin in Budapest versehentlich eine SMS an den Concierge geschickt hat, die ihre Tarnung auffliegen ließ: „Sie war am Boden zerstört, hat gesagt *O mein Gott, das ist mir in dreißig Jahren noch nie passiert, das ist mir so peinlich.*" Der Service hatte sich danach natürlich verbessert, und sie wurden wie Königinnen behandelt.

Auf dieser Reise hatte Keli in Budapest eine flüchtige Romanze. Sie und ihre Freundin waren mit dem Auto unterwegs, als „wir einen kleinen Unfall hatten". Ein Typ stand mit seiner Schwester an einer Ecke und sah alles – zumindest dachte ich da, sie wäre seine Schwester –, und er half uns und war echt nett, und meine Freundin sagte: ‚O mein Gott, da sind Vibes zwischen euch beiden. *Ernsthafte* Vibes.' Er gab mir seine Nummer. Und ja, da waren ernsthafte Vibes zwischen uns. Meine Freundin hatte recht." Keli und der Mann trafen sich ein paarmal, und es lief gut. „Aber er sagte zu mir: ‚Ich habe eigentlich eine Freundin, wir waren zusammen, aber wir trennen uns gerade.'" Keli war sich nicht ganz sicher, was sie davon halten sollte. „Er war jünger als ich, installierte Vape-Automaten in Budapest. Das war sein Job. Jedenfalls stellte sich heraus, dass er noch mit seiner Freundin zusammen war, und ich glaube, er war auch bisexuell. Er hatte einen Freund, einen jungen Mann Mitte zwanzig. Der war oft bei ihm." Keli schien nicht besonders traurig darüber zu sein, dass aus der Urlaubsbegegnung nichts geworden war, und erzählte nur zu gern davon.

„Die Zivilisation entwickelt sich zurück"
Von Neapel nach Pompeji und retour

Am chaotischen Hauptbahnhof von Neapel versuchten wir, unser Gleis nach Pompeji zu finden. Nachdem das geschafft war, quetschten wir uns in einen wieder mal mit Graffiti besprühten Zug und waren dann vollauf damit beschäftigt, nach Taschendieben Ausschau zu halten. Der Vesuv tauchte zu unserer Linken auf, der Gipfel in einer Wolke verborgen, weshalb der Vulkan eher einem langen, schlanken U-Boot ähnelte. Zu unserer Rechten legten Männer in einem Hafen Fischernetze zusammen.

In Pompeji mussten wir einen Bus zu einem der Eingänge zum Gelände nehmen und schlossen dort unsere Rucksäcke bei einer Gepäckaufbewahrung ein. „Wie immer ist der Weg das Ziel!", sagte Keli sogar noch enthusiastischer als bisher, nachdem sie nach einer langen Anreise von Polignano heute Morgen endlich in Pompeji war und wir alle möglichen Transporthürden, wie den unerwarteten Bustransfer, gemeistert hatten. „O ja! Der Weg!"

In dieser euphorischen Stimmung traten wir durch ein Drehkreuz auf einen sonnenbeschienenen Weg aus grob behauenen Steinen, der ins unheimliche Labyrinth von Pompeji führte. Wir waren nicht allein, wahre Touristenströme walzten über das Gelände, bewunderten die alten Mauern und Räume, während sie wie wild fotografierten, als hätten sie Angst, etwas zu verpassen. Einige der alten Ruinen waren mit kunstvollen Mosaiken mit geometrischen Mustern geschmückt. Verblasste Wandmalereien von Wölfen, Göttern, Satyrn und Nymphen, vor langer Zeit von der Hand eines Künstlers angefertigt, wirkten wie geisterhafte Bilder, die mit dem Mauerwerk verschmolzen waren.

Wir befanden uns eindeutig in einem „reichen" Viertel der vom Unglück heimgesuchten Stadt. Ein Guide sagte in unserer Nähe: „Dieser Teil war quasi das Beverly Hills von Pompeji ... der Himmel in dem, was zur Hölle wurde."

Die Hölle: der Ausbruch des Vesuv im Jahr 79 n. Chr., der die ummauerte Stadt mit 16.000 Einwohnern auslöschte.

„Der Mann, der hier gelebt hat", der Guide zeigte auf einen besonders großen Bereich der Ruinen, „war einer der wenigen Glücklichen in Pompeji mit einem klimatisierten Haus."

Die Bewohner hatten damals ein Belüftungssystem entwickelt, um den Wind auf dem erhöhten Standort der Stadt optimal nutzen zu können.

Vögel zwitscherten. Eidechsen sonnten sich auf alten Steinen. Wir betraten einen weiten Bereich, in dem ein anderer Guide sagte: „Der gesamte Boden war aus Marmor." Wir befanden uns entweder in der Basilika oder vielleicht im Heiligtum des Apollo, irgendwo in der Nähe des Forums. Es war alles ein wenig verwirrend. Nachdem wir ein Thermalbad gesehen hatten, in dem ein anderer Guide sagte: „In diesem Raum gab es kein Wasser, nur heiße Luft" (eine sehr frühe Sauna), gingen wir eine schmale Gasse entlang zu einem Innenhof, in dem einige in Bimsstein und Asche „eingefrorene" menschliche Gestalten in Glasvitrinen ausgestellt waren. Eine lag auf der Seite, eine andere saß gekrümmt da und hielt sich ein Tuch vors Gesicht. Es war ein düsterer Anblick.

Nachdem Keli eine Weile geschwiegen hatte, wurde sie im Amphitheater, wo ein Schild uns informierte, dass Pink Floyd einst hier gespielt hatten, philosophisch.

„Die Zivilisation", sagte sie, „entwickelt sich zurück."

Sie blickte zu den alten Sitzreihen auf. Dann sprach sie weiter über den Niedergang der Menschheit. „Jemand hat mir kürzlich eine Geschichte von einem Fischer und einem Unternehmer erzählt. Der Unternehmer sagt zu dem Fischer: ‚Warum hörst du so früh auf zu fischen? Wenn du bis zum Abend weiterarbeitest, hast du mehr Fische, die du verkaufen kannst, und dann kannst du dein Leben mehr genießen.' Der Fischer sieht den Unternehmer an und erwidert leise: ‚Ich genieße es jetzt, danke.' So soll man es machen. Meine Kinder und ich sollen wie dieser Fischer sein. Jetzt bin ich wie mein eigenes kleines Unternehmen." Damit meinte sie ihre vermietete Wohnung. „Ich habe genug. Genug!" Sie hielt inne. „75.000 Dollar sind die perfekte Summe. Das perfekte Einkommen. Da hat man genug! Ich mache mir Sorgen um meine Kinder. Es ist so stressig, einen Job zu finden, und wenn man dann spart und sich eine Immobilie kauft, muss man sich darum kümmern." Die Gesellschaft, sagte sie, dränge Menschen dazu, mehr zu wollen, aber sei es das, was die Menschen wirklich wollten? Der Drang nach mehr mache „uns alle verrückt". Sie blickte sich um und wiederholte: „Genug! Genug!"

Pompeji hatte sie verzaubert. Es sei besser, ein einfaches Leben zu führen und mit weniger zufrieden zu sein, wie die Menschen in Pompeji, schien Keli sagen zu wollen – auch wenn das Leben damals mit den politischen Intrigen, dem Blutvergießen in Amphitheatern, der Sklaverei, großem Reichtum und bitterer Armut auch nicht immer so idyllisch gewesen war. Doch das schien unwichtig, die Umgebung hatte sie auf schwer zu fassende Weise in ihren Bann gezogen.

Auf dem Weg zurück zum Eingang kamen wir an einem kleinen Museum mit einer nackten Statue des Priapos aus dem frühen ersten Jahrhundert n. Chr. vorbei. Priapos war der griechische Gott der Fruchtbarkeit und die Statue laut dem Begleitschild ein „Symbol des Wohlstands". Keli betrachtete Priapos' (höflich formuliert) enormen erigierten Phallus.

„Wohlstand?", sagte sie. „Ich würde sagen: jemandes Wohlstand."

Sie starrte immer noch auf den riesigen erigierten Phallus.

„Bei diesen Statuen stimmen die Proportionen nie", bemerkte sie trocken.

Dann kehrten wir zur Gepäckaufbewahrung zurück, holten unsere Sachen und nahmen an einem näher gelegenen Bahnhof, der etwas extravagant Pompei Scavi Villa Dei Misteri hieß (und sich gegenüber einem anderen Eingang zum Gelände befand) den Circumvesuviana zurück zum Hauptbahnhof (auf der Hinfahrt waren wir mit einem anderen Trenitalia-Zug gefahren). Von dort spazierten wir durch enge schmutzige Straßen, in denen an Laternenpfählen Banner des SSC Neapel hingen, ins angenehm chaotische Herz von Neapel. Dort saßen wir an einem Ecktisch in einer kleinen Bar, tranken Weißwein und unterhielten uns über alles Mögliche.

Keli war in ihrer Jugend ein großer Fan von Grunge gewesen, insbesondere von Nirvana, und sie schwärmte, wie wunderbar deren Sänger Kurt Cobain gewesen war, bevor er sich im Alter von 27 Jahren das Leben genommen hatte. Dann erzählte sie mir von ihrem Aufenthalt in Florenz vor zwei Monaten: „Ich hatte eine wunderschöne Prada-Tasche, die einfach unersetzlich war."

Sie verzog das Gesicht, als wolle sie sagen *Oh, diese Tasche. Ich werde sie nie vergessen.* „Mein Geldbeutel und mein Chanel-Lippenstift waren darin. Sie wurde mir einfach gestohlen. Auf einmal war sie weg. Ich habe mich sehr aufgeregt. Ich war da mit einer Freundin unterwegs, und wir haben den Diebstahl bei der Polizei gemeldet." Ein paar Tage später hatte die Polizei Keli angerufen. „Sie hatten die Diebe gefasst. Wir hatten einen Mann und eine Frau ins Café gehen sehen, und wir glaubten, dass sie uns bestohlen hatten. Wir mussten aufs Revier und die beiden am Computer identifizieren. Sie gehörten zu einer peruanischen Bande mit etwa zehn Mitgliedern. Die Polizei sagte, sie würde versuchen, alle zu erwischen, damit sie dann nach einer Gefängnisstrafe aus der Toskana ausgewiesen würden. Sie waren schon vorbestraft. Dieses Mal würden die Strafen höher ausfallen."

Keli sah auf ihre Uhr. „O nein!"

Sie musste zum Bahnhof. Nachdem wir E-Mail-Adressen ausgetauscht hatten, trennten sich unsere Wege. Keli hielt ihre derzeitige Tasche fest, als sie ging, und ich blieb sitzen, um noch ein Glas Weißwein zu trinken. Es passierte nicht viel. Haschgeruch wehte von der Straße herein. Zwei Polizistinnen mit Pistolen in weißen Holstern kamen in den Laden und bestellten Kaffee. Sie lehnten am Tresen und unterhielten sich mit dem Barista. Sie trugen die Haare offen und waren geschminkt. Überall sah man blau-weiße SSC-Neapel-Wimpel in den verwinkelten Gassen flattern. Mopeds röhrten vorbei. Eine Straße weiter kaufte ich ein Ticket für eine Führung durch die unterirdischen Zisternen von Neapel, bei der ich erfuhr, dass es viele solcher Katakomben unter der Stadt gab, die früher große Bedeutung hatten, heute aber nicht mehr genutzt wurden. Eine Diebesbande hatte einmal eine Weile darin ihr Unwesen getrieben und die unterirdischen Zugänge genutzt, um Häuser auszurauben.

Zu der Tour gehörte ein Gutschein für die Pizzeria Don Raffaele, wo ich eine ausgezeichnete Pizza mit Peperoni und Chili aß, die mir ein missgelaunter Kellner servierte, der die Teilnehmer der Zisternentour mit ihren Gutscheinen nicht zu mögen schien (auch wenn die Pizzeria daran ja sicher verdiente). Ich gab ihm Trinkgeld und bedankte mich überschwänglich, weil ich neugierig auf seine Reaktion war. Er grinste breit und sagte etwas auf Italienisch, das ich als *Danke, aber jetzt raus hier* interpretierte.

Das tat ich auch und ging zurück in die Bar, wo ich einen Rotwein bestellte und zusah, wie Neapel null zu eins gegen den AC Mailand verlor. Die Fußballbegeisterung der Leute in Patras war nichts gegen die der Neapolitaner, die sich überall drängten, auf der Straße, in den Lokalen. Jeder Platz war besetzt. Es wurde geschrien, gebrüllt, vor Wut gestöhnt. Jemand zündete draußen eine Leuchtfackel an, und blauer Rauch füllte die Bar. Die Chefin, eine junge Frau mit Tätowierungen und einer Reihe goldener Ringe in den Ohren, lachte nur. Alle hatten Tränen in den Augen und husteten wegen des Rauchs, doch die Chefin, die ihre Angestellten mit eiserner Hand führte und sie regelmäßig auf Italienisch anschrie, sie sollten sich *verdammt noch mal* beeilen (der prompten Reaktion zufolge) wirkte überglücklich.

Doch dann schoss Mailand ein Tor, und Stille kehrte ein. Man gestikulierte wütend in Richtung Schiedsrichter. Moped-Abgase wehten herein. Ein Spieler von Neapel wurde vom Platz gestellt. Die Bar tobte vor Empörung, sogar die Chefin mit den vielen goldenen Ohrringen schrie den Fernseher an. Möglicherweise sagte sie etwas wie: *Und so weit ist es mit der Menschheit gekommen, ich schwöre beim lieben Gott, der über uns alle herrscht, dass diese Schändlichkeit eines Tages von ganz oben gerichtet werden muss, oh Schiedsrichter, oh Menschheit, was für eine Abscheulichkeit, was für ein Skandal!*

Über eine mit Müll übersäte Straße ging ich zu meinem winzigen Apartment und öffnete die Eurail-App, um nach meinem Zug am nächsten Morgen zu schauen, der um 11.30 Uhr über Mailand bis nach Tirano an der Grenze zur Schweiz fahren sollte.

Ein Bahnstreik war angekündigt, in zwei Tagen sollte der Zugverkehr in Italien weitestgehend stillstehen. Bis zu diesem Moment hatte ich davon keine Ahnung gehabt. Eigentlich hatte ich irgendwo auf dem Weg durch das lang gezogene, schmale Land noch einmal Station machen wollen, doch den Gedanken verwarf ich wieder. Mein Italienaufenthalt entwickelte sich nicht ganz so, wie ich erwartet hatte. Die Bahngötter der italienischen Gewerkschafter machten Pläne zunichte, genau wie ihre Kollegen in Deutschland (und beinahe in Frankreich).

Der einzige Ausweg schien zu sein: *Uscire velocemente dall' Italia* (schnell raus aus Italien).

Durch Italien
Von Neapel nach Tirano, über Mailand

Am Hauptbahnhof von Neapel kann einem Folgendes passieren: Man kämpft sich durch das Gedränge zum Italo-Ticketschalter, wo einem adrett gekleidete Angestellte höflich, aber entschieden mitteilen, dass man zum Trenitalia-Schalter gegenüber gehen müsse, worauf man sich wieder durch das Gedränge zum Trenitalia-Schalter kämpft, um dort eine Wartenummer für einen „Termin" zu ziehen und zu warten, bis diese Nummer aufgerufen wird, nur um dann höflich, aber entschieden von adrett gekleideten Trenitalia-Mitarbeitern die Auskunft zu bekommen, dass man sich doch bitte zum „Last-Minute-Schalter" begeben solle, der sich mitten im Gedränge befand, wo eine weitere Mitarbeiterin, die schon etwas genervt und erschöpft wirkt, weil ihre Kolleginnen und Kollegen alle Reisenden zu ihr schicken, einem sehr deutlich erklärt, dass man mit einem Zweite-Klasse-Interrail-Pass auf gar keinen Fall einen Platz in der ersten Klasse reservieren könne (was mir lieber gewesen wäre, und auch wenn ich die Vorschrift kannte, hatte ich es versuchen wollen), und einem eine Reservierung für die zweite Klasse gibt.

Nach einem Stück Pizza von einem netten Stand in einer Ecke ging man dann zu einem glänzenden, sanft summenden rot-grauen Zug mit spitzer Nase und setzte sich in der zweiten Klasse auf einen schicken grauen Ledersitz mit einem breiten Tisch und vielen Steckdosen, wieder mal ein bisschen verkatert, nachdem man den Großteil des Abends zuvor in einer Bar voller Fußballfans verbracht und Rotwein getrunken hatte, lautstark auf den Schiedsrichter schimpfend, damit einen die Einheimischen nicht versehentlich für einen AC-Mailand-Eindringling hielten.

Wie der Frecciargento-Zug von Bari nach Caserta war auch der 11.30-Uhr-Zug nach Mailand definitiv nicht langsam. Es war ein sogar noch schnellerer Frecciarossa („Roter Pfeil"), der 400 km/h fahren konnte. Frecciargentos schafften nur läppische 250 km/h. Doch wenn man den Streik umgehen wollte, blieb einem kaum eine andere Wahl. Die Mitglieder der diversen Gewerkschaften – FILT-CGIL, FIT-CISL, UILTtrasporti, UGL Ferrovieri, FAST-Confsal und Or.S.A Ferrovie – führten einen Arbeitskampf wegen Personalkürzungen, geringer Bezahlung, belastender Schichten und „dem grundlegenden Recht auf eine Mahlzeit", laut der Website Napolike.it (mit dem Motto „Ich mag es, Neapel zu lieben"). Die italienischen Bahner hatten offenbar viele Gewerkschaften.

Die postfaschistische italienische Premierministerin Giorgia Meloni lehnte die Forderungen ab, ihr Minister für Mobilität kritisierte die Verspätungen im Personenverkehr. Es war nicht der erste Streik. Bahnmitarbeiter hatten bereits auf Demonstrationen skandiert: *„Abbassate le armi, alzate i salari!"* (Runter mit den Armen, hoch mit den Löhnen!) Nachdem das keinen Erfolg gezeigt hatte, streikten sie jetzt wieder.

Wie schon gesagt: Beim Bahnfahren bekam man Einblick in alle möglichen landestypischen Probleme.

Schon bald raste der Zug durch die Landschaft.

Durchsagen (diesmal nicht von einer vornehmen englischen Frauenstimme) warnten uns, die Fahrgäste, vor Dieben. Vororte zuckten an den Fenstern vorbei. Laut der Bildschirme fuhr der Zug mit knapp 300 km/h, und man spürte die Geschwindigkeit. Rechts von uns tauchten Berge auf und verschwanden wieder. Olivenhaine kamen in Sicht und verschwanden wieder. Dörfer an Hügelausläufern. Wälder und Rapsfelder. Eine Durchsage ertönte, sein Gepäck nicht unbeaufsichtigt zu lassen. In einer weiteren Durchsage legte man uns kurz darauf nahe, unser Gepäck auch an Bord des Zuges im Auge zu behalten. Auf den Monitoren wurde eine Warnung eingeblendet, „an den Ticketautomaten an den Bahnhöfen aufzupassen", außerdem eine gezeichnete Figur, die an einem Automaten Tasten drückte und nicht auf die Tasche über ihrer Schulter achtete. Da konnte man schon ein wenig paranoid werden.

Der Frecciarossa fuhr in den Bahnhof Roma Termini ein, wo er eine Weile stand, sodass ich mir Sorgen machte, ob ich meinen Anschluss von Mailand nach Tirano um 16.20 Uhr, mit Ankunft 18.52 Uhr, erreichen würde. Dann fuhr der Zug in die andere Richtung wieder an, womit ich jetzt in Fahrtrichtung saß, was mir sehr recht war.

Dann rollte der Zug an Zypressenreihen vorbei, die wie Wasserfarbenstriche unter einem grau-blau gefleckten Himmel aussahen. Das ältere italienische Paar, das mir seit Neapel gegenüber am Tisch saß, klappte die Kreuzworträtselhefte zu und machte ein Nickerchen.

Wir erreichten Bologna um 14.52 Uhr, eine Minute früher als geplant – der Frecciarossa hatte gut aufgeholt. Im Internet hatte ich, dank der exzellenten WLAN-Verbindung im Zug, gelesen, dass 1980 am Hauptbahnhof von Bologna Italiens verheerendster Terroranschlag verübt worden war, mit 85 Toten und über zweihundert Verletzten. Man hatte eine neofaschistische Terrorgruppe dafür verantwortlich gemacht, diverse Mitglieder verhaftet und einige zu lebenslangen Gefängnisstrafen verurteilt.

Ob sie jedoch auch die wahren Schuldigen waren, ist bis heute ungeklärt, über vierzig Jahre später, und weiterhin ein heikles politisches Thema.

Die Fahrt ging weiter, durch eine flache Landschaft, mit nebelverhangenen Weingütern und noch mehr Zypressen. Gelegentlich tauchte eine protzige Landvilla auf. Der Zug summte sanft und erreichte schließlich den Hauptbahnhof von Mailand.

Alle Fahrgäste stiegen aus. Ich kaufte mir in der großen, luftigen Schalterhalle eine Thunfisch-Focaccia, unter einem breiten gewölbten Glas-und-Stahl-Dach aus der Zeit von Mussolini, der angeblich für die Pünktlichkeit der italienischen Züge gesorgt hatte. Zutreffender dürfte aber, wie viele argumentieren, sein, dass die Züge auch schon vor 1922 und der faschistischen Machtergreifung pünktlich gewesen waren. Der Mailänder Hauptbahnhof in seiner jetzigen Form war 1931 fertiggestellt worden und vereinte Art-déco-Elemente mit offensichtlichem Pomp. Der Vorgängerbahn-hof aus dem Jahr 1864 war nach der Eröffnung des Simplontunnels im Jahr 1906 und dem damit erhöhten Verkehrsaufkommen zu klein geworden – ein enormer Durchbruch für den Orient-Express, der gelegentlich hier gehalten hatte. Doch nicht nur wohlhabende Reisende in mit Mahagoni und Teak verkleideten Luxuszügen waren hier durchgefahren.

Während des Zweiten Weltkriegs war der Mailänder Haupt-bahnhof eine Durchgangsstation für über 1200 Juden gewesen, die man in Konzentrationslager deportiert hatte. Die Transporte fuh-ren von einem geheimen unterirdischen Gleis mit der Nummer 21 ab *(Binario 21)*. 2013 war ein bewegendes Holocaust-Denkmal mit den Namen der Deportierten an der Ostseite des Bahnhofs ent-hüllt worden.

Nicht weit davon entfernt befindet sich etwas äußerst Merk-würdiges, das angesichts der dunklen Vergangenheit des Bahnhofs und in Verbindung mit der Gedenkstätte keinen guten Eindruck hinterlässt: ein Fliesenkunstwerk an der Wand, das einen jungen Mussolini inmitten salutierender Unterstützer mit Flaggen zeigte, die den auf einem weißen Pferd thronenden italienischen König grüßen. Mussolinis Augen waren herausgeschlagen worden, doch es ist trotzdem nahezu unerklärlich, dass der Diktator, der für den Tod von etwa einer Million Menschen verantwortlich ist, immer noch an einer Wand im Bahnhof zu sehen ist. Würde Deutschland das bei einem Abbild von Hitler erlauben?

Und wieder mal zeigte sich: Wo Züge sind, da sind auch (meis-tens) Geschichten.

~

Der Zug nach Tirano hatte die grün-graue Ausstattung von Tre-nord, einem regionalen Betreiber in der Lombardei, und war schon in die Jahre gekommen. Da er sehr voll war, fand ich nur noch einen Platz entgegen der Fahrtrichtung an einem Tisch mit einem ausdrucкslos schauenden älteren Mann mit Strickkrawatte und Sakko, der sein Handy sehr dicht vors Gesicht hielt und sich einen Film ansah *(bitte mach, dass ich nie so werde,* dachte ich im Stillen). Der Zug rollte langsam aus Mailand heraus und fuhr schon bald am Comer See entlang. Bleigraue Wolken drängten sich über dem bleigrauen Wasser, kantige Berggipfel ragten am anderen Ufer auf. Online buchte ich für den nächsten Tag um 14.24 Uhr von Tirano nach Chur in der Schweiz einen Platz im legendären Bernina Express, wobei ich den zwar üppigen, aber nicht überteuerten Aufschlag von dreiundzwanzig Euro bezahlte.

Draußen war Wind aufgekommen, weiße Schaumkronen tanzten auf dem See wie Fische, die nach Luft schnappten. Der Trenord wand sich zwischen orangefarbenen Fels- und Granitschichten durch einige Tunnel. Danach kamen höhere Berge mit verschneiten Gipfeln in Sicht, ein herzerwärmender Anblick. Die Berge so nah vor sich zu sehen, war erhebend.

Der Trenord ratterte voran und schien an Höhe zu gewinnen. Irgendwo im Wagen weinte ein Baby. Der Mann mit der Strickkrawatte stieg irgendwann aus, ein nervöser Mann mittleren Alters mit rosafarbenen fingerlosen Handschuhen nahm seinen Platz ein. Er umklammerte einen Regenschirm, als hinge sein Überleben auf dem Planeten Erde davon ab *(bitte mach, dass ich nie so werde,* flehte ich wieder im Stillen).

Wir fuhren an Weinbergen vorbei, an Dörfern mit Kirchen. Die Berge wurden höher und kamen näher. Um 18.52 Uhr erreichten wir Tirano. Die meisten Fahrgäste waren bereits ausgestiegen. Es war kalt. Es war abgelegen. Die Berge ragten über dem Bahnhof auf, als würden sie die Neuankömmlinge in ihrem Tal genau beobachten.

Es war herrlich, in den Alpen zu sein.

„Entschuldigung, Geek-Moment!"
Von Tirano nach Chur

Für einen Bahnliebhaber wie mich fühlte es sich wie Weihnachten und die Vollendung einer langen Pilgerreise in einem an, in Tirano in der klaren Alpenluft anzukommen und zu wissen, dass eine Bahnfahrt durch die Schweiz vor mir lag.

Zugtechnisch war es eine beinahe religiöse Erfahrung: Auf den Schmalspurgleisen, die sich von der kleinen italienischen Grenzstadt mit ihren neuntausend Einwohnern zwischen verwegenen Gipfeln in die Höhe wanden, wartete das Allerheiligste. Ein paar Eckdaten: 55 Tunnel, 196 Brücken, der höchste Punkt der Strecke lag bei 2.253 Metern, was sie zur höchstgelegenen regulären Bahnstrecke Europas machte. In der Schweiz gab es noch die Jungfraubahn, eine elektrische Zahnradbahn, die aufs Jungfraujoch in 3.454 Meter fuhr, aber nur acht Kilometer weit. Der Bernina Express war eine Klasse für sich und stellte 1910 mit seiner Eröffnung eine Schlüsselverbindung zwischen der Schweiz und Italien dar. Er wird von der Rhätischen Bahn betrieben, die selbstbewusst mit den verschiedenen „Kehrtunnels" und „spektakulären" Viadukten, darunter dem „berühmten" Kreisviadukt von Brusio wirbt. Die Bahn legt eine Steigung von sieben Prozent zurück und arbeitet sich bis auf eine Höhe von 2.253 Metern hinauf. Seit 2008 wird die Strecke als UNESCO-Weltkulturerbe gelistet und gilt als „Meisterwerk der Ingenieurskunst ... und heute als eine der herausragendsten und faszinierendsten Bahnerfahrungen der Welt".

Viel Hype. Viel Höhe.

Ich ignorierte die Verlockungen des gemütlichen Restaurants Buffet Della Stazione und ging in wenigen Minuten durch Kopfsteinpflastergassen zum Albergo Meublé Stelvio. Dort hatte ich ein Einzelzimmer gebucht, das laut Beschreibung „voller Einfachheit und Wärme" sein sollte. Ich betrat eine lindgrüne Rezeption mit einer kleinen Bar im Stil der 1970er-Jahre (nicht trendig „retro", sondern original) und einem kahlköpfigen Mann dahinter, der sich mit einem Paar unterhielt, das er offenbar kannte.

Die beiden saßen an einem Tisch und tranken Bier und Schnaps. Gerade noch waren sie guter Laune, dann wechselte ihre Stimmung, und sie ereiferten sich wortreich über verschiedene bedauerliche Angelegenheiten lokaler und vielleicht auch weltumspannender Natur. Zu den Monologen wurde getrunken. Sie schienen einige Themen abzudecken, auch wenn ich natürlich kein Wort verstand. Vielleicht redeten sie über die angekündigten Bahnstreiks.

Hinter dem Empfangstresen an der Seite stand eine Frau mit freundlichen Augen und gab mir meinen Schlüssel. Auf meine Frage, ob viele Gäste mit dem Zug kämen, antwortete sie: „Alle", bevor sie es abschwächte: „Viele Leute. Viele Zugfahrer. Sie kommen aus Mailand."

Sie zeigte zu den Fahrplänen an der Wand für die Züge nach Mailand und Chur. Ihr Gesicht nahm einen verträumten Ausdruck an. Sie schien auch eine Bahnliebhaberin zu sein.

Ich machte einen Spaziergang durch Tirano.

Dabei kam ich an diversen Pizzerien und kleinen Bars vorbei, von denen die meisten leer waren. Die Höhepunkte dieser italienischen Kleinstadt waren das eisblaue und sicher genauso eiskalte Band des Flusses Adda, der durch das Zentrum verlief, die Basilika Madonna di Tirano aus dem sechzehnten Jahrhundert mit ihrem goldglitzernden Inneren und der „berühmten Orgel" aus dem Jahr 1608 („bewundern Sie die berühmte Orgel", wie es in einer ausliegenden Broschüre hieß) sowie natürlich die Schmalspurgleise durch das Zentrum, die an Kirche und Hauptstraße vorbei in die Berge Richtung St. Moritz führten, dem noblen Schweizer Skigebiet.

Hinter dem Albergo Meublé Stelvio befand sich eine kleine sechseckige Kapelle, von der die Farbe abblätterte, darin ein winziger Altar mit einer einzelnen batteriebetriebenen Kerze. Alles wirkte vernachlässigt. Sie war etwa so groß wie ein Stadthaus und gefiel mir besser als die prächtigere Kirche oben auf der Anhöhe. Nicht weit entfernt von der Kapelle aß ich eine letzte italienische Pizza in der Osteria dell'Angelo und ging ins Hotel zurück, wo mir der glatzköpfige Mann regionaltypischen Schnaps servierte.

Neben den Flaschen hinter der Bar hing eine altmodische Peitsche. Ich fragte den Mann, ob man damit früher Verbrecher ausgepeitscht hatte.

Er drehte sich zu mir und sagte nachdrücklich auf Englisch mit schwerem italienischen Akzent: „Die ist für Gäste, die nicht bezahlen!"

Er nahm die Peitsche herunter und demonstrierte mit einer Handbewegung, was mit solchen Leuten passierte.

Ich bezahlte und ging nach oben in mein Zimmer, das wie angekündigt warm und einfach war, allerdings ziemlich klein. Die Hotelbeschreibung hatte nicht gelogen.

~

Der glänzend kirschrote 14.24-Uhr-Zug nach Chur stand bereits auf dem Bahnsteig. Nachdem ich für meine zweite Fahrt (einmal war ich die Strecke in die andere Richtung gefahren) mit dem Bernina Express früh am Bahnhof war, nahm ich das Buffet Della Stazione näher in Augenschein. Es schien ein nettes kleines Bahnhofsrestaurant zu sein, und solche sind auf langen Zugreisen durch Europa Gold wert, wie ich bereits in Nürnberg festgestellt hatte (wo Danny und ich nach unserer Begegnung mit den Demonstranten ein Lokal im Obergeschoss mit Blick auf die Halle gefunden hatten), in Sofia (wo auch die bulgarische Bahnpolizei eingekehrt war) und am Bahnhof Sirkeci in Istanbul (auch wenn das sehr viel edler gewesen war).

Das Buffet Della Stazione gesellte sich schon bald zu der Liste. Ein paar Obdachlose und vereinzelte Fahrgäste saßen im Gastraum, der wie das Albergo Meublé Stelvio in den Siebzigern stehen geblieben zu sein schien.

Es gefiel mir sehr, und ich setzte mich mit einem Bier in die Ecke.

Kurz darauf kam ein rotgesichtiger Mann mit weißen Haaren herein und begrüßte uns sieben Gäste mit einer theatralischen Verbeugung: *„Buongiorno a tutti!"* („Guten Morgen allerseits!")

Es war Nachmittag. Trotzdem freuten sich die Rosé trinkenden Einheimischen. Rosé schien generell das Getränk der Wahl zu sein. Unter meinen Mit-Gästen waren eine Mutter mit einer ungefähr zwanzigjährigen Tochter, die sich offenbar über etwas aufregten, ein

Mann mit zitternden Händen, der am „Mystic Fortune"-Spielauto-maten saß und in sich hineinlächelte, sowie ein Mann mit einem Cowboyhut, der als Dichter hätte durchgehen können und zu seinem Weißwein eine Wurst aß. Wir waren schon ein Haufen. Ich kaufte zwei kleine Flaschen Rotwein für die Fahrt und stellte sie zu meinem Bier – was Zustimmung bei den anderen Gästen fand, die das als eine Art Statement auffassten –, dann sah ich eine Weile aus dem Fenster, bis ich losging, an den streikbedingt leer gefegten Bahnsteigen, an denen sonst die Züge nach Mailand fuhren, vorbei zu meinem Gleis, an dem der Bernina Express abfahren würde.

Was für ein reizender, glänzender kirschroter Zug. Kein Wunder, dass er so oft vom Bahnsteig aus fotografiert wurde.

Ich fand meinen Wagen und meinen Platz an einem Vierertisch.

Die anderen drei Plätze waren von Nikki, Aiko und Aikos Vater belegt. Nikki war etwa Mitte vierzig und aus England, mit zurückgestrichenen blonden Haaren, einem breiten Lächeln und einem grauen Schal. Um ihren Hals hing eine Brille an einem Band. Aiko war Anfang dreißig und aus Japan. Sie hatte einen kurzen schwarzen Bob, lächelte ebenfalls breit und trug einen orangefarbenen Hoodie. Ihr Vater war mittleren Alters, hatte sorgfältig geschnittene grau melierte Haare, ein breites Lächeln und trug eine Brille. Alle drei strahlten mich an. Alle drei hatten Rotwein vor sich stehen. Ich setzte mich, wir stellten einander vor, und ich öffnete rasch eine meiner kleinen Weinflaschen. Wir waren auch so ein Haufen, zumindest den Blicken des englischen Paares ebenfalls mittleren Alters nach zu schließen, das auf der anderen Gangseite saß und sich zu freuen schien, im lebhaftesten Teil des Wagens zu sitzen. Die meisten Fahrgäste waren mittleren Alters, und alle waren fröhlicher, erwartungsvoller Stimmung. Offenbar war ich in eine Zugparty für Leute mittleren Alters geraten.

Der Nachmittag war angenehm klar und sonnig.

Wir fuhren ab.

Nikki war sehr aufgeregt und sagte ständig begeistert „oooh!" und „wow!", wenn sie an die gebogenen Panoramafenster, die sich bis über das Wagendach erstreckten, trat und dort fotografierte. Andere Fahrgäste fotografierten ebenfalls, ebenso wie Aiko. Ihr Vater blieb sitzen. Ich fotografierte auch. Bis auf einen oder zwei waren wir alle außer uns vor Begeisterung und liefen mit bewundernden Lauten auf und ab. Nachdem wir an der Kirche vorbeigefahren waren, ging es rasch in die Höhe. Schneebedeckte Gipfel kamen in Sicht, schroffe Felsen, die zeitlos und perfekt aussahen. Wir fuhren das berühmte Kreisviadukt von Brusio entlang und gewannen rasch an Höhe. Als würden wir mit dem Zug in den Schweizer Himmel fahren.

Wir setzten uns wieder.

„Großartig", sagte Nikki. „Einfach großartig."

Sie trank von ihrem Wein.

Aiko erzählte, dass die Idee, zu dritt mit dem Bernina Express zu fahren, von ihrem Vater stammte, der zu Besuch aus Japan war und die Schweiz sehen wollte. Sie hatte sich um die Tickets und Flüge nach Mailand und von Zürich gekümmert.

Gerade wollte sie noch mehr von ihrem Interesse am Bernina Express erzählen, als Nikki schon weiterplapperte.

„Ich bin ein Zug-Geek", sagte sie. „O ja! Das hier war immer schon mein Traum. Wie die Transsibirische Eisenbahn." Sie sah aus dem Fenster zu den Weingärten, die sich an die Hänge unter den schneebedeckten Gipfeln klammerten, und stieß wieder begeisterte Laute aus.

Mit einem Blick nach oben sagte sie: „Entschuldigung, Geek-Moment!", und fotografierte wieder.

Nikki und Aiko arbeiteten beide bei einer Organisation namens Mount Camphill Community, die ihren Sitz in East Sussex hatte. Sie unterstützten und unterrichteten Menschen mit Lernschwierigkeiten. Den Namen von Aikos Vater habe ich nie erfahren, und bei der ganzen Begeisterung gab es auch keinen guten Moment, um ihn danach zu fragen.

„Nicht, dass sie immer recht hätte, aber sie liegt nie falsch", sagte Nikki und meinte Aiko, die ihren Plan, mit ihrem Vater mit dem Bernina Express zu fahren, in die Tat umgesetzt hatte. Sie sah

Aiko stolz an, die sie in der Mount Camphill Community unter ihre Fittiche genommen hatte.

Endlich wollte Aiko etwas sagen, doch wieder war Nikki schneller. „Warum sind Züge eigentlich so spannend?", überlegte sie rein theoretisch. „Woran liegt das?"

Bevor ich antworten konnte, redete sie bereits weiter. „In Devon bin ich einmal mit einer Dampfeisenbahn gefahren. Es war ... Es war ..." Sie suchte nach Worten. „Es war *richtig nett*."

Dann überlegte sie wieder, was sehr untypisch für sie zu sein schien (auch wenn ich sie erst so kurz kannte). Sie wirkte, als wolle sie ihren Gedanken dazu auf den Grund gehen und sie in Worte fassen. „Züge sind *toll*", verkündete sie schließlich.

Züge waren *toll*. Genau.

All die Jahre hatte ich überlegt, was genau mich an ihnen so faszinierte.

Die Antwort erfuhr ich im 14.24-Uhr-Zug nach Chur.

Sie waren toll.

Natürlich hatte sie recht. Züge waren einfach toll. Mehr musste man dazu wahrscheinlich gar nicht sagen.

Aiko, die sich mittlerweile in ein Buch von Hiro Arikawa mit dem Titel *Satoru und das Geheimnis des Glücks: Reisebericht einer Katze* vertieft hatte, erkannte eine Lücke in Nikkis Monolog.

„*Ich* bin kein Zug-Geek", erklärte sie überzeugt.

Wir fuhren gerade an einem Bahnhof vorbei, der kaum größer als ein Buswartehäuschen war, während die Landschaft um uns herum immer weißer wurde. Der Zug hatte fast den Pass in 2.253 Metern Höhe erreicht (Tirano lag auf 441 Metern).

„Verdirb mir nicht den Spaß!", sagte Nikki zu Aiko, die noch einmal betont hatte, auf keinen Fall ein Zug-Geek zu sein. Nikki übertrieb ein wenig für ihr Publikum, die übrigen Anwesenden im Wagen. Doch der Bernina Express begeisterte sie einfach so sehr, dass sie sich nicht zurückhalten konnte. Wieder juchzte sie mit viel „ooh!" und „wow!"

Dann schenkte sie noch mehr Rotwein in ihren kleinen Plastikbecher. Eine ausdruckslose und gleichzeitig gebieterische Stimme erzählte uns über Lautsprecher, wie sich die Berge während der Eiszeit gebildet hatten, und sagte schließlich: „Von Ihrem Fenster aus sehen Sie, dass der Zug hier auf über zweitausend Meter fast schon zu einem Flugzeug geworden ist ...“

„Verdammt, wir sind wirklich ganz schön weit oben“, bemerkte Nikki.

„Es ist sehr schön“, sagte Aiko.

„Wahnsinn, wie weit wir hochfahren.“ Nikki war rundum fasziniert.

Die Zugbegleiterin kam vorbei und schien sich über unsere Gruppe zu amüsieren.

Der Brite auf der anderen Gangseite fragte sie, ob ihr die Fahrt jemals langweilig wurde. Er und seine Frau hatten auch Rotwein getrunken und mit uns die Landschaft bewundert.

Die Zugbegleiterin zuckte die Schultern und sagte: „Ja“, was die allgemeine Euphorie ein wenig dämpfte.

Nikki ließ sich davon jedoch nicht beeinflussen. „Noch eine Kurve! Schaut! Schaut euch das an!“ In Kurven sah man den vorderen Teil des Zuges. „Schaut! Schaut doch! Ein Tunnel! Wahnsinn! So unfassbar schön!“

Die Lautsprecherstimme erzählte: „Vor dem Zeitalter der Mobiltelefone konnte der Lokführer mit einem Hupen ein wohlverdientes Getränk bestellen ...“ Da die Berninalinie durch die Schweizer Alpen die jüngste der drei Bahnstrecken von der Schweiz nach Italien war, fertiggestellt nach den Simplon- und Gotthard-Routen, und weil sie eine Schmalspurbahn war, wurde sie immer eher von Einheimischen als von Fernreisenden genutzt, teilte man uns mit.

Der Zug fuhr allmählich wieder unter die Schneegrenze, an St. Moritz und Pontresina vorbei, wo einst viele Schriftsteller, darunter auch Elizabeth Gaskell und Hans Christian Andersen, ihren Urlaub verbracht hatten.

Unsere Rotweinvorräte waren fast vernichtet.

Nikki und Aiko erzählten, dass zur Mount Camphill Community eine Gruppe „Berufsfreiwilliger – manche sagen auch Irre zu uns“ gehörte, und dass sie „ohne Hierarchien arbeiteten, auch wenn wir dem Namen nach Manager haben ... Alles, was wir tun, basiert auf Gegenseitigkeit und Gleichheit, man wird nicht bezahlt, wir teilen alles und nehmen uns, was wir brauchen." Eine von Aikos Aufgaben war, anderen das Weben beizubringen. Die Organisation war ins Leben gerufen worden von „Juden, die vor den Nazis geflohen waren". Sie basierte auf den Lehren von Rudolf Steiner, des einflussreichen österreichischen Begründers der Bewegung, die das essenziell Gute im Menschen aufdecken und fördern wollte.

„Vorsicht, sonst schließt du dich uns nach dem nächsten Rotwein noch an", sagte Nikki.

Der Zug fuhr mittlerweile durch smaragdgrüne Felder. Wir überquerten das „berühmte" Landwasser-Viadukt, das laut Lautsprecherkommentar 65 Meter hoch, 135 Meter lang und besonders „spektakulär" war (was viel „ah!" und „ooh!" und „wow!" auslöste). Wir sahen Dörfer mit hohen Kirchtürmen und Holzchalets mit spitzen Dächern und Brennholzstapeln an der Hauswand. „Das ganze Holz ist so verdammt ordentlich gestapelt", bemerkte Nikki.

„Oh, wow! Ein Wasserfall!", sagte Aikos Vater und brach sein Schweigen. Die ganze Zeit über hatte er zufrieden aus dem Fenster geschaut und den Begeisterungsrufen zugehört. Der Wasserfall war wirklich schön.

Er konnte nur wenig Englisch, aber von Aiko erfuhr ich, dass ihre Familie in Yamaguchi, westlich von Hiroshima, lebte und ihr Vater „in der Tiefkühlkostbranche tätig war, unter anderem mit Austern und Garnelen". Außerdem spielte er gerne Golf. Während Aiko übersetzte, machte er einen kleinen Golfschwung.

Wir tranken unseren Rotwein aus. Wir überquerten den Rhein.

Der Brite von der anderen Gangseite sagte: „Der fließt bis nach Rotterdam." Wo ich in ein paar Tagen sein würde.

Wir rollten in den Bahnhof von Chur.

Es war eine großartige Fahrt gewesen.

Ich musste mich dringend hinlegen.

Der langsamste Express der Welt
Von Chur nach Visp, über Zermatt

Doch daraus wurde nichts. Nikki, Aiko und ihr Vater waren nämlich im selben Hotel wie ich.

„Okey koky, Karaoke!", verkündete Nikki, als sie das merkte.

Zusammen gingen wir vom unscheinbaren, modernen Bahnhof von Chur zum genauso unscheinbaren, aber weniger modernen Hotel Franziskaner, mit seinen beigefarbenen Wänden und einfachen, bequemen, unscheinbaren Zimmern, in denen (zumindest in meinem) das Licht am Bett aufleuchtete, wenn man das Badezimmerlicht ausschaltete, und umgekehrt. Ein System, das gar nicht so dumm und mir bisher noch nie begegnet war (und ich kannte so einige Hotels).

Es war kalt, fast null Grad. Nikki, Aiko, ihr Vater und ich gingen fröstelnd durch enge Gassen zu einem Bierlokal – nachdem wir Aikos Vater wieder aufgetrieben hatten, der einen Spaziergang gemacht hatte („Das hat er auch am Bahnhof in Mailand gemacht, und wir hätten fast den verflixten Zug verpasst", erzählte Nikki) –, wo wir Wurst mit Sauerkraut und Kartoffeln aßen und Bier tranken, und ich erfuhr, dass Aikos Vater Fan der Golfer Tiger Woods und Rory McIlroy war, seit sechs Jahren in Rente und in den letzten drei Jahren jeden Tag Golf gespielt hatte. Er lebte seit einiger Zeit auf dem Land, in der Nähe seines Golfclubs, während seine Frau in der Stadt geblieben war. Seine Lieblingsgolfer aller Zeiten waren Seve Ballesteros, Jack Nicklaus und Arnold Palmer.

Auf dem Fernseher im Gastraum wurde Eishockey gezeigt.

Ich fragte Aikos Vater, ob er Eishockey mochte.

„Nein", sagte er, als wäre es ein ganz furchtbarer Zeitvertreib.

Golf sei ein viel besserer Sport, fügte er hinzu und führte wieder einen seiner Golfschwünge vor.

Danach trennten wir uns, und bei einem Absacker im Hemingway Café beim Hotel las ich auf meinem Handy, dass Chur die älteste Siedlung der Schweiz war (schon 3.900 v. Chr. hatten hier

Menschen gelebt), hier Deutsch gesprochen wurde und die Stadt sich am Rand der Rheinschlucht befand, dem „Grand Canyon der Schweiz", wie es auf einer Website hieß. Um mich herum – ich saß an der Bar und trank ein Bier – waren gepflegte, gut gekleidete Pärchen und größere Gruppen, die elegante Cocktails tranken. Wieder einmal stach ich mit meinen fadenscheinigen Jeans, die alles andere als modisch-löchrig waren, einem alten Poloshirt, dem Ein-Euro-Pullover aus Bratislava und meiner Fleecejacke heraus. Aber mittlerweile war ich das gewohnt, und es kümmerte mich kein bisschen.

～

Ein weiterer kirschroter Zug wartete auf Gleis 13, der 12.14-Uhr-Glacier Express von Chur nach Zermatt, mit Ankunft um 18.10 Uhr.

Nachdem ich pflichtbewusst die Kopfsteinpflasterstraßen hinauf zur Kathedrale St. Mariä Himmelfahrt hinaufgelaufen war und den doppelten Versuchungen, mich mit Albert-Einstein-(viele Läden boten Magnete mit seinem Konterfei an, obwohl er in Zürich und nicht in Chur gelebt hatte) und Bernina-Express-Souvenirs (beim Ticketschalter am Bahnhof hätte ich Sonnenbrillen, Schweizer Taschenmesser und ein Puzzle mit tausend Teilen, im Sonderangebot, shoppen können) einzudecken, nicht nachgegeben hatte, stieg ich in Wagen 31, wo ich ein „Zwei-Gänge-Menü (Fleisch)" als Mittagessen zu meiner Fahrt dazugebucht hatte.

Man gönnte sich ja sonst nichts.

Dieser Zug galt als der „langsamste Expresszug der Welt", was ein etwas seltsames Verkaufsargument war, aber ziemlich sicher zutreffend: die sechsstündige Fahrt nach Westen betrug 164 Kilometer bei einer Durchschnittsgeschwindigkeit von 27 km/h. Die vierstündige Fahrt des Bernina Express von Tirano nach Chur war mit 36 km/h vergleichsweise schnell gewesen. Kein anderer Zug, der langsamer als 27 km/h fuhr, behauptete sicherlich von sich, ein

„Express" zu sein. Der Glacier Express dürfte in dieser Hinsicht die weltweite Vorherrschaft haben.

Hier noch ein paar „Zugfakten".

Die Gesamtstrecke des 1930 eröffneten Glacier Express umfasste 291 Kilometer, führte über 291 Brücken und durch 91 Tunnel, von St. Moritz nach Zermatt, ohne den Abzweig nach Nordwesten nach Chur, der etwa 130 Kilometer ausmachte. Der längste Tunnel am Furkapass war sechzehn Kilometer lang. Am höchsten Punkt am Oberalppass erreichte die Bahn eine Höhe von 2.033 Metern (Chur liegt auf 591 Metern). Es gab Wagen der ersten und zweiten Klasse sowie der „Excellence Class", die nur auf bestimmten Fahrten angeboten wurden und mit einem Sitzplatz pro Fenster ausgestattet waren, sodass „jeder einen Fensterplatz hatte", plus einem Fünf-Gänge-Menü und kostenlosen Weinen, „persönlicher Reisebegleitung" und einem „privaten Barbereich". Wegen meines Interrail-Passes musste ich mich mit der zweiten Klasse begnügen, hatte mir aber das Angebot der Excellence Class aus Neugierde online angesehen. Auf den Fotos stießen glückliche Paare in bequemen Sitzen miteinander an, während ihnen Keller in Weste und Fliege nachschenkten.

Das alles war aber nebensächlich. Die Landschaft machte die Fahrt aus, und von Chur aus ging es bald durch die kokonartige Rheinschlucht mit blassen Granitfelsen. Große Kiefern und blattlose Laubbäume wuchsen überall, wo kein nackter Fels war. Irgendwie fühlte es sich nach einem unbekannten Winkel der Erde an, einem geheimen Abgrund, den wir zum ersten Mal erforschten. Man hatte nicht das Gefühl, in Europa zu sein. Der Vergleich mit dem Grand Canyon traf perfekt die Atmosphäre des Andersseins; als wäre man in eine Parallelwelt eingetreten – oder besser gesagt, hineingerollt.

In der zweiten Klasse saß man auf einem malvenfarben und aquamarinblauen Sitz an einem Tisch mit Klappseiten in einem Wagen mit gebogenen Panoramafenstern wie im Bernina Express. In meinem Wagen sang eine fröhliche deutsche (oder schweizerische) Gruppe und trank Bier, während der Zug den sanft dahinfließenden, felsigen Rhein überquerte. Ein paar Kinder kreischten. An meinem Vierertisch saß ein junges Paar, und nach meiner Begrüßung erfuhr ich, dass Carla aus Viana do Castelo in Nordportugal stammte und im Kanton Zug in der Zentrale von Burger King arbeitete, wo sie für das Europa-Marketing der Fastfood-Kette zuständig war (außerdem für die Schwestermarken Firehouse Subs und Popeyes, die Sandwiches beziehungsweise gebratenes Hähnchen anbieten). Ihr Partner Jan kam aus München und war Finanzdienstleister im Bereich „Rentenfonds und Sachanlagen".

Beim Zugfahren lernte man die unterschiedlichsten Leute kennen – das hatte sich Agatha Christie klug zunutze gemacht. Man wusste nie, wem man begegnete. Offenbar vor allem in der Schweiz, wo die Landschaft so atemberaubend war, gab es immer genügend Gesprächsthemen. Sicherlich mehr als in den düsteren, sowjetgeprägten Vororten von Bratislava und Bukarest.

Wie Nikki, Aiko und ihr Vater waren auch Carla und Jan Bahnfans. Carla freute sich jeden Tag auf ihre 21-minütige Fahrt von Zürich, wo das Paar lebte, nach Zug zur Zentrale von Burger King. Es gab sicher nicht viele Orte auf der Erde, wo das noch jemand behaupten konnte. Die Berge seien „einfach so schön", sagte sie, und würden ihr Leben „gut" machen, egal wie anstrengend das Marketing für Popeyes auch sein mochte. Jan wirkte völlig gefesselt von dem strudelnden Rhein, den schroffen Felsen und den Geröllhalden und sagte nur: „Jeder Zug sollte wie dieser hier sein." Es war die erste Fahrt der beiden mit dem Glacier Express.

Carla und Jan waren jung und gutaussehend, gebräunt und entspannt, vielleicht auch ein wenig selbstzufrieden. Nicht weil sie ein glückliches Paar mit guten Jobs und strahlenden Zukunftsaussichten waren, sondern weil sie in der Schweiz lebten. Man sah es ihnen an, wenn sie aus dem Fenster schauten ... die pure Freude, in den Bergen leben zu dürfen. Das sagten sie auch, und ich erwiderte, dass sie Glück hatten, ein Zuhause in den majestätischen Alpen gefunden zu haben.

„Das war kein Glück", antwortete Carla blitzschnell. „Wir haben es uns *ausgesucht.*"

Das stimmte – sie *hatten* es sich ausgesucht, in der Mitte von Europa näher an den Wolken zu leben. Das war sehr klug gewesen.

Carla und Jan lasen eine Weile, ich ebenso (den Rest von Jean-Paul Sartre). Dann begann es zu schneien. Wolken waren aufgezogen, ein Schneesturm brach los. Der Glacier Express rollte unbeirrt weiter in die Höhe.

„Jetzt klettern wir richtig", sagte Jan, als wir in einen Tunnel einfuhren und die Deutschen/Schweizer zusammen mit den Kindern laut schrien, als wären sie in einer Geisterbahn.

Nach langer Wartezeit bekam ich endlich mein Essen, nach allen anderen. Es war kein Highlight: eine durchschnittliche Suppe gefolgt von lauwarmem Schweinebraten mit Kartoffeln und Gemüse. Zu der Suppe bekam ich Messer und Gabel, zum Hauptgericht einen Löffel. Bedient wurde ich von zwei Kellnern, die sich untereinander nicht abzusprechen schienen. Der eine, der Weste und Fliege trug, wie auf den Fotos der Excellence Class, entschuldigte sich. Der Zug sei sehr voll, sagte er, und „beim nächsten Mal bringen wir Ihnen das richtige Besteck". Bei einer weiteren Fahrt mit dem Glacier Express, vermutete ich, was durchaus passieren könnte. Trotzdem wäre Henri Opper de Blowitz von der Verpflegung nicht beeindruckt gewesen.

Schnee wirbelte vor den Fenstern. Dann fuhren wir in den Furka-Basistunnel, und es wurde wieder geschrien, jedoch nicht die ganze Zeit, da der Tunnel so lang war. Carla erzählte von den Vorteilen der Schweiz, abgesehen von der spektakulären Landschaft. Weniger als zwei Prozent Inflation, verglichen mit den neun Prozent in Portugal. Jan äußerte, plötzlich sehr ernst, seine Sorge, die Inflation in der Schweiz könnte steigen, wenn man sie nicht sorgfältig im Auge behielt. Das Pro-Kopf-BIP in der Schweiz war allerdings unglaublich hoch, etwa doppelt so hoch wie in Großbritannien und sechsmal so hoch wie in

Rumänien. Insgesamt war die wirtschaftliche Situation also sehr gut.

Aber nicht perfekt. Jan sprach von den negativen Seiten der Schweiz, von denen es auf den ersten Blick nicht viele zu geben schien. Doch ein großes Problem gab es.

„Könnten wir in Zürich eine Wohnung kaufen?", fragte er rhetorisch. „Nein! Nie! In Portugal vielleicht. Hier ergibt es keinen Sinn. Die Schweiz hat den niedrigsten Prozentsatz von Eigentümern in Europa: vierzig Prozent."

„In Rumänien sind es neunzig Prozent", sagte Carla.

„In Großbritannien fünfundsechzig Prozent", sagte Jan.

Die beiden waren bestens informiert.

„In Zürich", fuhr Jan fort, „kann eine Zweizimmerwohnung im Zentrum neunhunderttausend Euro kosten. Für etwas Größeres muss man über eine Million zahlen, und dann ist es nicht im Zentrum. Nein. Nein. Nein. Das wird nie passieren. Wir werden in Zürich nie etwas kaufen."

Wir fuhren aus dem Furka-Basistunnel heraus.

Ich fragte, ob die beiden auch ein Bier wollten, und ging in den Speisewagen, um uns drei Lager zu kaufen.

Wir stießen auf unser Glück an, in einem Zug zu sitzen, der durch eine der schönsten Landschaften Europas fuhr, auch wenn man diese wegen des Schneesturms gerade nicht sah.

Carla sagte, sie hatte schon immer Schriftstellerin werden wollen und früher auch Gedichte geschrieben und Geschichten und Zeichnen geliebt. Ihr portugiesischer Lieblingsautor war José Saramago, „natürlich, er hat den Literaturnobelpreis gewonnen, er ist sehr umstritten, weil er eine Situation extrem zuspitzt, um etwas zu beweisen". Sie empfahl *Eine Zeit ohne Tod,* in dem Saramago eine Gesellschaft zeigt, in der auf einmal alle ewig leben und welchen Einfluss das fehlende Sterben auf die Menschen hat (ein Gedankenexperiment, das in letzter Zeit einige getätigt haben). Ich liebte die Buchempfehlungen, die man beim Zugfahren bekam, eine Seite dieser Art der Fortbewegung, die mir früher nie so bewusst gewesen war.

Der Schneesturm hatte nachgelassen. Der Glacier Express bewegte sich bergabwärts. Nach Visp waren wir in eine Schlucht mit steilen Hängen und den Geröllüberresten eines Gletschers gefahren.

„Das letzte sterbende Stück", sagte Jan.

„Das ist nicht die Schweiz." Carla konnte kaum hinsehen. Doch das war sie. Und Carla sagte es eher aus Traurigkeit denn aus Verleugnung.

Der schrumpfende Eishaufen war natürlich nur ein Beispiel für die unausweichlichen Konsequenzen des Klimawandels.

Und es gab noch viel mehr.

Über Zermatt, dem wir uns näherten, hatte ein weiterer schmelzender Gletscher an den Hängen des Matterhorns kürzlich einen deutschen Bergsteiger freigegeben, der seit vielen Jahren vermisst worden war. Andere Bergsteiger hatten die Leiche entdeckt, nachdem sie einen Stiefel aus einer Eiswasserpfütze hatten herausragen sehen. Viele Vermisste kamen auf diese Weise wieder zum Vorschein. Die sterbenden Gletscher gaben die Toten mit makabrer Symbolik frei. In der Zwischenzeit hatten Wissenschaftler herausgefunden, dass die Gletscher im Land seit 1931 um die Hälfte geschrumpft waren, was bedeutete, dass weniger Wasser gespeichert wurde, um Donau und Rhein zu versorgen, deren Wasserstand so tief gesunken war, dass manche Frachtschiffe nicht mehr verkehren konnten und Fische in dem erwärmten Wasser starben. Darüber hinaus gab es weniger Wasser zur Bewässerung von Feldern sowie Engpässe bei der Kühlung von Kernkraftwerken. Ein weiterer außergewöhnlicher Nebeneffekt: Eine Wasserscheide zwischen der Schweiz und Italien, die bisher die Grenze zwischen den beiden Ländern markiert hatte, veränderte sich aufgrund der schmelzenden Gletscher so sehr, dass ein Teil von Italien, unter anderem die bekannte Berghütte Rifugio Guide del Cervino, technisch gesehen Teil der Schweiz wurde. Heikle diplomatische Gespräche waren nötig.

Damit rollte der Glacier Express – den man vielleicht eines Tages umbenennen muss? – in den Bahnhof von Zermatt ein.

Zumindest der Zug war grüner als andere Transportmittel. Carla, Jan und ich verabschiedeten uns voneinander, und umständehalber stattete ich der alten Stadt in den Bergen nur einen Blitzbesuch ab.

~

Der Grund dafür war: *Ich konnte mir eine Übernachtung in Zermatt nicht leisten.* Selbst das billigste Bett in einem Schlafsaal war am obersten Ende meines Budgets. Das hatte ich bereits einkalkuliert, weshalb ich nur etwa eine Stunde in Zermatt bleiben und dann einen Zug zurück nach Visp nehmen wollte, der dieselbe Strecke fuhr, die wir gerade gekommen waren. In der Kleinstadt Visp war es billiger, und man konnte ein Zimmer mit Bad für weniger als den Preis eines Schlafsaalbetts in Zermatt bekommen. Von Visp wollte ich nach Dole weiterfahren, das im Département Jura in Ostfrankreich lag. Ich wusste nichts über die Stadt, mir gefiel nur der Name. Nach Chur und Visp wäre es mein dritter Halt in einer Stadt mit vier Buchstaben.

Auch wenn ich in dieses zufällige Aufeinandertreffen vielleicht zu viel hineininterpretierte. Ich bekenne mich schuldig.

In Zermatt könnte man fast auf den Gedanken kommen, dass die Leute zum Skifahren hier waren.

Menschen in Skikleidung und mit Ski auf den Schultern gingen zwischen hohen, Chalet-artigen Gebäuden durch die Kopfsteinpflasterstraßen gegenüber dem Bahnhof. Ich schloss mich ihnen an und spazierte eine Straße mit Läden entlang, in denen man gold- und diamantbesetzte Uhren kaufen konnte, mit denen man vielleicht mehr den gebräunten, gutaussehenden und weltgewandten Promis glich. Was aber eher unwahrscheinlich war nach einem mittelprächtigen Essen im Glacier Express und diversen Pizzas in den letzten Tagen, die ich mit Bier und Rotwein hinuntergespült hatte, während ich in Unterkünften aus dem Rucksack nächtigte, die eher am unteren Ende der Auswahl eines bekannten

Online-Buchungsportals herumgeisterten. So weit unten, dass ich mit dem Zug in eine andere Stadt fahren musste, um mir dort eine Unterkunft leisten zu können.

Ich betrachtete eine Weile die Armbanduhren, für die die Schweiz schließlich berühmt war. Uhren und Präzision generell; daher auch die Züge, die so pünktlich waren, dass die verspäteten deutschen Züge nicht in Basel einfahren durften, um die Fahrpläne nicht durcheinanderzubringen. Doch während ich die hübschen Uhren betrachtete, dachte ich vor allem: *So eine könnte ich nie im Spind im Schwimmbad lassen.* Ich wäre ein einziges nervöses Wrack.

Aber bei einem so hohen Pro-Kopf-BIP waren mit Gold und Diamanten besetzte Armbanduhren, wie sie von Models und Promis gern getragen wurden und die zweifellos einen Tauchgang zweihundert Meter tief unter die Meeresoberfläche überstanden, in der Schweiz wohl zu erwarten. Ebenso wie die Luxuskleidung. Mehr stylishe, gebräunte, gutaussehende und weltgewandte Gestalten blickten aus den Luxusläden wie Gucci oder Prada. Dann waren da noch die vielen eleganten, atemberaubend teuren Ski-Outfits. Die Models für die Auslagen dieser Geschäfte waren nicht nur stylish, gebräunt, gutaussehend und weltgewandt, sondern auch deutlich sportlicher und fitter.

Am Ende der Straße sah man das Matterhorn, das zu sagen schien: *Willst du versuchen, mich zu besteigen? Na dann viel Glück!* Ein Stück entfernt auf einem kleinen Friedhof fanden sich die Beweise für das schwierige Unterfangen: die Gräber der wagemutigen Bergsteiger, die an den furchteinflößenden Felswänden zu Tode gekommen oder später eines natürlichen Todes gestorben waren. Zu Letzteren gehörten Peter und Peter Taugwalder, Vater und Sohn, die den Engländer Edward Whymper bei der Erstbesteigung des Matterhorns (4454 Meter) im Jahr 1865 geführt hatten; eine Heldentat, die damals weltweit gefeiert wurde. Während Whympers Abstieg stürzten vier Bergsteiger aus seiner Gruppe in den Tod, darunter Michel Auguste Croz, ein Bergführer aus Chamonix in Frankreich, der neben den Taugwalders begraben lag. Insgesamt gab es mehr als fünfzig Bergsteigergräber.

Im Coop-Supermarkt kaufte ich ein Mikrowellen-Chicken-curry. In einem Laden am Bahnhof betrachtete ich ein paar alte Nachdrucke von Werbeplakaten für Zermatt. Auf einem war eines der ersten Flugzeuge zu sehen, das über dem Gletscher neben dem spitzen Gipfel des Matterhorns flog, zu einer Zeit, in der der Klimawandel noch nicht so aktuell gewesen war (das war noch keine hundert Jahre her). Dann stieg ich in den Zug nach Visp, der bis auf ein paar Pendler aus Zermatt nahezu leer war. In einem anderen Wagen wurde gesungen und geklatscht, als würde man dort eine kleine Party feiern. Diese Alpenzüge schienen sehr stimmungs-fördernd zu sein. Dann fuhren wir in Visp in den großen modernen Bahnhof ein. Ich ging einen Hügel hinauf zum Bildungshaus St. Jodern, einem geisterhaft leeren Hostel-Hotel mit langen Flu-ren, Kapellen und Karten an der Rezeption, auf denen stand: „GOTT LIEBT MICH ÷ ICH LEBE GETRENNT VON GOTT + JESUS GAB ALLES FÜR MICH = WILL ICH MIT JESUS LEBEN?" Darunter war eine Webadresse abgedruckt – thefour. com –, auf der die vier Punkte noch einmal aufgeführt wurden. Ich ging in die leere Küche, in der eine Frau auf einem roten Kunst-ledersofa saß.

Irma kam aus Rotterdam in den Niederlanden. Sie war klein, mittleren Alters und trug ein T-Shirt mit der Aufschrift: „CHANCE, TAKE NO. 5, DROP EVERY FEAR", im Design einer Chanel-Reklame. Schweigend beobachtete sie, wie ich mein Chickencurry in die Mikrowelle stellte, und fragte mich nach einer Weile, wo ich es gekauft hatte. Auf meine Antwort hin erwiderte sie: „Coop haben wir auch in Holland. Das Curry ist sehr gut."

Dann sprach sie über alles, was ihr gerade durch den Kopf ging, als wäre das Coop-Curry eine ausreichende Basis für eine Unterhaltung. Sie hatte starke Überzeugungen. 25 Jahre hatte sie im Personalwesen „in der Industrie und Kommunalverwaltung", außerdem eine Weile in der „Sozialhilfe" gearbeitet. Sie wollte im Kanton Wallis etwas kaufen und hierherziehen. Sie mochte die Gegend, „guter Lebensstandard, gutes Essen, gute Mentalität, we-niger Stress, mehr Komfort – das ist das Problem in Holland, die

Leute wollen nicht für bessere Qualität bezahlen, weil sie geringere Qualität gewohnt sind, was überhaupt nicht lustig ist, weil sich nur die Reichen die guten Dinge leisten können." Die Bergluft schien ihre Zunge gelockert zu haben.

Nachdem sie eine Weile über die Vorzüge von Coop gesprochen hatte, wandte Irma sich den britischen Royals zu. „Die Krönung von Charles, das ist eine gute Sache. Es ist gut, dass die Familie jetzt offener ist, aber sie ist vom Leben gezeichnet. So gezeichnet." Irma wirkte traurig darüber, wie sehr die englische Königsfamilie ihrer Meinung nach Schaden genommen hatte. „Wo ist ihre Würde? Wenn man sich in einer Gesellschaft für etwas Besseres als die anderen hält und glaubt, man kann mit allem durchkommen, ist das nicht gut."

Ihre Augen traten ein wenig hervor.

„Zu viele glauben", fuhr sie fort, „sie stünden ,über' den anderen Menschen. Es ist ihnen egal. Das ist keine gute Situation, weil es keinen Mittelstand mehr gibt. Rotterdam ist eine Arbeiterstadt. Die Leute haben keine Angst ..."

Sie verstummte.

Wovor?, fragte ich.

Irma wechselte das Thema. „So viele Nationalitäten. Man muss interkulturelle Unterschiede kennen. Darüber könnte ich stundenlang reden ..."

Sie verstummte wieder.

Dann erzählte sie mir, dass sie in London gewesen war, aber nicht in dem Teil gewohnt hatte, in dem „die Russen und die Öl-scheichs ihre Häuser haben", und sprach danach ausführlich über das Hin und Her mit verschiedenen Schweizer Banken wegen eines Kredits für ihren potenziellen Immobilienkauf im Kanton Wallis.

Außer dieser Unterhaltung mit Irma hatte ich keine weiteren Begegnungen in Visp.

9

Lass den Zufall bestimmen

Von Visp nach Gent,
über Dole, Luxemburg und Waterloo

Reisen sind – vielleicht wie das Leben – etwas Großartiges, wenn man sich ihrem Rhythmus anpasst und spontane Entscheidungen zulässt.

Beim Zugfahren funktionierte das besonders gut.

Die französische Stadt Dole war eine solche spontane Entscheidung gewesen. Sie lag etwa 280 Kilometer nordwestlich von Visp. Über Visp wusste ich nur, dass es das wirtschaftliche Zentrum des Wallis war, hügelige Heimat eines großen Chemiekonzerns sowie des Hostel-Hotels Bildungshaus St. Jodern. Über Dole wusste ich nur, dass es etwa dreimal so groß wie Visp war, 23.000 Einwohner hatte und dass Louis Pasteur dort 1822 geboren wurde, der später Millionen Leben durch seine Impfstoffe gegen Milzbrand und Wundstarrkrampf retten sollte und außerdem Pate für die Pasteurisierung stand, das bahnbrechende Verfahren zur Haltbarmachung flüssiger Lebensmittel wie zum Beispiel Milch.

Gemeinsam war den beiden Städten die Bahn. Rechtzeitig saß ich im 10.06-Uhr-Zug nach Lausanne, von wo aus ich um 12.23 Uhr nach Dole weiterfahren würde, mit Ankunft um 13.57 Uhr. Schweizer Züge waren pünktlich, hieß es, und ich wollte nicht in Visp stranden.

Die Statistik bestätigte die vielgerühmte Effizienz der Schweizer Züge. Im vergangenen Jahr hatte die Bahn eine Pünktlichkeitsquote von 94 Prozent verzeichnen können, im Vergleich zu etwa 70 Prozent in Großbritannien, 85 Prozent in Frankreich, schockierenden 65 Prozent in Deutschland – und für Italien ließen sich keine genauen Aussagen treffen. Tatsächlich schienen alle Zahlen auf leicht unterschiedlichen Definitionen von „Verspätung" zu basieren – manche begannen ab fünf Minuten, andere schon ab einer –, weshalb es sich letztendlich um grobe Schätzungen handelte. Dennoch lieferten sie einen Anhaltspunkt, und aufschlussreich war die Tatsache, dass die problematischen sechs Prozent Verspätungen in der Schweiz auf Züge aus Deutschland und Italien zurückzuführen waren. In Wirklichkeit waren daher eigentlich fast alle Schweizer Züge pünktlich.

In der Erwartung einer perfekten Weiterreise – ebenso wie mit den Schmalspurbahnen Bernina Express und Glacier Express – stieg ich in den Normalspurzug nach Lausanne. Ich wollte mich gemütlich nach Norden in Richtung der Benelux-Länder begeben und alles auf mich zukommen lassen.

Sehr gute Schnecken
Von Visp nach Dole, über Lausanne

Natürlich fuhren wir um 10.06 Uhr pünktlich ab. Der Zug war ein schicker, moderner Doppeldecker mit kleinen Lounges bestehend aus Sofas und Couchtischen im Obergeschoss für diejenigen, die sich mal eine Weile auf einer Couch ausruhen wollten, statt auf ihrem regulären Platz zu sitzen.

Der Zug rollte geschmeidig durch Tunnel und Täler mit Weinhängen vor schneebedeckten Bergen. Auf einem Hügel kam das Schloss Tourbillon in Sion in Sicht. Wir fuhren durch blühende Obstbaum-Haine – der Frühling gab hier schon alles – an Martigny vorbei und hielten in Bex, wo ein Mann ausstieg, der seinen gesamten irdischen Besitz in roten Plastiktüten bei sich zu tragen schien. Kurz darauf sahen wir den Genfer See in seiner ganzen Pracht aus blauen, rosa und grauen Pastellschattierungen. Die Wasseroberfläche schien still zu atmen, spiegelte den milchigen Himmel und die verhangenen Berge am anderen Ufer bei Évian-les-Bains in Frankreich. Vor dem Fenster befand sich eine wahrhaftige Traumlandschaft aus sanft schimmerndem Licht.

Das Château de Chillon mit seinen aus dem Nebel ragenden runden und eckigen Türmen kam in Sicht. Lord Byron hatte sich bei einem Besuch von der Geschichte des dort inhaftierten Mönchs François Bonivard zu seinem Gedicht „Der Gefangene von Chillon" inspirieren lassen. François hatte man wegen seines Glaubens in Ketten gelegt und von 1532 bis 1536 eingesperrt, nachdem man seinen Vater vor dem Schloss auf dem Scheiterhaufen verbrannt und seine Brüder einen nach dem anderen getötet hatte, alles vor seinen Augen.

„Mein Haar ist grau, aber nicht durch die Jahre, / noch wurde es weiß / in einer einzigen Nacht ..." – so beginnt das lange Gedicht, das die Geschichte von Bonivard mit viel dichterischer Freiheit erzählt. Während der Zug am Château de Chillon vorbeifuhr, schien das tragische Schicksal des Mönchs immer noch über dem See zu hängen, vor allem an einem so ruhigen, nachdenklichen, pastellfarbenen Tag.

Nach dem Halt am Bahnhof von Montreux mit den Palmen in Blumenkübeln kamen wir nach Vevey, wo Graham Greene seine letzten Jahre verbracht hatte und mit einem anderen Pensionär befreundet war, Charlie Chaplin. Greene war auf dem Friedhof Corseaux begraben, auf einer Anhöhe in der Nähe des Bahnhofs. Dann kamen wir zu den bezaubernden Weinterrassen des Lavaux mit ihren kilometerlangen Steinmauern, angelegt von Mönchen im Mittelalter, um an den Hängen Wein anbauen zu können. Die Terrassen reichten bis hinunter zu den Gleisen, als würden wir, die Fahrgäste des 10.06-Uhr-Zuges aus Visp, gleich unsere Arbeit zwischen den Weinstöcken aufnehmen.

In Lausanne stiegen alle aus. Der Bahnhof verband auf elegante Art Jugendstil mit Art déco, in der großen Halle wachte eine steinerne Uhr mit zwei Statuen, die die Arme in die Höhe hielten, als würden sie das Vergehen der Zeit ergeben hinnehmen. In einer Ecke stand ein Lotterie-Ticketautomat (nach dem Bücherautomaten in Timişoara noch etwas völlig Neues). Ich sah auch einen „Inside Africa"-Laden, der Haarverlängerungen und Kochbananen verkaufte, sowie einen Zeitungskiosk mit zahlreichen Auslagen. Die *FT Weekend* verkündete: „MUSK WILL KI-KONKURRENZ ZU CHAT GPT AUFBAUEN" (was mir vor sechs Monaten noch überhaupt nichts gesagt hätte). Nicholas Kristof schrieb in der *New York Times* über den Ukraine-Krieg und dass unbedingt ein Krieg mit China vermieden werden müsse. Die einheimische *20 Minutes* berichtete über weitere Demonstrationen in Frankreich: „ON VEUT MONTRER QU'ON N'EST PAS DUPES" („Wir wollen zeigen, dass man uns nicht für dumm verkauft").

Ich stieg in den 12.23-Uhr-Zug nach Dole, einen rot-weiß-schwarz gestreiften TGV Lyria mit schlanker, an einen Aalkopf erinnernden Lok. Nachdem wir Lausanne verlassen hatten, kamen wir schnell in einen dichten Wald zwischen den Bergen. Französische Grenzbeamte gingen durch den Zug, und einer fragte mich, ob ich „Bargeld in Höhe von mehr als zehntausend Euro" bei mir hätte. Ich lächelte schmal und sagte so trocken *„non",* dass der Beamte grinste. Wir fuhren in einen Tunnel. Ich suchte den „Bar Buffet"-Wagen auf und bestellte einen Rotwein. Da fuhren wir in den Bahnhof von Frasne ein. Ich witzelte dem Bahnmitarbeiter gegenüber, dass man „France" falsch geschrieben hätte, und er sah mich nur an, als wäre es eine zunehmende Zumutung, mit was für Kunden er sich während der Arbeitszeit herumschlagen musste.

Der Zug neigte sich stark. Nach den Bergen fuhren wir an Raps- oder vielleicht auch Senffeldern vorbei. Um 13.57 Uhr erreichten wir Dole.

~

Man war nicht direkt Feuer und Flamme für die Kleinstadt, die eher ein „französisches Bari" war. Der Ticketschalter am Bahnhof, an dem ich nach der besten Verbindung nach Luxemburg am Tag darauf fragen wollte, war *fermé* (geschlossen). Langweilige Straßen mit Waschsalons, Kebapimbissen und grauen Gebäuden aus dem neunzehnten und frühen zwanzigsten Jahrhundert führten zur Touristeninformation, die ebenfalls *fermé* war. Verkehr rollte an mir vorbei. Mein Handyakku war leer. Ich fragte einen mürrischen Teenager mit Bürstenhaarschnitt nach dem Weg zu meiner Unterkunft, die bei einem beliebten Online-Buchungsportal als „Dark Room Centre Ville de Dole" geführt wurde (vor Neugier hatte ich es einfach buchen müssen). Ich nannte ihm den Straßennamen. Er deutete auf ein Labyrinth aus Straßen voller internationaler Ketten, Modeläden und Dessousgeschäfte. An einer verwirrenden Kreuzung fragte ich noch einmal nach dem Weg. Der Betreiber der Pizz'up-Pizzeria deutete tiefer in das Gewühl der Straßen und sagte: „*Bon chance, mon ami!*" Ich hatte aber tatsächlich Glück, fand die Rue du Prélot sowie einen dunklen Gang zu einem dunklen Treppenhaus, das über ein Café führte. Einen Türcode später stand ich im Dark Room Centre Ville de Dole. Der seinem Namen alle Ehre machte: Die Wände waren schwarz gestrichen, und es war tatsächlich dunkel. Es gab auch ein paar Besonderheiten.

An den Wänden aufgereiht hingen Designerhandtaschen von Gucci, Christian Dior und Louis Vuitton für eine gehobene Atmosphäre. Außerdem waren die Wände und die Decke über dem Bett verspiegelt. Und dann gab es noch ein vielfarbiges Beleuchtungssystem, auch über dem Bett, das langsam zwischen Rot, Lila, Rosa, Gelb und Grün wechselte.

In einem ebenfalls schwarz gestrichenen Nebenzimmer stand ein ungewöhnlich gerundetes aufblasbares Sofa, das, den Online-Kommentaren nach zu schließen, für nächtliche Aktivitäten gedacht war. Hier befand sich auch ein Massagetisch. Ich las noch ein paar „verifizierte Bewertungen": *zu viele Spiegel an der Decke; wegen der ständig wechselnden bunten Lichter konnte ich abends nicht im Bett lesen; interessante (fragwürdige) Ausstattung im Nebenzimmer: definitiv keine familienfreundliche Unterkunft!* Doch das waren nur Kleinigkeiten, der Grundtenor der Bewertungen war *tolle Wohnung, sehr sauber.*

An einem Kanal in der Nähe befand sich das Geburtshaus von Louis Pasteur. Eine blasse Frau an der Kasse informierte mich jedoch, dass „das Museum geschlossen" sei, die Tür stünde aus Versehen noch offen, und sie entschuldigte sich für die Verwirrung.

Draußen war es kalt und grau, die Straßen waren leer und langweilig. Es war Sonntagnachmittag, alle Geschäfte hatten zu. Ich ging zur Collégiale Notre-Dame de Dole, einer Kirche aus dem sechzehnten Jahrhundert, in der es eine berühmte Orgel mit 3.500 Pfeifen zu sehen gab. Ein beeindruckender Bau, mit Elementen der Gotik und der Renaissance sowie einigen hübschen Buntglasfenstern. Doch ich muss gestehen – Gott möge mich strafen –, dass ich nicht mehr Begeisterung aufbringen konnte, nachdem ich während der

Reise schon einige solcher Gotteshäuser besucht hatte. Ich hatte sozusagen den Gipfel der „gotischen Frömmigkeit" erreicht. Lieber spazierte ich noch ein wenig durch die Straßen. Überall lagen Hundehaufen (noch mehr als sonst in Frankreich). Nieselregen setzte ein. Ich kam an ein Wehr an einem Kanal neben einem Park mit einem Jahrmarkt, der für diesen Tag auch bereits geschlossen wurde. Ein paar Jugendliche schlugen an einem Boxautomaten auf den Ball ein. Es roch nach Popcorn. Der „Shanghai Express" war leer. Niemand stand am „GOOD 777 LUCK"-Spielautomaten.

Im stärker werdenden Regen ging ich eine Gasse entlang. Dann wurde Dole doch noch gut.

Zu verdanken hatte ich das dem Restaurant La Demi Lune (dem Halbmond-Restaurant).

Es war nicht weit vom Geburtsort Pasteurs entfernt. Über ein paar Stufen gelangte man in ein Gewölbe, das mit Topfpflanzen dekoriert war und von Teelichtern und katzenförmigen Lampen beleuchtet wurde. Ich bestellte einen Gin Tonic bei einer freundlichen Bedienung mittleren Alters, der das zu gefallen schien. Dann bekam ich von einem fröhlichen Koch mit einem roten Bandana sechs Knoblauchschnecken auf einer brutzelnden Platte serviert. Während ich sie aß, rieb sich eine grau-weiße Katze an meinen Beinen, als hoffte sie auf einen Bissen. Die Schnecken waren ausgezeichnet, wenn auch etwas schwierig aus den Schalen zu lösen. Dann verschlang ich ein Stück Hühnerbrust in einer Senf-Käse-Sauce mit salzigen kleinen Bratkartoffeln und Ratatouille, einer lokalen Spezialität. Dazu gab es einen mit Essig angemachten und trotzdem süßlichen grünen Salat. Alles war ausgezeichnet, vor allem das zarte Huhn mit dem interessanten Senfgeschmack. Dazu trank ich einen überdurchschnittlich guten Côtes-du-Rhône-Rotwein (besser als der im Eurostar). Ich hatte meinen inneren Blowitz wiederentdeckt.

Die freundliche Bedienung, die sich sehr über ihren spendierfreudigen, frühabendlichen fernreisenden Gast freute, brachte mir ein Glas mit einem Sherry-ähnlichen Getränk namens *vin jaune,* eine weitere Spezialität. Er ging aufs Haus. Ich sagte, er

schmecke wie Sherry, und sie antwortete: „*Exactement!*" Zum Nach-
tisch aß ich Crêpes und las eine Weile „Der Gefangene von Chillon" von Lord Byron: „In Chillons tiefem Kerker sieht / Man sieben
goth'sche Pfeiler stehn ..." Die Bedienung kam gelegentlich vorbei
und schenkte mir Côtes du Rhône nach. Ich bezahlte meine *addi-
tion* (Rechnung) und kehrte in meinen eigenen merkwürdigen, aber
sehr komfortablen (und äußerst günstigen) kerkerartigen Raum
zurück, wo ich sofort tief und fest schlief.
     Dole war dann doch nicht so übel gewesen.

In der Rue Joseph Junck
Von Dole nach Luxemburg

Vor mir lagen diverse Zugfahrten.
     Von Dole würde die Reise nach Dijon gehen, von Dijon nach
Straßburg, von Straßburg nach Metz. Und von Metz schließlich
nach Luxemburg. Frankreich hatte ich mit Dole als zweitem Halt
in dem Land „abgehakt". Um 6.59 Uhr sollte die Fahrt beginnen
und um 13.22 Uhr im Großherzogtum Luxemburg enden.
     Ein grau-blauer SNCF-Zug mit der gelb-schwarzen Aufschrift
„BOURGOGNE-FRANCHE-COMTÉ" – die Region, in der
Dole sich befand – fuhr auf Gleis zwei ein. Ich stieg zu, und der Zug
fuhr pünktlich ab. Schon bald rollte er durch Felder mit leuchtend
gelben Blüten. Sicher Senf, nachdem wir uns in der Nähe von Dijon
befanden, der französischen Hauptstadt des Senfs.
     Ich genoss das frühe Unterwegssein und verfolgte gern vom
Zug aus, wie der Tag erwachte. Blassorangefarbenes Sonnenlicht
durchzog den blassgrauen Himmel, der sich bald darauf rosa färbte. Die Bewegung auf den Schienen zusammen mit den Verände-
rungen am Himmel erzeugte eine subtile Doppelwirkung, und für
eine Weile war es einfach nur schön, das Schauspiel am Himmel zu
beobachten.
     Um 7.30 Uhr erreichten wir Dijon-Ville.
     Ich hatte eine halbe Stunde Zeit bis zu meinem Anschlusszug,
weshalb ich ins Freie ging, um mir das gerundete Bahnhofsgebäude

aus Beton und Glas anzusehen und danach einen Kaffee zu trinken.

Ein weiterer grau-blauer SNCF-Zug fuhr ein, der mich um 8.00 Uhr nach Straßburg bringen würde, mit Ankunft um 10.27 Uhr. In meinem Wagen versuchte eine Mutter fünf kleine Kinder zu beaufsichtigen, die wild herumrannten, unter die Sitze krabbelten und unerwartet überall auftauchten, während sie sich gegenseitig an den Haaren zogen und aufeinander eintraten, worauf immer jemand laut schrie und zur Mutter zurückrannte, die die Kinder kurz tröstete, bevor sie es dem jeweiligen Kontrahenten mit noch mehr Schmerzen heimzuzahlen versuchten.

So amüsant das alles anfangs war, mit der Zeit wurde der Guerillakrieg immer lauter, während die Angriffe immer gemeiner wurden, weshalb ich mich in den schicken orange-lilafarbenen Speisewagen verzog, wo ich noch einen Kaffee trank und die Hügel am Horizont hinter lang gezogenen, gepflügten Feldern betrachtete. Hier und da war ein Schloss zu sehen, mit Türmchen und langen Reihen hoher Fenster. Perfekte kleine Paläste.

Bei der Ankunft in Straßburg – ein Déjà-vu, nachdem Danny und ich erst vor wenigen Wochen hier gewesen waren – erfuhr ich, dass alle Züge Richtung Metz eingestellt waren. Das war frustrierend. In der Schalterhalle warnten Schilder mit zensierten Beschimpfungen davor, seinen Frust an den Bahnmitarbeitern auszulassen: „TON TAF C'EST DE LA M****!" („Dein Job ist sch***!") und „ON VA SE REVOIR, F*** D* ****!" („Wir werden uns wiedersehen, ...") und „F*** D* ****". Ich hatte keine Ahnung, was das bedeuten sollte, und das war vielleicht auch besser so. Es gab noch mehr solcher Nachrichten, und so verging wenigstens die Zeit, während ich versuchte, die Sternchen zu entschlüsseln.

Nachdem ich lange in einer Schlange in der Bahnhofshalle gewartet hatte, erklärte mir ein erschöpft wirkender SNCF-Mitarbeiter am Schalter den Grund für die Unannehmlichkeiten. Auf einer Hauptstrecke hatte es einen Unfall gegeben. Mit der Faust schlug er gegen die Handfläche seiner anderen Hand, um zu demonstrieren, was passiert war. Dabei sagte er: „Mensch vor Zug."

Eine in ihrer Sachlichkeit brutale Aussage – die alles ins Verhältnis setzte. Wen kümmerte es schon, wenn wir warten mussten? In zwei Stunden sollte ein Zug gehen. Eine Weile saß ich vor dem Bahnhof und las. In der Nähe stand eine Gruppe Männer mit vollgestopften Wäschebeuteln und trank Guinness aus Dosen, wobei sie über sehr wichtige Dinge diskutierten (zweifellos *ihre Zukunft*). Sie sahen aus, als wären sie weit weg von zu Hause. In der Nähe eines Taxistands sah ich fünf Zelte, und es war gut möglich, dass sie dort schliefen.

Um 12.47 Uhr fuhr ein SNCF Voyageur Richtung Metz ab, mit den besten Leselampen neben den Kopfstützen, die ich je in einem Zug gesehen hatte. Eine Frau auf der anderen Gangseite sah Tina Turner verblüffend ähnlich. Der Zug raste an einigen Baumärkten vorbei, dann fuhren wir durch Felder und Weiden mit Pferden, Schweinen, Gänsen, Schafen und Kühen. Die Häuser sahen mit der Zeit immer deutscher aus – rechteckiger, solider. Lange Reihen hoher, buschiger Bäume sahen aus wie Fuchsschwänze. Tina Turner schlief bald ein. Wenn der Zug sich in den Kurven neigte, ertönte ein seltsames Geräusch, wie eine Cappuccino-Maschine, und schon bald waren wir in Metz. Wie die anderen Reisenden nach Luxemburg ging ich aufs Gleis gegenüber, wo der 14.30-Uhr-Zug in das kleine, wohlhabende Land wartete. Luxemburg hatte das höchste Pro-Kopf-BIP weltweit, das sogar noch fünfzig Prozent höher war als in der Schweiz, hauptsächlich wegen seiner Eigenschaft als berüchtigte Steueroase.

Eine elegant gekleidete Frau, die sich in meine Nähe gesetzt hatte, hörte die Lautsprecherdurchsage und bekam einen Schock. Die Türen hatten sich bereits geschlossen, der Zug war aber noch nicht abgefahren.

„Oh! Luxemburg!", sagte sie panisch und sah mich an. Ich bestätigte das.

„Oh! Aber dann bin ich im falschen Zug!"

Der Zugbegleiter, der in diesem Moment vorbeikam und sie gehört hatte, informierte den Zugführer, der den Zug, der sich gerade in Bewegung gesetzt hatte, anhielt, und die Frau stieg rasch

aus. Endgültig losfahren konnten wir allerdings erst eine Viertel-
stunde später, nachdem das ungewöhnliche Manöver offenbar ein
Sicherheitssystem aktiviert hatte. Schließlich rollten wir aber an
ein paar osteuropäisch anmutenden Wohnblöcken vorbei in die
flache Landschaft. Wir kamen an Hagondange, Uckange, Thion-
ville und Bettembourg vorbei. Ich bekam eine SMS mit dem Text
„Willkommen in Luxemburg".

Ich befand mich in Land zwölf meiner Reise, am vierund-
zwanzigsten Tag – und dann noch in einem Großherzogtum.

Um 15.22 Uhr kamen wir in Luxemburg-Stadt an, zwei Stunden später als geplant.

~

Der Bahnhof war eng und voll. Er lag etwa anderthalb Kilometer
vom historischen Zentrum der Hauptstadt entfernt, wohin eine
Straße und eine Brücke über eine tiefe Schlucht führten.

Er war eine Mischung aus Neoklassizismus und der Gigan-
tomanie des einundzwanzigsten Jahrhunderts. Ersteres sah man an
den Säulen, Bögen und dekorativen Steinurnen, Letzteres an dem
Glasbereich mit dem gewellten Dach, der – wenn auch kleiner – an
den Straßburger Bahnhof erinnerte und an einer Gebäudeseite
entlang verlief. Die eine oder andere moderne Skulptur stand in
dieser Erweiterung herum.

Ein abstraktes Trompe-l'œil-Wandgemälde, das einen Himmel mit einer sternförmigen Sonne und Wolken darstellte, zierte
das geschwungene Dach der Hauptschalterhalle, in der sich auch
zwei Denkmäler befanden. Das erste erinnerte an die Bahnarbei-
ter, die im Zweiten Weltkrieg umgekommen waren: zwei aus einer
Steinplatte gehauene muskulöse Figuren, von denen die eine lag
und die andere eine Laterne mit einer Flamme in der Hand hielt.
Das zweite war eine einfache Plakette im Gedenken an die Opfer
des Holocausts, auf der auf Französisch und Luxemburgisch stand:
„Ihr, die ihr frei herumlaufen dürft, vergesst nicht, dass von 1941
bis 1943 von diesem Bahnhof 658 jüdische Männer, Frauen und

Kinder in die Ghettos und Lager deportiert wurden, wo sie kaltblütig von den Nazis ermordet wurden." *Never forget* am Startpunkt der Transporte.

Vor dem Bahnhof überquerte ich eine belebte Straße und ging in die Rue Joseph Junck, in der sich meine Unterkunft befand. Manchmal enttäuschen einen beliebte Online-Buchungsportale. So auch in Luxemburg-Stadt – oder irgendwie auch nicht. Der Dark Room in Dole war zwar recht seltsam, aber in Ordnung gewesen. Das Zimmer in der Rue Joseph Junck (benannt nach einem Philanthropen, der von 1839 bis 1922 gelebt hatte, sagte das Straßenschild) war seltsam und, nun ja, *nicht ganz so in Ordnung.*

In der Straße befanden sich einige, um es mal altmodisch auszudrücken, *Herrenclubs,* manche mit Bildern von spärlich bekleideten Frauen in Hasenkostümen. Sie hießen zum Beispiel „DREAMS NIGHT CLUB", und zwielichtige Gestalten näherten sich mir auf dem Gehsteig. „Wollen Sie etwas, Mister?", fragten sie, oder: „Hallo, Hallo, Mister, suchen Sie was, Mister?"

Meine Unterkunft befand sich in einem Wohnblock zwischen einigen dieser Etablissements, und ich hatte einen Türcode zugeschickt bekommen. So war es oft bei den Unterkünften am unteren Ende der Auswahl auf dem beliebten Online-Buchungsportal; es war unmöglich gewesen, etwas in der Nähe der Altstadt für einen vernünftigen Preis zu finden, daher war ich auf die Rue Joseph Junck ausgewichen, die noch dazu gleich beim Bahnhof lag.

Da ich zu früh war, funktionierte der Code noch nicht. Während ich an der Tür stand, näherte sich eine weitere zwielichtige Gestalt.

„*Ça bon?*", fragte der Mann. („Alles okay?") Er sagte es mit einem gleichzeitig verschlagenen und beiläufigen Blick, in seinen Worten schwang die unausgesprochene Botschaft mit, dass er mir bei allem behilflich sein könne, *bei wirklich allem, überhaupt kein Problem.* Er wirkte gerissen und trug einen Adidas-Trainingsanzug. Mit dieser Einstellung schien er irgendwie ein *Vertreter* der Rue Joseph Junck zu sein, Vorsitzender des (Unterwelt-)Begrüßungskomitees und fester Bestandteil des Viertels.

Ich sagte, es wäre alles in Ordnung. Er zuckte die Schultern, verbarg seine Enttäuschung nicht. Dann tippte ich den Code noch einmal ein, verdeckt, nachdem der zwielichtige Mann neben mir stehen blieb. Er funktionierte immer noch nicht. Ich verfluchte Türcodes mit Timern und ging in das nahe gelegene Café du Globe, um einen *vin rouge* zu trinken.

Nur vier Gäste saßen im Gastraum: ein Mann mit Dreadlocks, der auch ein Glas *vin rouge* bestellte (und es in zwei großen Schlucken austrank und dann wieder verschwand), eine gelangweilt wirkende, stark geschminkte junge Frau mit vielen Ringen an den Fingern, die die Haare straff nach hinten gebunden hatte und Kaffee trank, sowie ein älteres Paar, das an der Bar in ein Gespräch vertieft war. Die Frau redete vornübergebeugt und unter Tränen auf ihren Begleiter ein, der ihr mitfühlend zuhörte, auch wenn man den Eindruck hatte, dass er alles schon mal gehört hatte.

Der Mann an der Bar trug eine flache Kappe und ein T-Shirt mit einem Totenkopf auf der Brust. Er sah aus, als hätte er vor dreißig Jahren auf durchaus hohem Niveau Rugby gespielt haben können. Mit ihm war offenbar nicht zu spaßen. Ich setzte mich an einen einfachen Holztisch und trank meinen *vin rouge,* den billigsten Rotwein auf dieser Interrail-Tour, neben einem falschen Farn und ein paar rosa Kunststoffblumen. An einer Wand neben einer Jukebox hing ein Gemälde einer nackten Frau auf einer Chaiselongue. Auf einem Fernseher in der Ecke wurde ein Bericht über eine Schweinezucht-Schau irgendwo im tiefsten Süden der USA gezeigt. Es würde sicher nicht so bald in das *Condé Nast Traveller*-Magazin aufgenommen werden, aber irgendwie mochte ich das Café du Globe: Alle kümmerten sich um ihre Angelegenheiten (keiner sprach einen mit „Hallo, Mister" an), und der Wein war günstig und trinkbar. Nichts für den Feinschmeckergaumen, aber für mich gut genug.

Ich bekam eine SMS. Der Türcode für meine Unterkunft war aktiviert. Ich ging ein paar Meter die Rue Joseph Junck entlang und tippte den Code ein, dieses Mal ohne den zwielichtigen Mann an meiner Seite. Dann ging ich eine düstere Treppe nach oben in ein winziges, sauberes Zimmer mit Bad, für das ich einen zweiten Code brauchte. Durch die Wände hörte ich das Wummern der Musik aus dem „Etablissement" nebenan, doch zum Glück war es nicht zu laut, obwohl Ohrstöpsel neben dem Bett lagen.

Ich machte mich auf, um über die Schlucht in die kleine Altstadt zu gehen. Es war nach sechs Uhr abends, und alles schien geschlossen zu sein. Das historische Zentrum von Luxemburg-Stadt befand sich zwischen zwei Schluchten über den Flüssen Pétrusse und Alzette und umfasste nicht viel mehr als Verwaltungsgebäude (deren Mitarbeiter alle schon nach Hause gegangen waren), Kirchen, Bars und Cafés (die meisten leer) sowie einige windige, verlassene Plätze.

Die Cathédrale Notre-Dame (Kathedrale unserer lieben Frau von Luxemburg) mit den schmalen Türmen und ebensolchen hohen Fenstern war geschlossen, zumindest das Hauptportal. Das Bankmuseum, in dem man etwas zur Bedeutung Luxemburgs als Finanz- und Steueroase erfahren konnte, war geschlossen. Auch der Großherzogliche Palast, die offizielle Residenz von Großherzog Henri, war geschlossen. Henri war Staatsoberhaupt und Kopf des Hauses Nassau, das als Aushängeschild für das Land fungierte, eine konstitutionelle Monarchie mit demokratisch gewähltem Parlament. Der Palast war ein prächtiges Gebäude mit flämischen Verzierungen aus Türmchen, aufwendig gestaltetem Mauerwerk und schmalen Eisenbalkonen. Im Sommer waren Führungen möglich.

Ich ging über einen großen Platz mit dem Rathaus, vor dem eine Infotafel für Touristen erklärte, dass in diesem Gebäude 1952 die Hohe Behörde der Europäischen Gemeinschaft für Kohle und Stahl (EGKS) ihre Eröffnungssitzung abgehalten und den Weg für die Gründung der Europäischen Union 1993 geebnet hatte. In diesem cremefarbenen Gebäude mit den Flaggen Luxemburgs, der Ukraine und der Europäischen Union an der Fassade hatte also die EU ihren Anfang genommen, doch auch heute war Luxemburg-Stadt immer noch ein wichtiger Ort in Europa, da sich der Gerichtshof der Europäischen Union im Nordosten der Stadt jenseits des Flusses Alzette befand.

Am Fort vorbei kam ich zu der Schlucht. Der Blick hinunter in die Tiefe und auf die Flusswindungen war überwältigend. Ein Eisenbahnviadukt erstreckte sich in Richtung Trier, wo Karl Marx 1918 geboren wurde und das etwa vierzig Kilometer entfernt lag.

Dann ging ich zurück in die Rue Joseph Junck und aß Hühnernudeln in einem vietnamesischen Restaurant mit Palmwedeltapete, das von einer Frau geführt wurde, die 1976 als Flüchtling von Vietnam nach Frankreich gekommen war. 2005 war sie nach Luxemburg gezogen, wo es ihr gut gefiel, wie sie sagte, weil es *plus calme* (ruhiger) als Paris war, wo sie nach einiger Zeit in Metz gelebt hatte.

„La vie est trop vite", sagte sie über Paris: Das Leben ist zu schnell.

Das alles erfuhr ich, während ich auf meine Hühnernudeln wartete. Das vietnamesische Restaurant befand sich neben einem Club mit einer schwarzen Tür und dem Bild einer Frau in violettem Negligé und ebensolchen High Heels auf einem Schild über der Tür. Auf dem Schild stand einfach „ENTRÉE". Einen offiziellen Namen sah ich nicht.

Die Nudeln waren ausgezeichnet. Ich aß sie langsam und sah den Leuten zu, die am Fenster vorbeigingen, manche vielleicht auf dem Weg zu der schwarzen Tür und dem nicht-ganz-so-diskreten Schild. Alle schienen es eilig zu haben, während sie gleichzeitig gar nichts taten, ein bisschen wie die Gestalten vor der Gare du Nord in Paris. Ich beobachtete das Auf und Ab – so viel Aktivität und trotzdem nichts los. *Eine Metapher für unsere Zeit,* dachte ich nach einer Weile und wusste selbst nicht genau, was ich damit meinte. Vielleicht sprach da auch der Rotwein, den ich zum Essen trank, aus mir. Warum waren alle so hektisch? Macht mal langsamer. Fahrt vielleicht ein bisschen mit dem Zug durch Europa? O ja, das war definitiv der Rotwein. Man fühlte sich oft als Außenseiter bei all den Fahrten in Bummelzügen, wo auch immer sie einen hinbrachten (in diesem Fall in die Rue Joseph Junck). Man sah viele Orte, bildete sich Meinungen (gut, schlecht oder was auch immer). So machte es ein Reisender in langsamen Zügen. So machten es *alle* Reisenden. Es hatte keinen Sinn, sich dagegen zu wehren.

Beim Bezahlen fragte ich die Besitzerin, wie es war, neben einem namenlosen Club mit schwarzer Tür und dem Bild einer Frau im violetten Negligé ein Restaurant zu führen, und sie hob nur die Augenbrauen und lächelte, als wolle sie sagen *Jeder nach seinem Geschmack*. Dann erzählte sie, ihre Eltern kämen aus dem Süden Vietnams und hätten mit dem Boot fliehen müssen, nachdem die Vietcong die Amerikaner im Jahr zuvor besiegt hatten und ihre Eltern als Sympathisanten des früheren Regimes galten. Seither war sie nur zweimal *„en vacances"* dort gewesen. Als sie mir noch mehr darüber erzählen wollte, kam eine Gruppe ins Restaurant, deren Bestellungen sie aufnehmen musste. Was für eine nette Frau. Was für ein nettes vietnamesisches Restaurant beim Bahnhof von Luxemburg-Stadt.

Auf der Straße bettelte ein Mann mit einem Stock, an dem ein Plastikbecher befestigt war. Zwei Frauen in scharlachroten High Heels und Miniröcken spazierten vorbei. Eine verstohlen wirkende Gruppe schlaksiger Teenager mit Hoodies lungerte aus nur ihnen bekannten Gründen beim Café du Globe herum. Die Hallo-Mister-Männer ließen mich dafür in Ruhe. Nach wenigen Stunden schien ich mich in die Rue Joseph Junck eingefügt zu haben, und die örtlichen Gauner hielten mich wohl für ziemlich nutzlos.

Um das Leben in der Rue Joseph Junck näher zu erforschen – ganz ehrlich, nur aus Recherchegründen –, betrat ich den DREAMS NIGHT CLUB, um zu sehen, was hier so los war, und fand mich in einem leeren neonblau beleuchteten Raum mit einer Barfrau und zwei Bedienungen in Miniröcken wieder, die extrem gelangweilt auf Barhockern saßen. Alle drei schreckten auf, als sie einen potenziellen Kunden sahen. Sonst war niemand da. Es war früher Abend, vielleicht kam die übliche Kundschaft erst später. Laute Musik dröhnte. Die Bedienungen rutschten von ihren Barhockern. Eine sagte etwas, das ich nicht verstand, und machte eine Geste, die den Raum umfasste. Ich sah mich um und entdeckte noch mehr Neonlicht und dunkle Ecken. Ich hatte nicht erwartet, der einzige Nicht-Angestellte im DREAMS NIGHT CLUB zu sein, sondern war davon ausgegangen, mir rasch ein

Bild zu machen und unbemerkt wieder zu verschwinden. Doch daraus wurde nichts. Ich stand im Mittelpunkt der Aufmerksamkeit. Ich murmelte: „Tut mir leid, ich muss mich in der Tür geirrt haben", wirbelte herum und verließ den DREAMS NIGHT CLUB abrupt.

Sie fragen sich vielleicht, warum ich das gemacht habe (ich mich auch ein bisschen).

Aber nachdem ich für kurze Zeit in dieser Straße wohnte (dank des beliebten Online-Buchungsportals), wollte ich zumindest versuchen, die Rue Joseph Junck so zu erleben, wie sie war – eine schäbige kleine Straße am Hauptbahnhof in einem Land mit dem höchsten Pro-Kopf-BIP der Welt. Schäbige kleine Straßen an Bahnhöfen werden wie gesagt in den Hochglanzreisemagazinen und eigentlich auch von allen anderen meist übersehen, vielleicht aus gutem Grund. Das beliebte Online-Buchungsportal hatte mich jedenfalls in die Rue Joseph Junck geschickt, also konnte ich sie mir auch ansehen. Das hieß aber nicht, dass ich viel Geld für Getränke ausgeben wollte in der Hoffnung, mehr über das Leben in dieser Straße zu erfahren, von Mitarbeitern, die aus anderen Gründen bezahlt und zweifellos überwacht wurden, vor allem, wenn ich der einzige Gast war und keine Ahnung hatte, wie viel die Getränke kosteten.

Ich kehrte in meine Kammer zurück und las mich zu meinem nächsten Reiseziel ein, das einen besonderen Platz in britischen Herzen hat – ein paar Felder südlich von Brüssel, wo Träume sowohl zerschlagen als auch wahr wurden.

Der echte Bahnhof Waterloo
Von Luxemburg nach Waterloo

Die Reise führte unaufhaltsam, wie von einem Magneten angezogen, nach Norden. Vor der Abfahrt kaufte ich mir ein Sandwich in einem nahe gelegenen Supermarkt, in dem ein Foto des grinsenden Großherzogs Henri hinter der Kasse hing. Einen Moment betrachtete ich das gebräunte Gesicht des Großherzogs und seinen wissenden und gleichzeitig fröhlichen Blick. Er hatte eine kleine Lücke zwischen den Schneidezähnen und ein leichtes Doppelkinn (seine einzigen sichtbaren Makel) und trug einen marineblauen Anzug mit einem weißen Einstecktuch. Es schien gut für ihn zu laufen, wenn sein offizielles Porträt hinter der Kasse eines Supermarkts hing, was mich einen Moment lang an einen der Kims in Nordkorea erinnerte. Womit ich nicht sagen will, dass der Großherzog Henri mit seinem demokratischen Fürstentum irgendetwas mit dem hermetisch abgeriegelten asiatischen Land und Kim Jong Un gemein haben könnte, doch dieses offizielle Foto brachte mich ins Grübeln, wie das Leben des Großherzogs des wohlhabendsten Landes der Welt – nach Pro-Kopf-BIP – wohl tatsächlich war. Sicher sehr anders als das der meisten Menschen, darunter Kim Jong Un, dachte ich, als ich mein Schinken-Käse-Croissant bezahlte.

Es war Zeit weiterzufahren. Während London immer näher rückte, machte sich ein fatalistisches Gefühl breit. Was passieren sollte, würde passieren. Der riesige Magnet war aktiviert. Die Heimat rief, und etwas in mir sagte: *Ab jetzt lass dich einfach treiben.* Ich überquerte die belebte Straße zum Bahnhof, um den 10.11-Uhr-Zug nach Brüssel zu nehmen und von dort um 13.10 Uhr nach Waterloo weiterzufahren. Natürlich nicht Waterloo in London (was nur zwanzig Minuten Fahrt von meiner Wohnung entfernt lag), sondern das echte.

Der Zug nach Brüssel war ein Doppeldecker der Nationalen Gesellschaften der Belgischen Eisenbahnen. Als ich im leeren Wagen saß, fuhr der Zug pünktlich unter bewölktem Himmel ab. Nachdem wir die Vororte von Luxemburg-Stadt hinter uns gelassen hatten, rollten wir durch flache grüne Felder. Gelegentlich schwebte ein Habicht über Hecken, goldenes Licht fiel zwischen den Wolken hindurch auf das wunderschöne kastanienbraun-weiß gefleckte Gefieder und die weißen Schwanzfedern. Der Zug hielt in Arlon, und ich bekam eine „Willkommen in Belgien"-SMS.

Etwa auf der Höhe von Arlon war ich eine ganze Weile damit beschäftigt, meine Bank anzurufen und zu überprüfen, ob die Zahlung für meine nächste Unterkunft erfolgt war. Ich wollte im Hotel Le 1815 übernachten, das sich neben dem Schauplatz der Schlacht von Waterloo befand, wo der Herzog von Wellington und seine Truppen Napoleon Bonaparte im Jahr 1815 endgültig besiegt hatten. Über Nacht hatte das Hotel anscheinend vernünftigerweise (wobei es das erste auf der gesamten Reise war) eine „Verifizierungsanfrage" für meine Zahlung geschickt.

Um diese bei meiner Bank zu bestätigen, hätte ich das WLAN in der Rue Joseph Junck nutzen müssen, was mir nicht klug erschienen war. Gleichzeitig hatte ich mein Datenvolumen schon wieder aufgebraucht und konnte nicht vom Handy auf mein Konto zugreifen.

Das bedeutete, dass ich die Bank anrufen musste. Beim ersten Versuch verwählte ich mich und wurde gleich darauf von der belgischen Polizei zurückgerufen, bei der ich irrtümlich gelandet war. Ich erklärte alles, und man wünschte mir einen schönen Tag. Beim zweiten Versuch erreichte ich meine Bank, die – nachdem ich diverse Sicherheitsfragen beantwortet hatte –, mir mitteilte, dass die Zahlung an das Hotel erfolgt war und meine Kreditkarte „wahrscheinlich nicht gesperrt sein würde", außer der internationale „Zahlungsdienstleister" sah das anders.

Die Bank wollte das für mich herausfinden und sich wieder bei mir melden, dafür musste ich jedoch in der Leitung bleiben. Als der Zug in einen Tunnel fuhr, brach die Verbindung ab. Erneut rief ich bei der Bank an und hing in der Warteschleife, wurde schließlich mit einem Mitarbeiter verbunden – und wieder waren wir in einem Tunnel und die Leitung tot. Über Nacht hatte ich diverse Nachrichten von meiner Bank bekommen, dass die Karte gesperrt sein könnte, weil ich die „Verifizierungsanfrage" des Hotels nicht bestätigt hatte. Ohne Kreditkarte hätte ich weder Geld gehabt noch eine Möglichkeit, das Internet zu nutzen (abgesehen von WLAN). Ich gab es auf, meine Bank zu erreichen (und hoffte einfach, dass mit dem „Zahlungsdienstleister" alles in Ordnung war), und rief lieber meinen Mobilfunkanbieter an, um mein Roaming-Datenvolumen aufzustocken.

Mir ist klar, dass das alles ein wenig prosaisch wirken mag, aber mit solchen Dingen musste man sich als moderner Fernreisender herumschlagen, vor allem am Ende einer besonders langen Reise, wenn man fürchtete, durch den Überziehungsrahmen der Kreditkarte richtig viel Geld für Ticketreservierungen, Unterkünfte unterschiedlicher Qualität, Schinken-Käse-Croissants, Rotwein und vieles andere mehr ausgegeben zu haben.

Was ich dachte, wenn ich mir die möglichen Folgen dieser „Verifizierungsanfrage" ausmalte, können Sie sich bestimmt vorstellen.

Ich sah aus dem Fenster und atmete ein paarmal tief durch. Ein Fuchs huschte erschrocken über ein Feld, als der 10.11-Uhr-Zug aus Luxemburg-Stadt an ihm vorbeifuhr. Ein Fluss wand sich unentschlossen zwischen Dörfern hindurch. Grasende weiße Kühe ignorierten den 10.11-Uhr-Zug von Luxemburg-Stadt völlig. Die grünen und kupferfarbenen Hügel erinnerten an ländliche Gegenden in England. Wieder musste ich an zu Hause denken.

Ein großer Mann mittleren Alters mit Goldketten und -ringen hatte sich in die Nähe gesetzt und telefonierte laut und mit tiefer Stimme: „Ja, ja, ja. Ha, ha, ha. Ja, ja, ja, ja, ja. Genau, genau, genau. Okay, Mann, okay. Das ist normal. Ich habe es noch nicht versucht. Manchmal ist es einfach so. Ich glaube, drei oder vier Euro. Oh la la. Ha, ha, ha, ha."

Kurz hatte ich überlegt, ob da irgendein wichtiges Geschäft verhandelt wurde, kam aber bei der Erwähnung der „drei oder vier Euro" wieder davon ab.

Der Zug rollte durch Birkenwälder und hielt in Libramont, Rochefort-Jemelle, Marloie und Haversin, wo nahezu jedes Haus Solarzellen auf dem Dach hatte. Der örtliche Solarzellenverkäufer war wohl talentiert. Auf kleine Bauernhöfe mit Heuhaufen folgte der Fluss Meuse, den wir auf dem Weg nach Namur, einer Großstadt, überquerten. Wir fuhren an lang gezogenen Lagerplätzen mit Unfallautos vorbei und Reihenhäusern wie aus *Coronation Street*. In Namur stiegen viele Fahrgäste zu. Noch mehr in Ottignies. In Brüssel verließen alle den Zug, und ich ging zu meinem

Anschluss nach Waterloo. Ich stieg in einen leeren Zug mit grauen Sitzen, und schon bald war ich am Ziel.

~

Der echte Bahnhof Waterloo war, ehrlich gesagt, eine Enttäuschung: ein langer Bahnsteig, der neu aussah, und eine kleine Schalterhalle aus Stahl und getöntem Glas. Er lag in einem ruhigen Viertel mit grauen Häusern und ordentlichen Vorgärten in der Kleinstadt Waterloo (30.000 Einwohner), an das sich die Hauptstraße anschloss, mit Vape-Läden, Waffelcafés, Schmuckläden, Dessousgeschäften, einem Kino namens „Cinés Wellington", einer Gasse mit dem Namen „Passage Wellington" und einem Pub, das „Waterloo"-Bier verkaufte („Das Bier der Tapferkeit!"). Auf der Hauptstraße befand sich auch das Musée Wellington, in dem Haus, in dem der Herzog von Wellington vor und nach der Schlacht von Waterloo am 18. Juni 1815 sein Hauptquartier aufgeschlagen hatte.

In diesem eleganten weiß getünchten Stadthaus hatte er den Siegesbericht an König Georg III. geschrieben, in dem er ihn über die Niederlage und Gefangennahme Napoleons informierte. Ein Shop verkaufte Napoleon- und Wellington-Souvenirs, Schlüsselringe, Stofftiere, kleine Büsten, Zinnsoldaten und Aufkleber für Kinder (von Napoleon gab es mehr als von Wellington, wenn man den Kaiser mit dem Herzog gegeneinander aufrechnen wollte). Es gab Sachbücher, Replika historischer Pistolen aus der Schlacht (vermutlich nicht funktionstüchtig), Waterloo-Bier und Teetassen mit dem Bild von Joséphine, Napoleons Frau.

An der Kasse saß ein junger Mann mit freundlichem Gesichtsausdruck, der mir auf einem Plan das Schlachtfeld – und mein Hotel – zeigte.

Er deutete auf das Dorf Braine-l'Alleud, etwas südwestlich von Waterloo, und sagte: „Wahrscheinlich müsste es eher Schlacht von Braine-l'Alleud heißen."

„Die Schlacht von Waterloo?", vergewisserte ich mich.

„Ja."

„Die Historiker verwenden einen falschen Namen?"

„Das könnte man so sagen", antwortete er.

Der freundliche Angestellte schien sich zu amüsieren.

„Wirklich?", fragte ich nach.

Er zuckte mit den Schultern. „Klar, ja." Wieder deutete er auf die Karte. „Dort hat sie stattgefunden."

Er meinte die Schlacht.

„Aber wenn Napoleon gewonnen hätte", überlegte er, „hieße sie Schlacht von Genappe." In dem Dorf hatte Napoleon sein Quartier gehabt, es lag etwas südlich des Schlachtfeldes.

Der junge Mann sah mich ernst an und sagte: „Aber er hat verloren."

Ich mochte den Mann.

Er erzählte mir, dass das Gebäude, in dem wir uns gerade befanden, von 1750 stammte, dass etwa dreißigtausend Touristen das Musée Wellington im Jahr besuchten und dass es 2015 zum zweihundertjährigen Jubiläum der Schlacht „ein großes Fest" mit Gedenkfeiern gegeben habe: Man habe die Schlacht, bei der fünfzigtausend Soldaten getötet oder verwundet wurden, aufwendig nachgestellt.

Auf zwei Stockwerken waren rot-goldene Uniformen ausgestellt, die Offizieren der Royal Welch Fusiliers gehört hatten, Infotafeln erzählten von Napoleons Verbannung auf die Insel Elba im April 1814, als Louis XVIII nach Napoleons Niederlage gegen eine Koalition aus österreichischen, russischen, spanischen und deutschen Soldaten wieder als französischer König eingesetzt worden war. Doch im März 1815 entkam Napoleon und kehrte nach Frankreich zurück, wo er für hundert Tage wieder die Macht an sich riss. In der Schlacht von Waterloo im Juni erlitt er seine endgültige Niederlage und kapitulierte. Von diesem Gebäude aus veranlasste Wellington, dass Napoleon auf die abgelegene Insel St. Helena im Südatlantik geschickt wurde – von dort war kein Entkommen möglich –, wo er 1821 mit 51 Jahren starb.

Nur ein paar Wochen zuvor sagte Wolodymyr Selenskyj unter Tränen und im Geiste Wellingtons: „Fast jeder [in der Ukraine] hat mindestens einen Kontakt in seinem Handy, der nie wieder ans

Telefon gehen wird. Der nicht auf eine SMS und die Frage *Wie geht es dir?* antworten wird. Diese einfache Frage [erhielt] im Krieg eine neue Bedeutung."

Der Kreis hatte sich in Europa geschlossen: Russland, dessen Truppen Napoleons Marsch auf Moskau abgewehrt und bei seiner Niederlage in Paris 1814 geholfen hatten, war zum Feind geworden.

Ich verabschiedete mich von dem Angestellten im Souvenirshop, der gerade einer Kundin eine Joséphine-Tasse verkaufte, und spazierte ein paar Kilometer die Hauptstraße entlang an Supermärkten, Autohäusern und einem McDrive vorbei – wobei ich eine Brücke über eine belebte Straße über- und diverse Felder durchquerte – bis zu dem pyramidenförmigen Gedenkhügel mit Blick auf das Schlachtfeld.

Das Hotel Le 1815 war ganz in der Nähe.

Dort erklärte ich mein Problem mit der „Verifizierungsanfrage".

Der Mitarbeiter an der Rezeption, der einen gestreiften Pullover trug, sagte: „Mit [dem bekannten Online-Buchungsportal] haben wir oft Probleme."

Ich erwähnte, dass bei früheren Buchungen alles reibungslos geklappt hatte.

„Ah!", sagte er und tippte etwas in seinen Computer. „Sie sind im Thielmann-Zimmer."

„Wer war das?", fragte ich. Ich hatte schon bemerkt, dass es Wellington- und Napoleon-Suiten gab.

„Ein General."

„Auf welcher Seite?"

Der Mann sah mich an, als müsste ich das eigentlich wissen. Vielleicht hatte er recht.

„Der Franzosen." Er zog eine Augenbraue hoch.

„Haben Sie eins mit einem englischen General?", fragte ich, nur um sicherzugehen.

„Tut mir leid, Sir, wir sind ausgebucht." Er gab mir den Schlüssel zu einem kleinen weißen Zimmer, von dem aus man auf das pyramidenförmige Denkmal blicken konnte.

Ich ging die dreihundertfünfzig Meter hinüber. Der Eingang befand sich in einem unterirdischen Bunker, der ein Museum mit vielen Informationen zu Napoleon und der französischen Revolution im Jahr 1789 sowie seinem Aufstieg danach beherbergte. Von hier aus konnte man die Stufen bis zur Spitze der 41 Meter hohen Pyramide aus dem Jahr 1826 hinaufgehen, wo sich ein Sockel mit einem gusseisernen Löwen befand, weswegen man auch vom Löwenhügel sprach. Auf Tafeln wurde erklärt, wo sich die Truppen an jenem schicksalhaften Tag versammelt hatten.

Zurück im Hotel traf ich in der Bar ein paar britische Archäologen, die an einem Tisch saßen und Kaffee tranken.

Im Rahmen eines Projekts namens „Waterloo Uncovered", das vom Öffentlichen Dienst der Wallonie und den Universitäten von Utrecht, Glasgow und Gent gefördert wurde, führten sie Grabungen auf dem Gelände durch, um Erkenntnisse zum Verlauf der Schlacht zu gewinnen. Sie trugen Cargohosen oder Jeans, T-Shirts, Fleecejacken und Wanderschuhe und sahen aus, als hätten sie sich schon eine Weile nicht mehr rasiert. Alle strahlten und waren voller Enthusiasmus für ihre Arbeit.

Mark Evans, der Leiter des Teams, sagte, die Ausgrabungen hätten 2015 begonnen: „Bis zu dem Jubiläum haben alle geglaubt, man wisse alles über die Schlacht, aber das sind nur halbe Wahrheiten. Es ist Aufgabe der Archäologie, zu untersuchen, was sich im Boden befindet. Manchmal gewinnt man dadurch neue Erkenntnisse, manchmal nicht." Die große Frage war, wo die ganzen Leichen abgeblieben waren. „Es gibt Hunderte Nennungen und Zeichnungen von Massengräbern, die jedoch nie gefunden wurden."

Mit elektromagnetischen Geräten suchten sie das Gelände ab. Bisher hatten sie ein paar menschliche Überreste gefunden, aber keine Massengräber. Manchmal holten sie Kriegsveteranen bei Grabungen zu Hilfe, um sie „bei der Verarbeitung ihrer Kriegserlebnisse zu unterstützen".

Machte ihnen ein so großer Auftrag Spaß? Das Gelände war riesig.

„O ja", sagte Duncan. „Wir dürfen auf dem wohl berühmtesten Schlachtfeld der Welt arbeiten."

„Ich freue mich sehr darauf, den ganzen Historikern einen Denkzettel zu verpassen", erklärte Steve, der glaubte, dass „die Archäologie die Geschichte durch kleine persönliche Geschichten ändern wird".

„Wie es den Menschen ergangen ist", sagte Duncan, den ganz gewöhnlichen Soldaten.

„Wellington hat natürlich trotzdem gewonnen", fügte Steve hinzu. Daran würden auch ihre Entdeckungen nichts ändern.

~

Am nächsten Morgen begab ich mich zurück zum Bahnhof und stieg in den 10.11-Uhr-Zug nach Brüssel, von wo ich um 10.53 Uhr nach Gent weiterfuhr.

Die kurze Fahrt durch eine flache, nichtssagende Landschaft hinter schmutzigen Fenstern war nur wegen des Paars auf der anderen Gangseite denkwürdig. Ich belauschte die beiden eine Weile.

Die Frau, vielleicht eine Studentin, sagte mit amerikanischem Akzent: „Wir werden immer eine Hierarchie haben, selbst wenn Menschen demokratisch gewählt werden, aber eines Tages werden sich die Menschen natürlich organisieren und ein auf Gemeinschaft basierendes System entwickeln."

Ihr Begleiter, wohl auch Student, antwortete: „Das wird auf keinen Fall passieren, das haben die Leute im Lauf der Geschichte immer wieder gesagt."

Die Frau antwortete: „Ja, ja." Dann fügte sie hinzu: „Mein Kumpel hat gesagt, die perfekte Führungsfigur für die Zukunft in einer auf Gemeinschaften basierenden Welt wäre eine Frau. Dann gäbe es keine Kriege."

„Was ist mit Margaret Thatcher? Sie war ganz schon tough."

So ging es noch eine Weile weiter. Danny und ich hatten kein Monopol darauf, in Gesprächen eine ideale Welt zu erschaffen.

Beim Bahnfahren schienen einem solche Gedanken besonders gut zu kommen. Und warum auch nicht? Der Zug rollte an gepflügten Feldern vorbei und war um 11.21 Uhr in Gent.

Innerhalb von drei Tagen war ich in Dole, Luxemburg und Waterloo „in den Ferien" gewesen. Nicht viele können behaupten, in so rascher Folge an diesen drei Orten gewesen zu sein. Das passiert, wenn man beim Interrail durch Europa den Zufall bestimmen lässt.

10

In Bummelzügen nach Hause

Von Gent nach London,
über Rotterdam und Hoek van Holland

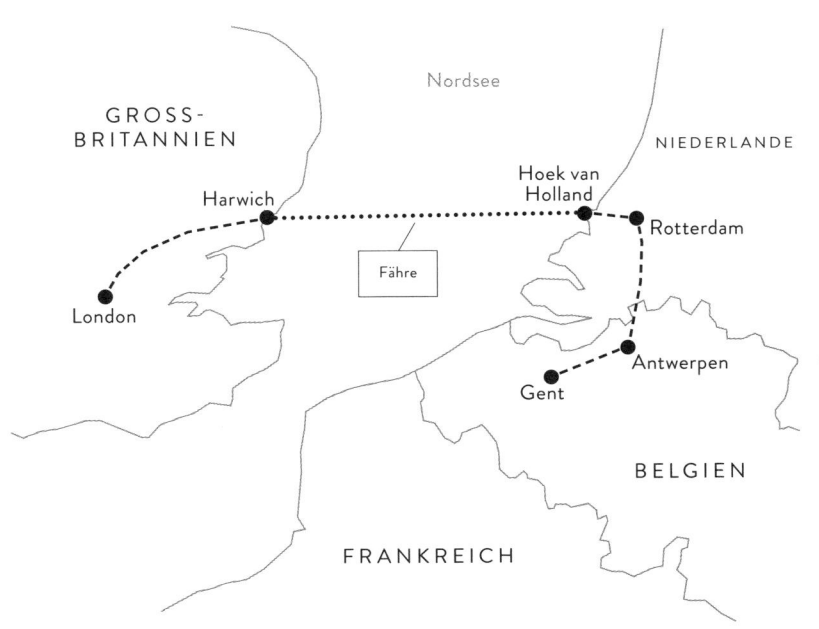

GROSS-
BRITANNIEN

Nordsee

NIEDERLANDE

Hoek van
Holland

Harwich

Rotterdam

Fähre

London

Antwerpen

Gent

BELGIEN

FRANKREICH

287

Der Bahnhof von Gent war faszinierend. Ich weiß, dass ich eine Schwäche für spannende Bahnhöfe habe (und möglicherweise auch die Tendenz, endlos darüber zu reden), aber dieser hier war wirklich bemerkenswert.

So bemerkenswert, dass ich erneut hineinging, um ihn mir näher anzusehen.

Nachdem ich etwas müde vom langen Fußweg am frühen Morgen zum echten Bahnhof Waterloo (kein spannender Bahnhof) und den Expresszügen nach Gent war, war ich einfach nur nach draußen auf die Straße gegangen, ohne nach links und rechts zu blicken, mit den Gedanken bei den Freuden, die in dieser neuen Stadt, im flämischen Teil von Belgien, auf mich warten mochten.

Als ich mich dann noch einmal umdrehte, wurde mir klar, dass ich gerade ein gotisches Wunder an roten Backsteintürmchen und Zinnen hinter mir gelassen hatte. An einer Seite ragte ein Glockenturm mit einer minarettartigen Spitze in die Höhe, mit schmalen Fenstern, die wie Schießscharten für Bogenschützen wirkten. Über den Zinnen des Hauptgebäudes waren Vierpassmuster in den Stein gehauen. Eine Weile stand ich nur da und dachte: *Damals wusste man wirklich noch, wie man einen Bahnhof baut.*

Der Bahnhof Gent-Sint-Pieters, so sein offizieller Name, stammte aus dem Jahr 1912, womit er rechtzeitig für die Weltausstellung in Gent im folgenden Jahr fertiggestellt wurde. Der prunkvolle Stil war „eklektisch" und nicht „gotisch" (da hatte ich falsch gelegen), und die hohen Ausgaben für den neuen Bahnhof (der einen früheren ablöste, der von 1837 an in Betrieb gewesen war) zeigten die Bedeutung, die Züge in Belgien im Allgemeinen genossen.

Der Staat Belgien entstand 1830, als sich die Flamen und Wallonen, die hauptsächlich römisch-katholisch waren, von der Niederländisch-reformierten Kirche und dem Königreich der Niederlande im Norden abspalteten. Leopold I., der erste König des neuen Landes, war von den damals in England aufkommenden Passagierzügen beeindruckt und investierte stark in die frühen Eisenbahnen, beauftragte den britischen Bahningenieur George Stephenson und ließ Strecken für das neue Land bauen. Auf diesem

Weg förderte er effektiv (und ziemlich geschickt) eine Form der nationalen Einheit. Ein Vermögen für den Genter Bahnhof auszugeben, gehörte zu einer stolzen belgischen Tradition, die auf die glorreichen Zeiten der Eisenbahn zurückging.

Ich spazierte zurück ins Bahnhofsgebäude. Zuvor war ich einfach unter den prächtigen Granitbögen und zwischen den dorischen Säulen aus glänzendem, rosa getöntem Stein hindurchmarschiert und hatte auch die Wandgemälde ignoriert, die Kathedralen und alte Szenerien an den Docks zeigten: Schiffe, aus deren Schornsteinen Rauch aufstieg, an den Kais und auf belebten Flüssen. Überall sah man Stuckverzierungen, vergoldete Uhren, haushohe Fenster, Jugendstilfliesen, gemalte Wappen, Mosaikböden, Friese und lange, schmale Gänge unter gewölbten Decken: *in der Tat eklektisch*.

Ein Trainspotter wurde aus mir sicher nicht, aber vielleicht ja ein naher Verwandter: ein veritabler, engagierter, der Sache verfallener *Stationspotter*.

~

Das Ende meiner Interrail-Zeit nahte.

Von Gent nach Hoek van Holland und zur Fähre nach Essex waren es nur noch gute zwei Stunden mit dem Zug.

Es war ein freundlicher, hoffnungsvoller Apriltag. Von jetzt an wollte ich es entspannt angehen lassen, oder vielleicht eher *noch entspannter* als bisher schon. Die Fähre nach Harwich, das lockende Zuhause versetzten mich in eine fröhlich-verträumte Stimmung.

Das Ziel – es noch entspannter angehen zu lassen – war leicht erreicht.

Ich ließ mich einfach *treiben*.

An Ständen vorbei, die süß duftende Waffeln und Hot Dogs mit Zwiebeln verkauften, spazierte ich eine Straße mit eleganten, schmalen Häusern entlang – jedes unterschied sich minimal von seinem Nachbarn, was dem Stadtzentrum „Persönlichkeit" verlieh – zum Museum der Schönen Künste, wo ich die Stufen zum klassizistischen Eingang hinaufging, meinen Rucksack einschloss und spürte, wie meine Schultern sich lockerten. Mein Rucksack war mit den vielen Büchern, Broschüren, Reiseführern und alten Zeitungen ziemlich außer Kontrolle geraten und bleischwer.

Leichtfüßig flanierte ich an flämischen Meisterwerken vorbei, ein ausgezeichneter Zeitvertreib in Gent, wie ich schon bald merkte. Ein Meisterwerk folgte auf das andere. Besonders eindrucksvoll war das dramatische Gemälde *Die Kreuzigung* von Maarten van Heemskerck (1498–1574). Die Figuren um das Kreuz herum waren so realistisch, ihre Persönlichkeiten so gut eingefangen, dass sie genauso vor einem stehen könnten. Die Farbe auf der Leinwand war seit vierhundert Jahren trocken, doch man hätte es nie vermutet. Die flämische Kunst in den ersten Räumen des Museums bot vor allem: *das alltägliche Leben.*

Es war eine Freude. Echte Menschen, die vor vier Jahrhunderten ihren alltäglichen Arbeiten nachgingen: keine Überheblichkeit, kein Fokus auf Könige und Aristokratie, kein Ignorieren des einfachen Lebens, das die meisten Menschen führten (die sich keinen berühmten Maler für ein Porträt leisten konnten) oder dessen, was als „niedere" Angelegenheiten gelten könnte. Nach Maarten van Heemskerck kam Adriaen van de Venne (1589–1662) mit seinem verstörenden Gemälde *Quaet slagh,* oder auf Englisch *Dicing, Drabbing and Drinking Bring Man to Destruction,* dessen Protagonisten genau das zu tun schienen – Menschen abschlachten und trinken. Darauf folgte Pieter Brueghels des Jüngeren (1564–1638) *Die Bauernhochzeit* (ca. 1616), auf dem die Braut mit einer Papierkrone über dem Kopf an einer Festtafel sitzt, während inmitten der Feiernden gerade Teller mit Brei hereingetragen werden. Sein Vater Pieter Brueghel der Ältere (1525/30–1569) war ebenfalls vertreten, mit dem Gemälde mit dem Titel *Der Hochzeitstanz,* auf dem die Feiernden sich umarmen, herumtollen, trinken, spielen und sich prächtig amüsieren. Zumindest dachte ich, dass es von seinem Vater war – bis ich in der Bildbeschreibung las, dass es sich um eine Kopie des berühmten Werks von Pieter Brueghel dem Älteren durch seinen Sohn handelte.

In den weiteren Räumen waren modernere, abstrakte Werke von Victor Servranckx (1897–1965), René Magritte (1898–1967), Gustave de Smet (1877–1943) und Gustave van de Woestijne (1881–1947) ausgestellt, bei denen man stehen blieb und sich fragte: *Woher um alles in der Welt, aus welcher entfernten Ecke des Gehirns, stammten diese Bilder?*

Außerdem sah ich traditionelle Landschaften und Darstellungen belgischer Städte wie Gent, Brüssel und Brügge. Die eindrücklichen, wunderschönen Werke von Hippolyte Boulenger (1837–1874) stachen unter den Landschaftsgemälden aus den Benelux-Ländern besonders hervor mit ihren Grasebenen, Himmelslandschaften und Horizontsilhouetten, die Interrail-Touristen, die durch das hervorragende Museum der Schönen Künste in Gent schlenderten, nur allzu vertraut waren.

Leicht benommen verließ ich das Museum, dieses Mal berauscht von den Meisterwerken, die ich gerade gesehen hatte, und weniger von langen Fußmärschen zu Bahnhöfen und Anschlusszügen. Ich ging zu meiner Unterkunft (ein nüchternes Zimmer im Roxi: the Urban Residence). In einem kleinen Restaurant aß ich flämisches Rindergulasch mit Pommes Frites, sah den Radfahrern und Trambahnen zu, von denen es viele in Gent gab.

Danach führten mich meine Füße zu der überwältigenden gotischen Kathedrale, wo ich ein Ticket kaufte, um durch einen mittelalterlichen Korridor zu gehen und mir noch mehr (sehr schöne) Kunst anzusehen.

Zum Beispiel den zwölfteiligen Genter Altar, auch bekannt als *Die Anbetung des Lamm Gottes* von den Brüdern Hubert und Jan van Eyck aus dem Jahr 1432.

Die Geschichte um dieses Kunstwerk machte es noch beeindruckender. Mithilfe von „Augmented Reality"-Brillen wurde Besuchern der Altar nahegebracht. Im Lauf der Jahrhunderte war er heiß umkämpft, unter den Calvinisten wäre er beinahe zerstört worden, man hatte ihn immer wieder zerteilt und transportiert, und 1934 wurden zwei Tafeln entwendet, von denen eine bis heute verschwunden ist. Eine Zeit lang stand ein Lösegeld in Höhe von einer Million belgischer Franc im Raum. Der Raub wurde nie aufgeklärt.

Nach dieser Besichtigung trank ich in einem Café in dem engen Gassengeflecht von Patershol an einer kleinen Brücke über einem Kanal ein Glas Sekt. Einheimische, die meisten im Rentenalter, aber auch ein paar Arbeiter nach Feierabend tranken dasselbe, außerdem Bier und cremigen, gelben Advocaat-Eierlikör, eine holländische Spezialität.

Ich kam mit Eline, einer Künstlerin mit wilden blonden Haaren, die ein geblümtes Kleid trug und viel Humor hatte, ins Gespräch. Über Gent sagte sie: „Viele junge Leute kommen her, es gibt eine große Künstlerszene, größer als in Brügge, aber dort gibt es auch eine. In Antwerpen ist mehr Design und Fashion als in Gent. Hier dreht sich alles um Kunst, das ist der Ruf." Sie nippte an ihrem Advocaat. „Manchmal feiern die Leute bis acht Uhr morgens, wenn hier ein Festival stattfindet", erzählte sie. Bis acht Uhr morgens feiern war wohl ein eindeutiges Zeichen für viele Künstler. „Manchmal auch ohne Festival. Dann schlafen sie am Sonntag bis zwei Uhr mittags. Ich glaube, wir wissen, wie man feiert. Gent weiß, wie man feiert, o ja. Wir haben viele Hochschulen, Kunsthochschulen, normale Hochschulen. Die Stadt hat 260.000 Einwohner, plus 70.000 Studenten. Viele Studenten! Viele Partys!"

Eine Freundin kam hinzu und lenkte Eline ab. Ich sprach stattdessen mit Bill.

Bill saß an einem Tisch gegenüber von Eline. Er stammte aus Odessa, in Texas, nicht in der Ukraine. Auch er war gesprächig, ein „digitaler Nomade", der online Englisch unterrichtete, während er die Welt bereiste. Er sprach außerdem Spanisch, Deutsch und Russisch.

„Ich bin von Ägypten hergeflogen", sagte er und überraschte mich damit. „Sechs Tage die Woche arbeite ich. Dann versuche ich, mir Sachen anzusehen."

Er hatte einen Laptop dabei, arbeitete in der Bar und sah sich gleichzeitig Sachen an. Er trug eine Baseballkappe und Reebok-Sneakers und wirkte wie ein Surfer mit viel Selbstbewusstsein, was wohl jeder digitale Nomade haben musste. Er war vielleicht Anfang vierzig. Vor Ägypten war er schon in Großbritannien unterwegs gewesen, in Frankreich, Spanien, Italien und Griechenland – meistens mit dem Zug. In Ägypten hatte er das Kloster St. Katharina auf der Sinai-Halbinsel besucht, war dort aber „fast mit einem Taxifahrer in eine Schlägerei geraten, der erst vierzig Dollar wollte, dann sechzig, dann machte ich den Fehler, zum Geldautomaten zu gehen, dann kam dieser andere Typ ... Ich hatte Glück, dass ich da heil rausgekommen bin."

Bill widmete sich wieder seinem Laptop, er musste eine Mail beantworten. Während er tippte, sagte er: „Das ist das Problem. Sie wollen großartige Ergebnisse. Sie wollen eine Sprache lernen. Sie wollen das tolle Gefühl, eine Sprache gelernt zu haben. Nur lernen wollen sie sie nicht."

Dann musste er einen Anruf entgegennehmen. Ich ließ ihn und Eline zurück und spazierte an der alten Kathedrale vorbei zurück zum Roxi: the Urban Residence. Die Partys mochten ja die ganze Nacht dauern, doch ich musste morgen früh zum Zug.

Vom Zugglück
Von Gent nach Hoek van Holland,
über Antwerpen und Rotterdam

Der 09.27-Uhr-Zug nach Antwerpen war neunzehn Minuten zu spät. Doch das war mir egal.

Ich stand am herrlichen Bahnhof Gent-Sint-Pieters am Gleis und wartete auf meine achtundvierzigste Fahrt.

Bald darauf fuhr ein kleiner grauer Zug ein, und ich setzte mich in einen voll besetzten Wagen gegenüber einer Frau mit (irgendwie) ständig hochgezogenen Augenbrauen, die mich kurz anlächelte, bevor sie sich wieder einer Zeitung und einem Artikel über Panzerlieferungen der Niederlande an die Ukraine widmete. Der Zug rollte an Reihen von schmalen Häusern mit spitzen flämischen Dächern vorbei in flaches, nebliges Land mit gelegentlichen Windparks.

Drei Frauen mit großen Tüten, in denen sich plastikverpackte Louis-Vuitton-Handtaschen befanden, stiegen ein und setzten sich zu der Frau mit den hochgezogenen Augenbrauen und mir. Der Zug fuhr an einer viel befahrenen Autobahn entlang, bevor er den reich verzierten Antwerpener Hauptbahnhof erreichte, wo ich den Aufzug zu einem unterirdischen Gleis nahm, an dem bereits der 10.44-Uhr-Zug nach Rotterdam wartete.

Der butterblumengelbe und marineblaue Zug verließ schon bald den langen Tunnel und fuhr über Wasserstraßen und an Hochhäusern und noch mehr Windparks vorbei.

Meine neuen Mitreisenden waren eine Gruppe Mittzwanziger, die alle gezwirbelte Schnurrbärte und schwarze Lederjacken trugen und Bier tranken. Über die Lautsprecher wurde höflich verkündet: „Guten Morgen, verehrte Fahrgäste, unsere Abfahrt verzögert sich um fünfzehn Minuten ...", und: „Guten Morgen, verehrte Fahrgäste, wegen technischer Probleme an einem Zug in Brüssel hat sich unsere Abfahrt um fünfzehn Minuten verzögert ..."

Mit einem pfeifenden Geräusch durchquerte der Zug flaches Land. Wir hielten in Noorderkempen und waren kurz darauf in den Niederlanden. Die Schnurrbarttypen stiegen in Breda aus, wo der Zug die Fahrtrichtung wechselte und über eine Nebenstrecke nach Norden Richtung Rotterdam fuhr. Eine höfliche Stimme verkündete über Lautsprecher: „Guten Morgen, verehrte Fahrgäste, in ein paar Minuten erreichen wir Rotterdam Hauptbahnhof ..."

Und das taten wir auch, um zwölf Uhr mittags. Nur zehn Minuten zu spät.

～

Der Hauptbahnhof von Rotterdam war ein modernes, kantiges Gebäude mit einer riesigen, hohen Halle mit schmalen Oberlichtern. Die auffällige V-Architektur der Fassade dominierte alles und sollte offenbar futuristisch anmuten (und schien sich an den Sozialistischen Realismus der 1960er-Jahre anzulehnen), wirkte dabei aber eher „retro" und als hätte der Architekt eine Vorliebe für trockene Ironie gehabt. Damit ich nicht endlos über Bahnhöfe rede, sage ich nur das: 1. All diese Bahnhöfe haben mir auf ganz neue Art die Augen für Architektur geöffnet. Bei jedem neuen Gebäude dachte ich aufgeregt: *Was um alles in der Welt haben sich die Eisenbahnchefs dieses Mal ausgedacht?* 2. Ich stand vor der großen Verlockung, von Rotterdam Centraal in der Business Premier Class im Eurostar zurück nach London St. Pancras International zu fahren. Möglich wäre es. Die einzigen so kurzfristig verfügbaren Tickets würden allerdings mehr als der gesamte Interrail-Pass für einen Monat kosten. Unentschlossen betrachtete ich die Abfahrtstafel. Ich schüttelte die impulsive Stimmung ab und machte mich auf den Weg in die Stadt.

Über lang gestreckte retro-futuristische Plätze, auf einem davon stand eine beeindruckende Skulptur gefährlich hoch aufgetürmter leerer Ölfässer, kam ich zum Maritimen Museum.

Darin wurde die Geschichte des Hafens von Rotterdam erzählt, der in den 1570ern an Wichtigkeit gewann, als Antwerpen und Amsterdam unter Blockade standen. Der Zugang zu Rhein und Meuse ermöglichte den Transport von Waren; bis heute ist der Hafen einer der wichtigsten in Europa und weltweit der zehntwichtigste nach Shanghai und einigen anderen chinesischen Häfen, plus Hong Kong und Busan in Südkorea.

Dann sah ich mir die Sammlung reizender alter Boote an, die an einem Dock auf der Rückseite lagen, mit Blick auf die Erasmus-Brücke, eine Hängebrücke über einen Nebenfluss des Rheins neben dem Museum, die im Volksmund „der Schwan" genannt wurde und wegen ihrer V-förmigen Pfeilerkonstruktion an das Bahnhofsgebäude erinnerte.

Danach machte ich eine Bootstour einen Kanal entlang bis zum Rhein mit einem etwa siebzigjährigen Guide namens Rhinus, ein pensionierter Frachtschiffkapitän, und mit Çağlar, einem etwa dreißigjährigen jungen Türken aus Istanbul mit Haartolle und Ray-Ban-Sonnenbrille, der in der Türkei im „Business-Finance-Sektor" und mit Abfüllanlagen arbeitete. Er war der einzige andere Fahrgast. Das Boot war klein und aus Holz. Rhinus erzählte Çağlar und mir von seinen Fahrten mit dem Frachtschiff nach Neuseeland, Australien und Singapur. Çağlar erzählte Rhinus und mir, dass er seine Hochzeitsreise nach Sansibar machen wollte. Rhinus brachte uns zum Damm der Rotte, früher ein Nebenfluss, nach dem Rotterdam benannt war.

Nach unserer Rückkehr nahm ich die U-Bahn nach Hoek van Holland, die eine halbe Stunde später an einem trostlosen Kai neben einem roten automatisierten Leuchtturm hielt. Der Zug unterquerte viele Kanäle, und in den Tunneln zuckte holografische Werbung an den Fenstern auf (was ich noch nie zuvor gesehen hatte).

Am Bahnhof wies ein Schild die Passagiere der Stena Line in Richtung der Fähre, die ich am nächsten Morgen nehmen würde. Ich ging in die kleine Stadt – soweit ich sehen konnte, war ich der einzige Tourist – und checkte im Hotel Kuiperduin ein, in dem mein Zimmer im obersten Stock genau gegenüber dem Kirchturm lag, dessen Glocken alle halbe Stunde läuteten.

Ich aß etwas bei einem Inder auf der ruhigen Hauptstraße und trank ein holländisches Bier oder zwei in einer Bar voller Feyenoord-Fans, die sich das Fußballspiel ansahen. Es war ein entscheidendes Spiel in der Champions League – genauso wie das Match in Neapel. „Wir drehen durch, wenn Feyenoord ein Tor macht", sagte die Frau neben mir an der Bar, die eine Blumenzucht betrieb. Prompt schoss Feyenoord ein Tor, und alle Anwesenden flippten völlig aus. Das war mein einziger Eindruck von Hoek van Holland: Viele Einheimische schienen passionierte Feyenoord-Fans zu sein. Mir war die Fähigkeit – wenn ich sie denn je gehabt hatte –, mir tiefgründige Gedanken zu machen, abhandengekommen, weshalb ich nur dachte: Die Leute hier in Hoek van Holland lieben ihr Fußballteam und wirken ziemlich nett. Nach so vielen Zügen kommt irgendwann der Zeitpunkt, an dem man einfach nur noch nach Hause möchte.

～

Dieser Zeitpunkt war jetzt da. Am nächsten Morgen stand ich am Strand, über dem langen Sandstreifen an der Nordsee wechselten sich Sonne und Wolken ab. Ich dachte an die zurückliegenden Wochen, an die glorreichen Tage des Orient-Express, an Kameradschaft und das Wesen des Reisens, daran, wie angenehm diese sanfte Art der Fortbewegung war, an das große Glück, einen Ort wie Europa vor der Haustür zu haben, an verstreichende Zeit, Parkbankträume, Spontaneität, die Fahrt mit dem Eurostar unter dem Ärmelkanal hindurch, die Freuden und Umwege, die Freiheit und das Glück. Ich dachte daran, wie es war, Dinge mit eigenen Augen zu sehen, blickte zurück auf die Begegnungen und Überraschungen auf der Reise, darauf, dass wir nicht immer alles „richtig" gemacht, uns um manches keine, um anderes viele Gedanken gemacht hatten. Wie ich wieder Fuß gefasst und mein „seelisches Gleichgewicht" wiederhergestellt, wie ich weitergemacht hatte. Ich dachte an die vor mir liegende Fähre und die letzten Züge nach Hause. Vor allem aber dachte ich an das Offensichtlichste: an die Freuden des Zugfahrens.

Nachwort

Am 4. Oktober 1883, als die allerersten Passagiere des Orient-Express sich auf dem Bahnsteig an der Gare de Strasbourg in Paris versammelten, schien alles möglich zu sein. Bei den sich im Dampf der großen glänzenden Lokomotive – einer Buddicom Klasse 500, die in Crewe, nahe Manchester, entworfen worden war (falls Sie sich die Frage gestellt haben sollten) – drängenden Menschen musste Georges Nagelmackers von einer Mischung aus Aufregung und Beklommenheit erfüllt gewesen sein.

Würden seine hochtrabenden Pläne für einen „FLIEGEN-DEN TEPPICH IN DEN ORIENT", wie die Schlagzeilen des Tages verkündeten, aufgehen? Würden die versammelten Würdenträger und die Crème de la Crème der europäischen Presse seine edlen neuen Waggons mit ihren cleveren, hochmodernen Drehgestellen annehmen? Was würde im Fall einer Panne oder eines anderen technischen Problems passieren? (Letztendlich lief alles reibungslos, abgesehen von einem gefährlich überhitzten Speisewagen, der in München ersetzt werden musste.)

Was war mit den Bedenken hinsichtlich Banditen in Rumänien und Bulgarien? Würden die Passagiere ihre Pistolen gegen Räuber einsetzen und sie in die Flucht schlagen müssen? Wer wusste das schon? Würden transkontinentale Züge auch in Europa ein Erfolg werden, wie Nagelmackers das 1869 auf seiner Erkundungsmission in den Vereinigten Staaten erlebt hatte? Oder waren sie nur etwas für den extravaganten Pioniergeist der amerikanischen Prärie? War das alles nur ein verrücktes Hirngespinst?

Diese USA-Reise war für Nagelmackers' Vision von entscheidender Bedeutung gewesen, George Mortimer Pullmans elegante Waggons und hochfliegende Ambitionen schienen den Weg in die Zukunft zu weisen. Schließlich hatte man Abraham Lincolns Leichnam 1865 mit einem Pullman-Waggon, dem *Pioneer*, von Washington, D.C. in seine Heimatstadt Springfield, Illinois, transportiert. In ebenjenem Waggon hatte man auch Ulysses S. Grant, General im Bürgerkrieg, auf einer triumphalen Heldenfahrt in seine Heimatstadt gebracht, ebenfalls in Illinois. Pullman hatte es geschafft. Alle kannten ihn. Seine Züge waren *das* Gesprächsthema in der ehemaligen englischen Kolonie. Aber konnte Nagelmackers mit seinem Orient-Express das auch schaffen? Die Antwort war natürlich ein klares „Ja" – für eine Weile zumindest. Das goldene Zeitalter strahlte hell, bis der Zweite Weltkrieg es unterbrach. Gekrönte Häupter strömten in die opulenten Waggons: Bulgarische Könige waren so begeistert, dass sie darum baten, die Lokomotiven durch ihr Reich fahren zu dürfen (zum Beispiel König Ferdinand), Edward VII. (der versuchte, den Koch abzuwerben, der jedoch ablehnte), indische Maharadschas, der äthiopische Kaiser Haile Selassie. Theodor Herzl, der Begründer des Zionismus, fuhr einmal mit, ebenso wie unzählige Schauspieler, darunter Maurice Chevalier, Sarah Bernhardt, Lauren Bacall, Ingrid Bergman und viele, viele andere mehr.

Die Geschichte des Orient-Express zu seiner Blütezeit lässt sich nicht ohne große Namen erzählen. Die Opernsängerinnen Maria Callas und Dame Nellie Melba ließen sich vom Glamour an Bord verführen, ebenso wie Harry Houdini, Charlie Chaplin und zahlreiche Schriftsteller, zum Beispiel Graham Greene, Agatha Christie (sehr oft) und F. Scott Fitzgerald. Letzterer war hin und weg und lobte, dass der Zug besser in die Landschaft zu passen schien als die Pullman-Züge zu Hause in den USA, wo die Züge normalerweise „von ihrer eigenen unbedingten Notwendigkeit durchdrungen sind und Leute aus einer anderen, weniger schnellen und atemlosen Welt verachten". Im Gegensatz dazu sei der Orient-Express weit weniger aufdringlich und durchdachter: ein Bestandteil des Landes und kein Fremdkörper voller zigarrenrauchender Millionäre (obwohl es davon auch in Europa eine ganze Reihe gab).

Selbst als die Düsenflugzeuge der Nachkriegszeit die Oberhand gewannen – und es bei Aufkommen der Billigfluglinien in den 1990er-Jahren für eine Weile so aussah, als würde der Fernreiseverkehr mit der Bahn gänzlich zum Erliegen kommen –, verblasste die verlockende Erinnerung an diese glorreichen Tage nie völlig.

Vielleicht liegt es an all den prachtvollen Bahnhöfen in Paris, Antwerpen, Gent, Nürnberg, Mailand und an anderen Orten (ganz zu schweigen von Sirkeci in Istanbul), die einen Einblick in diese glanzvolleren Zeiten bieten, der sich in unser Gedächtnis eingebrannt hat und im Unterbewusstsein arbeitet. Statuen, Säulen, hohe Fenster und prachtvolle Hallen erinnern uns daran, dass *Züge früher viel besser waren.*

Und in der Tat waren sie das, zumindest für diejenigen, die es sich leisten konnten. Die alten luxuriösen Orient-Express-Züge waren wunderbar, auch wenn die besten Waggons für die Oberschicht und nicht für die breite Masse bestimmt waren – und gleichzeitig waren sie auch von Gestalten aus der Unterwelt bevölkert, von Schmugglern, Spionen, Schwindlern, Geldfälschern und, um es mit einem altmodischen Ausdruck zu sagen, Damen der Nacht (laut vielen Berichten ein fester Bestandteil).

Diese verzauberte, geheimnisumwehte Zeit der Eisenbahn – inklusive Dampf, Ruß und Asche, die an den Waggonfenstern vorbeizogen – kommt nicht mehr zurück. In letzter Zeit erlebt die Bahn jedoch eine Renaissance in Form von Hochgeschwindigkeitsnetzen, die in ganz Europa von Spanien über Frankreich, Deutschland, Italien und Polen und anderswo entstanden sind. Sogar Großbritannien hat eine vernünftige Verbindung zwischen der Küste von Kent und dem Zentrum von London (wobei man besser nicht über die kläglichen Versuche nachdenken sollte, den Norden des Landes an die Hauptstadt anzubinden).

Neben der Einführung und dem Erfolg der meisten dieser Schnellzüge ist auch zu verzeichnen, dass zunehmend Schlafwagen angeboten werden, da viele Reisende Kurzstreckenflüge gegen Schlaf- und Liegewagen eintauschen. Die eleganten Nightjet-Züge der Österreichischen Bundesbahn, die zwischen Wien und München nach Mailand, Venedig, Rom und Paris (Abfahrt in Paris um 19.30 Uhr, Ankunft in Wien um 10.00 Uhr) verkehren, haben den

Weg geebnet. Zürich, Köln, Hamburg, Innsbruck und Amsterdam wurden ebenfalls angebunden, und geplant sind Verbindungen zwischen Berlin, Brüssel und Paris, und vielleicht auch bald nach Barcelona.

„Partnerzüge" der Österreichischen Bundesbahn verkehren zwischen Bratislava und Split, Graz und Warschau sowie Rijeka und Stuttgart. Der schwedische Betreiber Snälltåget bietet Verbindungen von Stockholm nach Berlin über Malmö und Hamburg an (Abfahrt in Stockholm um 16.23 Uhr, Ankunft in Berlin um 8.47 Uhr). Und in Frankreich stellt der Milliardär Xavier Niel, Miteigentümer von Le Monde, Pläne für eine neue Flotte von „Hotels auf Schienen" namens Midnight Trains vor, die von Paris nach Porto, Madrid, Barcelona, Florenz, Venedig, Berlin, Kopenhagen und Edinburgh fahren sollen. „Das Reiseerlebnis, das einem Fluggesellschaften verkaufen, ist veraltet. Es ist an der Zeit, den Kurzstreckenflug in den Ruhestand zu schicken", sagte Niel. „In Europa zu fliegen, ist ineffizient und von Stress und Unannehmlichkeiten geprägt."

Sein ultimatives Ziel? Züge mit Retro-Waggons zu bauen, die „den Charme der wilden 20er-Jahre" bieten sollen – genau wie im Orient-Express.

Alles in allem also aufregende Zeiten für das Bahnfahren in Europa.

Der Zug-Guru Mark Smith, der die Travel-Website The Man in Seat Sixty-One betreibt, ist einer der großen Befürworter der zurückkehrenden Nachtzüge und findet den Erfolg der neuen Schlafwagenverbindungen kurz und bündig „bemerkenswert". Mit dem Nightjet zu reisen, so verkündete er kürzlich, sei ein „echter Genuss".

Und er hat wie immer recht. Es scheinen aufregende Zeiten für das Zugreisen zu kommen, da die Netze verbessert werden und die Menschen für längere Strecken auf Züge umsteigen, viele nach dem Vorbild von Greta Thunberg aus Umweltschutzgründen. Dieses Gefühl habe ich in diesem Buch festzuhalten versucht und auch, wie dieses Erlebnis einen selbst weiterbringt.

Ob vielleicht ein neues goldenes Zeitalter vor der Tür steht? Durchaus möglich.

~

Es gibt keine richtige oder falsche Art, mit der Bahn quer durch Europa zu fahren – oder wohin auch immer. Am besten lässt man dem Zufall seinen Lauf und alle Beobachtungen und Erlebnisse auf sich zukommen. Also das, worauf Danny und ich uns auf unserer Parkbank geeinigt hatten und was ich am Ende meiner Reise in den Benelux-Ländern auch immer mehr getan habe.

Jede Reise ist einzigartig. Streiks, Streckensperrungen und die Verfügbarkeit von Tickets können über die Weiterreise entscheiden. Vielleicht unterhält man sich mit anderen Fahrgästen, vielleicht auch nicht. Vielleicht interessiert man sich für die (oft chaotischen) politischen Verhältnisse der Orte, die man sieht. Vielleicht sind sie einem auch völlig egal. Vielleicht möchte man großartige Kunst und Architektur oder archäologische Stätten sehen. Vielleicht ist man ein Feinschmecker. Vielleicht sucht man nach literarischen Bezügen. Oder man interessiert sich für Geschichte. Oder man mag einfach das Bahnfahren, schaut gern aus dem Fenster und macht hier und da auf der Strecke halt. Daran ist nichts auszusetzen.

Es ist jedoch etwas völlig anderes, ob man allein oder zu mehreren unterwegs ist.

Paul Theroux hat das ganz richtig unterschieden und die Freuden des Alleinreisens im Zug hervorgehoben. Man gerät leichter mit anderen ins Gespräch (vor allem in Speisewagen) und erlebt leichter das Gefühl, „auf einer dünnen geografischen Linie [zu treiben], die ins Vergessen führt", während man ein „Experiment mit dem Raum" genießt, wie er in *Der alte Patagonien-Express* schreibt. Allein ist alles möglich. Mit einem Begleiter auch, obwohl der „Raum" natürlich geteilt wird, weshalb das „Experiment" nicht das gleiche ist – und Danny war, wie gesagt, ein großartiger Reisegefährte (wählen Sie Ihre Begleitung sorgfältig aus).

Theroux sagte auch einmal, Reiseliteratur vernachlässige meist den „Weg". Reisebücher, beklagte er, begännen oft mit einem fesselnden Moment à la „vom Balkon meines Zimmers aus hatte ich einen wunderbaren Blick über Accra". Das war alles schön und gut, aber wie war der Autor oder die Autorin überhaupt auf diesem Balkon in Ghana gelandet?

Bahnreisebücher klammern das naturgemäß nicht aus und bieten viel Raum für den *Weg*.

Mit dem Zug kann man außerdem mehr von der Welt sehen, hören, riechen, berühren und fühlen als mit anderen Verkehrsmitteln, und das zu einer Zeit, in der es wichtiger denn je erscheint. Das wollten Danny und ich von Anfang an, das war unser Parkbanktraum. Laut den wahrscheinlich richtigliegenden Schwarzmalern droht die KI, die Menschheit in eine virtuelle Existenz zu stürzen, die von computergenerierter „Gehirn"-Leistung gesteuert wird, die viel größer als unsere eigene ist. In solchen Zeiten könnte eine lange Bahnreise mit vielen Etappen fast schon als Rebellion gelten, ein Schritt weg von den Klauen dieser „Intelligenz", die niemand wirklich versteht.

„HABEN KILLERMASCHINEN DIE WELTHERRSCHAFT ÜBERNOMMEN?", lautete eine der Schlagzeilen, die ich im Eurostar nach Paris las.

Noch nicht ganz.

Wir erlebten Streiks mit (in Paris *rochen* wir sie). Wir wurden aufgehalten, umgeleitet und durch Streiks ausgebremst. Wir sahen die Folgen der Massenmigration in Sofia (und hörten das Echo unserer Schritte in den leeren Ankunftshallen für ukrainische Flüchtlinge). Wir wurden von einem Angriffskrieg daran gehindert, eine europäische Nation zu durchqueren, weshalb wir eine andere Route fahren mussten. Wir zwängten uns in Schlafwagen. Wir verirrten uns ein wenig. Wir probierten Gerichte, die wir sonst nie probiert hätten (ausgezeichnetes Kavarma in Russe, trotz des vielleicht nicht so ausgezeichneten Ambientes). Wir tranken billigen Rotwein und philosophierten über die Welt. Wir kippten schaumige Biere und philosophierten noch ein bisschen mehr. Wir sahen Europa an uns vorbeiziehen und dachten dabei über die Orte nach – genau wie damals die ersten Passagiere des Orient-Express. Zusammengenommen war das alles wirklich wohltuendes Erlebnis. Killermaschinen, die die Welt erobern, können einem das nicht bieten.

Also zwei Mittelfinger in Richtung KI und ChatGPT und dem ganzen Rest. Und ein großer Daumen hoch dafür, die Welt vorbeiziehen zu sehen ... am besten auf den Schienen, so langsam wie möglich.

November 2023

Danksagung

Ich bin den vielen Menschen zu Dank verpflichtet, die auf dieser Reise großzügig ihre Zeit mit mir geteilt haben. Viele von ihnen erwähne ich in diesem Buch. Besonderer Dank gilt Richard Hallmark von der Orwell Society, John Telfer (für seine Tramper-Tipps), Noel Josephides (für seine Übersetzungen griechischer Graffiti), Nicky Gardner (für ihre Gedanken zum Bernina Express), Christian Wolmar (für seine Geschichtsunterstützung), Eleni Skarveli, Mark Palmer, Harriet Sime, Hugo Brown, Sarah Hartley, Ted Thornhill, Katie Gatens, Steve Anglesey, Steve Chapman, Ben Clatworthy und Naomi Grimley. Mein Dank gilt auch Danny und Clare sowie meinen Eltern Robert und Christine Chesshyre, meiner Tante Meg Chesshyre, meiner Schwester Kate und meinem Bruder Edward. Wie immer danke ich auch dem Team des Stanfords Maps and Travel Bookshop in Covent Garden sowie des Open Book in Richmond. Claire Plimmer, Editorial Director bei Summersdale, war so wunderbar wie immer und hat die Idee für dieses Buch von Anfang an unterstützt. Ich danke auch Siobhan Coleman für ihre hervorragende Betreuung und Donna Hillyer für ihr detailliertes und aufschlussreiches inhaltliches sowie Ross Dickinson für sein fantastisches sprachliches Lektorat. Außerdem danke ich Jasmin Burkitt für ihre unermüdliche Öffentlichkeitsarbeit und Hamish Braid für die Karten.

Liste der Züge

1. London St Pancras International – Paris Gare du Nord, Eurostar, 2 Stunden und 16 Minuten, 341 Kilometer
2. Paris Gare de l'Est – Straßburg, SNCF, 1 Stunde und 46 Minuten, 398 Kilometer
3. Straßburg – Stuttgart – Deutsche Bahn, 1 Stunde und 19 Minuten, 151 Kilometer
4. Stuttgart – Nürnberg, Deutsche Bahn, 2 Stunden und 43 Minuten, 156 Kilometer
5. Nürnberg – Passau, BlaBlaCar, 2 Stunden und 30 Minuten, 229 Kilometer
6. Passau – Wien Meidling, Deutsche Bahn, 2 Stunden und 11 Minuten, 217 Kilometer
7. Wien Meidling – Wien Hauptbahnhof, ÖBB, 5 Minuten, 3 Kilometer
8. Wien – Bratislava, ÖBB, 59 Minuten, 55 Kilometer
9. Bratislava – Budapest, ÖBB, 2 Stunden und 31 Minuten, 177 Kilometer
10. Blaha Lujza – Kossuth Lajos – Budapest Metro/BKK, 7 Minuten, 2 Kilometer
11. Blaha Lujza – Keleti – Budapest Metro/BKK, 7 Minuten, 2 Kilometer
12. Budapest – Timișoara, Ungarische Staatsbahnen, 6 Stunden und 24 Minuten, 256 Kilometer
13. Timișoara – Bukarest, Căile Ferate Romane, 10 Stunden und 16 Minuten, 536 Kilometer
14. Bukarest – Russe, Căile Ferate Romane, 2 Stunden und 55 Minuten, 134 Kilometer
15. Ruse – Gorna Orjachowiza, BDZ, 2 Stunden und 36 Minuten, 85 Kilometer
16. Gorna Orjachowiza – Sofia, BDZ, 3 Stunden und 43 Minuten, 230 Kilometer
17. Nationaler Kulturpalast – Hauptbahnhof, Metro Sofia, 3 Minuten, 3 Kilometer

18. Sofia – Kapıkule, Türkische Staatsbahn, 6 Stunden und 5 Minuten, 296 Kilometer
19. Kapıkule – Halkalı, Türkische Staatsbahn, 4 Stunden und 4 Minuten, 245 Kilometer
20. Halkalı – Sirkeci, Marmaray, 42 Minuten, 27 Kilometer
21. Beyazıt-Kapalıcarşı – Galatabrücke, Metro Istanbul, 16 Minuten, 2 Kilometer
22. Sirkeci – Karakoy, Metro Istanbul, 5 Minuten, 2 Kilometer
23. Sirkeci – Halkalı, 42 Minuten, 27 Kilometer
24. Halkalı – Plowdiw, Türkische Staatsbahn, 9 Stunden und 41 Minuten, 407 Kilometer
25. Plowdiw – Sofia, BDZ, 2 Stunden und 48 Minuten, 174 Kilometer
26. Sofia – Blagoevgrad, BDZ, 2 Stunden und 10 Minuten, 100 Kilometer
27. Blagoewgrad – General Todorow, BDZ, 1 Stunde und 29 Minuten, 79 Kilometer
28. General Todorow – Kulata, BDZ, 14 Minuten, 10 Kilometer
29. Kulata – Thessaloniki, per Anhalter / Bus, 3 Stunden und 30 Minuten, 504 Kilometer
30. Thessaloniki – Athen, Hellenic Train, 5 Stunden und 30 Minuten, 504 Kilometer
31. Athen – Patras, Schienenersatzverkehr, 3 Stunden, 212 Kilometer
32. Bari – Caserta, Trenitalia, 2 Stunden und 44 Minuten, 272 Kilometer
33. Caserta – Neapel, Trenitalia, 41 Minuten, 40 Kilometer
34. Neapel – Pompeii, Trenitalia, 25 Minuten, 24 Kilometer
35. Pompeii – Neapel – Circumvesuviana, 23 Minuten, 23 Kilometer
36. Neapel – Mailand, Trenitalia, 4 Stunden und 30 Minuten, 663 Kilometer
37. Milan – Tirano, Trenord, 2 Stunden und 32 Minuten, 182 Kilometer
38. Tirano – Chur, Rhätische Bahn, 3 Stunden und 58 Minuten, 145 Kilometer

39. Chur – Zermatt, Rhätische Bahn, 5 Stunden und 56 Minuten, 164 Kilometer

40. Zermatt – Visp, Matterhorn Gotthard Bahn, 1 Stunde und 9 Minuten, 32 Kilometer

41. Visp – Lausanne, SBB, 1 Stunde und 33 Minuten, 138 Kilometer

42. Lausanne – Dole, SNCF, 1 Stunde und 44 Minuten, 109 Kilometer

43. Dole – Dijon, SNCF, 31 Minuten, 43 Kilometer

44. Dijon – Straßburg, SNCF, 2 Stunden und 27 Minuten, 248 Kilometer

45. Straßburg – Metz, SNCF, 1 Stunde und 29 Minuten, 129 Kilometer

46. Metz – Luxemburg, SNCF, 52 Minuten, 55 Kilometer

47. Luxemburg – Brüssel, NMBS/SNCB, 2 Stunden und 53 Minuten, 187 Kilometer

48. Brüssel – Waterloo, NMBS/SNCB, 26 Minuten, 14 Kilometer

49. Waterloo – Brüssel, NMBS/SNCB, 24 Minuten, 14 Kilometer

50. Brüssel– Gent, NMBS/SNCB, 28 Minuten, 50 Kilometer

51. Gent –Antwerpen, NMBS/SNCB, 56 Minuten, 50 Kilometer

52. Antwerpen – Rotterdam, NS International, 1 Stunde und 6 Minuten, 77 Kilometer

53. Rotterdam – Hoek van Holland Hafen, Rotterdamse Elektrische Tram, 35 Minuten, 29 Kilometer

54. Hoek van Holland Strand – Hoek van Holland, Rotterdamse Elektrische Tram, 2 Minuten, 2 Kilometer

55. Harwich – Liverpool Street, London, Greater Anglia, 1 Stunde und 36 Minuten, 103 Kilometer

56. Liverpool Street – Euston, London Underground, 9 Minuten, 3 Kilometer

57. Euston –Vauxhall – London Underground, 10 Minuten, 5 Kilometer

58. Vauxhall – Mortlake, South Western Railway, 18 Minuten, 10 Kilometer

Gesamte Strecke: 7355 Kilometer, 55 Züge
Gesamte Strecke Carsharing/ per Anhalter / Schienenersatzverkehr: 555 Kilometer
Reine Fahrzeit im Zug: 4 Tage, 7 Stunden und 46 Minuten

Entfernungen und Zeiten sind nur ungefähre Angaben.

Für dieses Buch wurden die Namen einiger Personen geändert.

Quellennachweis:

Jerome K. Jerome, Drei Mann in einem Boot. Ganz zu schweigen vom Hund! Die Rechte an der deutschen Übersetzung von Gisbert Haefs liegen beim Manesse Verlag, Zürich, in der Penguin Random House Verlagsgruppe GmbH (Zitat auf S. 5)

Theroux, Paul: Der alte Patagonien-Express. Übersetzt von Erica Ruetz, Hoffmann und Campe 2016

George Orwell, Erledigt in Paris und London. Übersetzt von Alexander und Helga Schmitz, Diogenes 2012

Gilbert G. M.: Nürnberger Tagebuch. Übersetzt von Margaret Carroux, Karin Krauskopf und Lia Leonard, Fischer 1962

Christie, Agatha: Der blaue Express. Übersetzt von Gisbert Haefs, Atlantik 2018

Fitzgerald, Scott F.: Zärtlich ist die Nacht. Übersetzt von Grete Rambach, 1. Buch, Kapitel III, Anaconda 2024